——第九輯

——平實導師　述

ISBN　978-986-6431-15-9

以離念靈知心爲眞如心者，是落入意識境界中，與常見外道合流，名爲佛門常見外道；以六識之自性（見性、聞性、嗅性、嚐性、觸知性、警覺性）作爲佛性者，是與自性見外道合流，名爲佛門自性見外道。近代佛門錯悟大師，不外於此二類人之所墮。

以六識論而主張蘊處界緣起性空者，與斷見外道無二；彼等捨壽時若能滅盡蘊處界而入無餘涅槃，彼涅槃必成斷滅故，名爲佛門斷見外道。此類人恐生斷見之譏，隨即益以「意識細心常住」之建立，則返墮常見之中；一切粗細意識皆「意、法因緣生」故，不脱常見外道範疇。此等人，皆違聲聞、緣覺菩提之實證，亦違佛菩提之實證，即是應成派中觀之邪見也。

《楞嚴經》既說眞如心如來藏，亦同時解說佛性之內涵，並闡釋五蘊、六根、六塵、六識、六入全屬如來藏妙眞如性之所生，附屬於如來藏妙眞如性而存在及運作。如來藏心即是第八識阿賴耶識，妙眞如性即是如來藏心體流露出來之神妙功德力用，諸菩薩目之爲佛性。

此經所說法義，迴異諸經者，謂兼說如來藏與佛性義，並將蘊處界入等一切法攝歸如來藏妙心與其功德力用之中。其中法義甚深、極甚深，謂言詞古樸而極簡略，亦謂其中妙義兼含地上菩薩之所證，絕非明心後又眼見佛性之菩薩摩訶薩所能意會，何況尚未實證如來藏之阿羅漢？更何況未斷我見之應成派及自續派中觀師？其餘一切落入意識境界之當代禪宗大法師，皆無論矣！有大心之眞學佛而非學羅漢者，皆應深入熏習以求實證之。

目次

第十五輯：

自序

《楞嚴經講記》是依據公元二〇〇一年夏初開講《楞嚴經》時的錄音，陸續整理爲文字編輯所成，呈獻給讀者。期望經由此經的講經記錄，利益更多學佛人，藉以生起對大乘法教的仰信，願意景行景從而發起菩薩性；亦藉此書熏習大乘法義，漸次建立正知正見，遠離常見外道意識境界，得斷我見。同時可由深入此書中所述法義的如實理解，了知常住眞心之義，得離斷見外道邪見；進而可以明心證眞，親見萬法都由如來藏中出生，成爲位不退之實義菩薩，親自觀察所證如來藏阿賴耶識心體，絕非常見外道所墮之神我。並能現觀外道所墮神我，實由其如來藏所出生之識陰所含攝，不外於識陰範疇。乃至緣熟之時可以眼見佛性，得階十住位中，頓時圓成身心世界如幻之現觀，不由漸修而成，一時圓滿十住位功德，或能得階初行位中，頓超第一大阿僧祇劫三分有一。如是利益讀者，誠乃平實深願。

然而此經之講述與整理出版，時隔九年，歲月淹久，時空早已轉易；當時爲令學人速斷我見及速解經中如來藏妙義而作簡略快講，導致極多佛性義理略而未說，亦未對部分如來藏深妙法義加以闡釋，已不符今時印書梓行及流傳後世之考量，不符大乘法中菩薩廣教無類及顯示勝妙眞如佛性義理之原則。是故應當加以深入補述，將前人所未曾言之如來藏深妙法義中，可以梓之於文者，以語體文作了大幅度增删，令讀者（特別是已悟如來藏者）得以前後再三閱讀思惟而深入理解經義。由此緣故，整理成文之後，於潤色之時特地作了補述及大幅度增删，令讀者得以一再閱讀深思而理解之，藉以早日轉入菩薩位中，遠離聲聞種性；並能棄捨聲聞法義之侷限，成眞菩薩。此外，本講記是正覺同修會搬遷到承德路新講堂時所講，當時新購講堂之錄音設備尚未完善，更無錄影設備，是故錄音時亦有數次漏錄情況，只能在出版前另以語體文補寫，一併呈獻給讀者。

大乘經中所說法義，單說如來藏心體者，已經極難理解，是故每令歷代名聞諸方之大師難以理解，更何況《楞嚴經》中非唯單說如來藏心，實亦兼涉佛性之實證與內涵。如來藏心體對六塵離見聞覺知，而如來藏的妙眞如性—佛性—則對六塵不離見聞覺知，卻不起分別，亦非識陰覺知心之見聞覺知；欲證如來藏心體及眼見佛性者，修學方向與實證條件差異極大，苟非一一實證者，縱使讀懂此經文義，亦無法實證之。何況此經文句極爲精鍊簡略，今時人之文言文造詣亦低，何能眞實理解此經眞義？而欲證知經中所說如來藏心與佛性義，欲求不起矛盾想者，極難、極難矣！特以佛性之實證、內涵、名義，古今佛教界中所述紛紜，類多未知佛性、或未實證眼見佛性現量之凡夫所說者；如斯等人或讀此經，必然錯會而誤認六識之見聞知覺性爲常住之佛性；以是緣故，亦應講解此經而令佛教界廣爲修正舊有之錯誤知見。

然而此經中有時亦敘述如來藏具足令人成佛之體性，如同世親菩薩所造《佛性論》之意涵，並非《大般涅槃經》中世尊所說十住菩薩眼見佛性，亦非此經中所說佛性—妙眞如性—現量境界之實證眞義；由是緣故，凡未親證如來藏又未眼見佛性者，往往誤會此經中所說十八界六入等境界相即是佛性境界，墜入六識之見聞知覺性中。是故九年前講述此經時，已依此經所說佛性眞義而略述之，並依此經所說第二月眞義，略加旁述佛性之理；然未盡說，預留讀者將來眼見佛性之因緣，故已隱覆佛性密意而略述佛性之義。藉此覆護佛性密意之宣演佛性方式，促使讀者將來明心之後更有眼見佛性之因緣，得以漸次成熟；或於此世、或於他世，得以一念相應而於山河大地之上，親見自己的佛性，頓時成就世界身心如幻之肉眼所見現量境界，不由漸修而得，一念之間頓時圓成第十住滿心位之身心世界如幻現觀。

又，地上菩薩由無生法忍功德所成就之眼見佛性境界，能由如來藏直接與眾生心相應；雖然凡夫、賢位眾生之心仍不知已被感應，但地上菩薩往往已經於初次相見之時，即已感應其如來藏所流注之種子，由此而知彼眾生往世曾與菩薩結下善緣或惡緣。未離胎昧之已入地菩薩眼見佛性時，具有如是功德，故能由此直接之感應，作出對彼凡夫位、賢位等菩薩應有之開示與因應，此即是三地以下菩薩隨順佛性以後，在無宿命通、天眼通之情形下，仍能妥善因應眾生根性之緣由所在。如是，諸地菩薩於眼見佛性之後所得智慧，迥異十住菩薩之眼見佛性境界智慧，非十住位至十迴向位菩薩所知。一切未眼見佛性而已明心之賢位菩薩，更未能知此。

至於尚未明心而長處無明長夜中之意識境界凡夫菩薩，更無論矣！皆名凡夫隨順佛性。聲聞種性僧人及諸外道，總將識陰六識之見聞知覺性錯認爲佛性，據以誣謗十住菩薩之眼見佛性境界，何況能知諸地菩薩所隨順之佛性智慧境界？唯能臆想而妄加誹謗爾。然諸佛所見佛性，又異於十地、妙覺、等覺；謂諸佛眼見佛性後，成所作智現前，能以五識各自流注而成就無量利益眾生之事，化身無量無邊，非等覺及諸地菩薩所能臆測。故知眼見佛性者，層次參差不一，各各有別，少聞寡慧者並皆不知，乃至已經眼見佛性之十住菩薩仍不能具知也！如是眼見佛性境界，則非此經之所詳述者；故我　世尊已於別經再作細說，以令圓滿化緣，方得取滅而以應身方便示現進入涅槃。如斯佛道意涵，深邃難知，苟非已有深妙智慧者，難免誤會而成就大妄語，或因難信而生疑，以致施以無根誹謗，未來捨壽後果堪憂；是故平實於此序文中預爲說之，以警來茲，庶免少聞寡慧凡夫閱後惡口謗法，捨壽之後致遭重報。

此外，時值末法，每有魔子魔民身披佛教法衣演述常見、斷見外道法，轉易佛門四眾同入常見外道、斷見外道知見中；更有甚者，身披法衣而住於如來廟堂之中，實行印度教外道性力派—坦特羅「佛教」—譚崔瑜伽男女雙身合修之意識貪觸境界，夜夜乃至白晝公然宣淫於寺院中，成爲彼等眾人寺院中的公開祕密，唯獨淺學信徒不知爾。如是邪說邪行，已經廣行於末法時代之學密佛教寺院中，台灣海峽兩岸亦皆已普及，極難扭轉其勢，豈符世尊法教眞義而不違佛制戒律？身披僧衣而廣行貪淫之行，墮落識陰境界中，豈能相應於眞心如來藏離六塵貪愛之清淨境界？眼見如斯末法現象，平實不能不喟嘆末法眾生之福薄：屢遇如是宣揚外道法之邪師而不自知，更隨之暗地實修雙身法而廣違佛戒，日日損減自己每年布施眾生、供養三寶所得福德。

更有甚者，一心追隨邪師而認定邪法爲正法，不知邪師每每身現好相，佯爲實證及清淨之人；學人由無明所罩故，以護法之善心而與邪師共同造下破法之愚行，將了義勝妙之正法謗爲外道神我、外道自性見；亦將弘揚正法之賢聖謗爲外道、邪魔，坐令邪師勢力增廣，導致邪法弘傳益加普及。是則因於無明及名師崇拜，以善心而造惡業；然猶不能自知眞相，每以壞法及謗賢聖之惡行得以成就，而沾沾自喜爲護法大功焉，實可憐憫。今此經中，佛陀對此廣有開示，讀者若能摒棄以前追隨名師所聞之先入爲主觀念，客觀地深入此書中，一一比對佛語而能深細檢驗；然後一一加以深思，並依本經所說蘊處界功能本質及生滅性之現量加以現觀，即可遠離既有之邪見而轉入正知正見之中；若能正確了知之後，益以正確之護法善行而積功累德，何愁此世無有實證如來藏而悟入大乘菩提之機緣？乃至福厚而極精進者，亦得眼見佛性而圓滿十住位之世界身心如幻現觀。

末後，令平實不能已於言者：對於中國佛門中已存在百年及密宗已存在數百年之宗喀巴外道法因緣觀及菩提道次第，亦應由此經義而廣破之。謂百年來常有大法師遵循日本學術界中少數人的錯誤觀點，一心想要以學術研究所得取代佛法特重實證的經中教義；而日本近代此類所謂佛學學術研究者，本質仍屬基督教信仰者急於**脫亞入歐**而提升日本在國際上之學術地位，想要與歐美學術界分庭抗禮；於是出之以嘩眾取寵方式而極力批判佛教，冀離中國佛教而且上於中國佛教，於是乃有批判中國傳統佛教如來藏教義之舉——三十年前日本「批判佛教」學派於焉誕生。於是專取四阿含文字表相法義，並扭曲四阿含法義，宣演外道六識論為基調之因緣觀，取代佛教四阿含所載八識論之因緣觀，自謂彼之謬論方屬眞正佛法，主張一切法**因緣生**故無常，誣指中國傳統佛教如來藏教義為外道神我。然而，如來藏屬第八識，能出生外道神我，而法界中亦無一法可破壞之，此是一切親證如來藏者皆可現觀而證實之現量；外道神我則屬第六意識或識陰六識，被如來藏所生，乃生滅法；一主一從，二者天差地別，焉可等視齊觀？由此證知日本袴谷憲昭、松本史朗創立批判佛教之學說，純屬無明所言戲論，並無實義。

六十年來台灣佛教則由印順及其派下門人，奉行印順源自天竺密宗之宗喀巴六識論應成派中觀，採用基督教信仰者反對實證之西洋神學研究方法，曲解四阿含中所演八識論因緣觀正理，刻意否定中國禪宗法教之如來藏妙義，貶為野狐禪及外道神我；藉此表相建立其不落「俗套」而異於傳統佛教之「超然、不迷信」假象，然後佛光山、法鼓山、慈濟追隨印順而奉行之。

然而印順派之思想本質，乃外道六識論之因緣觀，近承日本不事修證之學術研究學說，遠紹宗喀巴、阿底峽、寂天、月稱、佛護等六識論諸凡夫論師；謂彼等因緣觀外道如是主張：**純由根、塵作爲因緣，即能出生六識：不必有本識如來藏持種，只藉六根六塵作爲因緣即能出生六識**。又主張意識常住不壞，公然違背聖教。如是外道因緣觀，全違法界現量—違背現象界中可以現見之事實—諸法不自生、不他生、不共生、不無因生之事實，全違龍樹中觀之教示。

而印順派所闡釋之因緣觀、應成派中觀，正屬龍樹所破之**他生**與**共生**之外道因緣觀；復又違背四阿含中處處隱說、顯說之八識論因緣觀——由第八識如來藏藉所生根塵爲因緣，出生識陰六識（詳見拙著《阿含正義》七輯之舉述），本質正屬外道六識論邪見之因緣觀。今此《楞嚴經》中更出之以**五蘊、六入、六界、十二處、十八界皆屬如來藏妙眞如性所出生**之深入辨正，以九處徵心八還辨見之細膩法義，令知「**識陰六識不能自生，根不能獨生識，塵不能獨生識，根塵不能共生識，虛空不能無因生識**」等正理，完全符契四阿含諸經所說義理，而更深入闡述正義。如是深入辨正已，阿含聲聞道所述佛門因緣觀正理即得以彰顯，突顯佛門八識論因緣觀異於印順及宗喀巴之外道六識論因緣觀所在，則佛門學人即可遠離外道因緣觀邪見，疾證聲聞菩提乃至佛菩提，終不唐捐諸人一世之勤修也！

佛法特重智慧，是故成賢證聖而入實義菩薩位中，世世悅意而修菩薩道；或者捨壽後速入三塗永為凡夫而受苦難，多劫之中常與眞實菩提絕緣，世世苦修仍不得入門，茫然無措；如是二類迥異之修學果報緣因，端在當前一念之中：是否願意客觀分辨，及實地理解諸方名師與平實所說法義之異同所在，不依道聽塗說而盲從之，實即憑以入道或下墮之樞紐及因由也！願我佛門四眾弟子皆能冷靜客觀而深入比較及理解，然後理智而不盲從地作出抉擇。審能如是，則此世即已建立修學佛道之正確方向；從此一世開始，佛道即能快速而悅意地修學及實證，非唯永離名義菩薩位，亦得永斷三塗諸惡因緣，眞成實義菩薩，何樂不為？

此書既然即將開始潤色而準備梓行，於潤色前不免發抒感想、書以為文；由是而造此序，以述平實心中感慨，即為此書印行之緣起。

佛弟子 平實 敬序於竹桂山居

時值公元二〇〇八年 春分

第九輯：

《大佛頂如來密因修證了義諸菩薩萬行首楞嚴經》卷五

【虛空藏菩薩即從座起，頂禮佛足而白佛言：「我與如來、定光佛所得無邊身，爾時手執四大寶珠，照明十方微塵佛剎，化成虛空。又於自心現大圓鏡，內放十種微妙寶光，流灌十方盡虛空際諸幢王剎，來入鏡內涉入我身，身同虛空，不相妨礙。身能善入微塵國土，廣行佛事，得大隨順。此大神力，由我諦觀四大無依，妄想生滅，虛空無二，佛國本同；於同發明，得無生忍。佛問圓通，我以觀察虛空無邊入三摩地，妙力圓明，斯為第一。」】

講記：虛空藏菩薩看見前面四位菩薩各自講完從四大自性入手的圓通法門以後，認為這時應該是由自己上來報告的時候了，所以就從座位上起身，頂禮 佛陀足下而向 佛陀稟白說：「我虛空藏以前與如來一起在定光佛的座下證得無邊身，那時我的手中執持著四大寶珠，照明十方微塵數的所有佛剎，全都轉化成為虛空無為。我又於自心如來藏顯現大圓鏡，於大圓鏡內放出十種微妙寶貴的光明，流灌於十方窮盡虛空際香水海中的所有幢王寶剎，再引回來進入我的如來藏心大圓鏡內而涉入我的色身中；這時我的色身如同虛空一般，與大圓鏡中所現十方幢王寶剎都不會互相妨礙。我的色身也能夠以種種善巧而化入微塵數的諸佛國土中，廣泛地施行佛法中利益眾生等事業，我因此而獲得大隨順的境界。這種偉大的威神之力，是由於我從詳細觀察四大微塵並無所依，單純是因爲眾生的虛妄顛倒之想而有四大被如來藏所生所滅，其實四大微塵與虛空無爲並不是二法，諸佛國土也是本來相同的；我又於諸佛國土的相同之中更深入發明智慧，因此證得大乘法中的無生忍。佛陀既然垂問各人所修的圓通法門，我虛空藏是以觀察虛空無爲沒有邊際而進入實相三昧境界，使我微妙智慧的威神力圓滿而光明，我認爲由虛空無爲入手觀行的圓通法門就是第一無上的法門。」

「**虛空藏菩薩即從座起，頂禮佛足而白佛言：**」前面已經有四位大菩薩，說明由地水火風四大的自性入手觀行的佛菩提智圓通法門；虛空藏菩薩是由虛空無爲入手觀行而證佛菩提智的，所以這時當然應該由他上來說明了，因爲地、水、火、風四大以後就是空大了。於是虛空藏菩薩就從座位上起身，頂禮過 佛陀足下以後，就向 佛陀稟白他的圓通法門。

既然虛空藏菩薩是從虛空無爲入手觀修佛菩提智的圓通法門，所以他的名號就稱爲虛空藏。如來藏自性猶如虛空一般無爲無作，從來不曾出現過有爲有作的心行，都只是隨緣應物而直接運作，心中從來不曾對六塵中的萬法生起過任何的分別與取捨，所以是無爲無作的體性。在這樣無爲無作的體性中，又能出生萬法；當祂正在出生色身與覺知心等萬法時，自體卻又如同虛空一般無形無色，所以就稱爲虛空無爲。因此說，虛空無爲四字或虛空二字，在佛經中往往是指稱如來藏體如虛空而無爲無作的自性，不一定是在講虛空；所以讀經時必須將前後字句連貫理解，不可斷章或斷句取義，以免橫生誤會而誤己誤人。

虛空藏菩薩也是童子身，和文殊、普賢一樣穿著在家人的衣服，卻仍然是出家人。他當然也是從德立名，雖然他是從虛空無爲入手觀修而證佛菩提智，但虛空無爲並非斷滅空，所以不該名爲虛空菩薩；這是因爲虛空無爲就是如來藏妙法，體如虛空的如來藏固然無爲無作，卻能含容一切有情與山河大地，也能利益一切有情而且具有眾生所不知的種種偉大方便功能，所以才說爲虛空之藏，名爲虛空藏。就如同如來藏也含藏著可以使人成佛的功德，所以又名如來之藏——如來藏。虛空藏菩薩既然是因此觀行而實證佛菩提智，不是觀察虛空斷滅空而成就佛菩提，當然不該名爲虛空菩薩，所以加了一個「藏」字而成爲虛空藏菩薩。

「我與如來、定光佛所得無邊身，爾時手執四大寶珠，照明十方微塵佛刹，化成虛空。」定光佛是然燈佛的別譯。虛空藏菩薩說他往昔是與釋迦如來一起在然燈佛座下學法的菩薩，那時他與還在因地的釋迦菩薩，在然燈佛座下學法時一起證得無邊身。從字面上的意思來說，虛空藏菩薩那時可以手執四大寶珠，來照耀十方微塵數佛土，轉化十方無量佛土成爲虛空；至於眞實義，我們隨後就緊跟著會解釋。「無邊身」，顧名思義，當然是說化身無量無邊而不受限制；十方世界中凡是與虛空藏菩薩有緣的眾生，凡是對他有需要而且有緣的人，就可以感應他來幫忙修道。這個「無邊身」也是譬喻法身猶如虛空一般無有邊際，當因緣成熟時，就會受生或乘願往生於眾生所需的國土中。當然，對於「無邊身」的理解，一定是先要證得如來藏心的所在以後，才能出生佛菩提智而理解其中的道理，也是要悟後深入觀修才能發明其中的道理。

「爾時手執四大寶珠，」虛空藏菩薩說他當時手執四大寶珠，這是一個隱喻，是說他已經證解地水火風四大的智慧，喻如寶珠一般可貴。他以四大寶珠同屬虛空無爲妙眞如性的智慧，來照明十方微塵數的無邊諸佛剎土，全都一樣是由如來藏妙眞如性變化所成的智慧來觀照明了以後，就發現十方無邊無際的諸佛剎土，一樣是虛空無爲所含攝的法性之一，全都不外於虛空無爲，所以說十方諸佛剎土已經化成虛空無爲而簡稱爲虛空，不是將十方諸佛剎土都變成斷滅空。這是由於現觀四大都無所依，不能自己獨自存在，而是全憑如來藏的虛空無爲才能出生與存在的；於是諸佛菩薩就依凡夫眾生必然流轉生死而不取滅的現象與事實，方便說四大極微常住不滅；然而若是依眞悟菩薩們的所證，依眞悟菩薩們悟後起修的增上智慧來說，不但十方佛剎全都要歸攝於虛空無爲中，乃至遍十方法界中的四大極微，也都全部要攝歸於虛空無爲而成爲非常非斷的法性了。這就是說虛空藏菩薩在 然燈佛的時候，已經現觀一切佛土與四大全都含攝在虛空無爲之中了；而這個虛空無爲卻能夠出生四大及十方佛剎的究竟法，所以他就依德立名而被稱爲虛空藏菩薩。

「又於自心現大圓鏡，內放十種微妙寶光，流灌十方盡虛空際諸幢王剎，來入鏡內涉入我身，身同虛空，不相妨礙。身能善入微塵國土，廣行佛事，得大隨順。」當虛空藏菩薩觀察十方佛土及一切四大，全都化成虛空—

全都含攝於虛空無爲—以後，當然已經把一切法都含攝於自心如來藏中了！這是說他當時已經現觀證實自心如來藏含攝一切法—一切法全都顯現在自心如來藏中—這就是大圓鏡智，方便說是在他自己如來藏心中出現了一面大圓鏡。他說大圓鏡中放出十種微妙的寶光（因爲要流注到十方世界去，所以就放出十種寶光），流注到十方無量無邊佛世界；然後又從十方諸佛國土繞回來，進入他的如來藏心的大圓鏡中，而這個大圓鏡就是如來藏心，當然是在虛空藏菩薩的身體裡面，所以說這十種寶光從十方佛土回來時，是「**來入鏡內涉入我身**」。

講到這裡，請大家把自己所證的如來藏心當作一面大圓鏡，觀察萬法是不是由這面大圓鏡中出生的？而這面大圓鏡是不是駐在你自己的色身之內？當然是如此嘛！接著你再觀察十方無邊佛國是否全都是由如來藏心所成就的？一定還是如此！從理上說，你的寶光已經流注於十方國土了！然後再把這個智慧往自己身中的如來藏心觀察，就是將流灌於十方佛土的寶光收回來進入自己如來藏大圓鏡中了，這不就是「**來入鏡內**」了嗎？而自己的這一面大圓鏡卻是在自己的色身之中，這不就是「**涉入我身**」了嗎？然而自己的色身卻是猶如虛空的如來藏心所出生的，這時自己的色身就如同虛空無爲一般，所以又說「身同虛空」。而自己這個色身從來都與猶如虛空一般的如來藏心和合運行，從來不曾互相妨礙過；當你現前這樣觀察的時候，悟後現觀自己的如來藏心與色身之間，也還是與悟前一樣不會互相妨礙的，所以說「不相妨礙」。

這時現見自己的色身其實就是如來藏心，就是虛空無爲，不曾外於虛空無爲，所以色身已經不異虛空，虛空藏因此當然要說「身同虛空」了！這也就是《心經》所說「色即是空，空即是色」的眞義。當菩薩能夠這樣子現觀時，隨便哪一世捨壽時，只要十方微塵數世界中的任何一個世界眾生與自己有緣，菩薩當然隨時都可以往生到那裡去，根本沒有障礙可說，因此而說「身能善入微塵國土」。這樣一來當然就可以廣行佛事而隨順一切眾生了，當然可以盡未來際於無量劫中廣利眾生而作佛事，當然是能於一切佛事中都得到「大隨順」的菩薩了，由此緣故，虛空藏菩薩才說「身能善入微塵國土，廣行佛事，得大隨順」。

「此大神力，由我諦觀四大無依，妄想生滅，虛空無二，佛國本同；於同發明，得無生忍。」能「得大隨順」的菩薩摩訶薩，自然可以在人間得自在，因爲他能廣度有緣人，當然在世間是有大神力的。說到這裡，也許有人覺得如來藏妙法實在不可思議，於是很想證得如來藏而明心。但是有些人卻不肯依照我所說的方法求證如來藏，偏要用自己的方法求證，當然是無法證得的。譬如有人想：「妄想是生滅法，來了就過去了，但是老師有講過：『妄想是從如來藏中的煩惱產生出來的。』那麼我就抓住妄想來觀察，看妄想是從哪裡生出來的，那不就找到如來藏了嗎？」於是他就不斷地從妄想的源頭去找如來藏眞心，沒想到他找了很久、很久以後，還是找不到如來藏。因爲妄想就像上一段經文講的「來無所從、去無所至」，所以妄想固然是從如來藏心中出生的，然而如來藏無形無色，當妄想從空無形色的如來藏中生出來時，回去以後當然也是回到無形無色的如來藏心中；如來藏心既然無形無色，所以妄想來時並無所從，去時當然也無所至，怎麼可能從妄想的生滅來追溯出如來藏的所在呢？

同樣的道理，四大微塵其實是無所依的，因爲本來就是依止於全體有情的如來藏心而出生或滅失的，而如來藏心是虛空無爲、無形無色，所以眾生的語言妄想或是宇宙中的四大微塵，當然也是來無所從，去無所至；所以除了如來藏以外，一切四大微塵並無所依。微塵在十方虛空宇宙中的出生與滅失，都是由於有情的覺知心中生起了無數認假作眞的虛妄想，不能了知及安住於涅槃智慧境界中，於是必須有四大微塵作爲基本原料來生成宇宙世間，以及生成色陰而次第出生識、受、想、行等四陰，然後眾生就在宇宙世間及五陰世間之中生存、成長、學習、造業、死亡，如是輪轉不斷，因此才有十方虛空的世間不斷地成、住、壞、空，連續不斷。所以四大本來無所依止，都是因爲眾生心中有種種導致生死輪迴的虛妄想，於是使四大微塵從如來藏的虛空無爲中出生了；若是有人得有因緣而實證阿羅漢果，捨壽後入無餘涅槃時，他所相應的那一分四大微塵，自然就跟著在宇宙中滅失而不會繼續存在了，這顯然表示阿羅漢是有妄想的，才會使他滅掉自己相應的一分微塵。

也許有人想：「阿羅漢還會有虛妄想嗎？」是的，阿羅漢仍然有虛妄想。因爲四大及五陰的生滅本來就是如來藏的妙眞如性之一，歸屬於本不生滅的虛空無爲的如來藏妙心，本質上也是無生無滅的；既然如此，又何須畏懼生死而一定要取無餘涅槃呢？已經斷盡我所執與我執的菩薩們，由於現觀這個眞實理，所以不怕生死輪迴的痛苦而願意世世生在人間利樂有情，如此自度度他而使自己與有情都能在未來必定成佛。定性阿羅漢不能實際上現觀這個事實，才會想要入無餘涅槃，遠離無盡的生死；這正是因爲不能證知法界中本來無生無死、不生不滅、不來不去、不增不減的實相，當然就是虛妄想。

所以說，「四大無依」，都是緣於有情的妄想而有生滅；實際上全都是由如來藏的虛空無爲以及眾生的虛妄想，而使四大微塵從如來藏中出生或滅失；由此可以證實「妄想生滅，虛空無二」。既然四大微塵是緣於有情的妄想而有生滅，本屬如來藏的虛空無爲運作而生而滅，那麼十方世界中的一切佛國當然也是在這個不變的眞實理中生成的，何曾有一絲一毫的差異？所以才說「佛國本同」。

佛法的實證，不是像世間法一般可以用聰明來獲得。有些人想：「妄想既是從如來藏中的煩惱種子來的，如來藏又是執持煩惱種子的心，那我就往妄想的前頭去找；當我正在打妄想的時候，妄想的前面有什麼？當然就是如來藏心了。」然而妄想的前頭雖然是如來藏，但如來藏是空性，無形無色，當然他們往妄想前頭找來找去，永遠都只能找到空無；於是就責怪妄想無緣無故出現，就像前一段經文琉璃光菩薩講的「來無所從、去無所至」一樣，怎能找到如來藏而明心呢？所以法理歸法理，與實證是有很大距離的。因爲如來藏是空性，無形無色而含藏著煩惱種子，於是祂流注出煩惱種子而使人出生妄想時，就如同從虛空中突然出生妄想一般，哪能從妄想的前頭找到如來藏空性呢？所以很多人都不瞭解如來藏空性，以爲從妄想往前追去就會找到如來藏了，於是不肯禮求善知識爲師，自以爲很聰明，以爲自己土法煉鋼就能開悟，這就是聰明反被聰明誤。

假使有因緣證得虛空無爲的如來藏心，未來必定可以漸漸深入觀察四大微塵的本質是無所依的，因爲如來藏是空性，祂所生的四大微塵當然會隨著如來藏心中的種子變化，所以四大微塵不是究竟常住的，只是依世俗凡夫永淪生死的狀態而說「四大微塵的能量不滅，只是轉易存在的形態」。如果一切有情都有能力入無餘涅槃時，十方法界中的四大就會快速跟著變化，所以四大其實仍然不是有情覺知心的究竟所依，本質上仍然是如來藏的妙眞如性所生，因此虛空藏菩薩當然要說「四大無依」。而覺知心的各種妄想，不論是修定者靜坐時覺知心中產生的語言妄想，或是修學解脫與實相的人因爲不如理作意而產生的虛妄想，全都是生滅法；因爲全都要依四大所造的色身才能有覺知心存在，而四大也是生滅的法性——從如來藏妙眞如性中出生，所以妄想當然也是生滅的：「妄想生滅」。

然後再來觀察四大及妄想的根源，仍然是依於如來藏心體而有，而如來藏心體是虛空無爲，所以四大及妄想就與如來藏「虛空無二」。在這個娑婆世界是如此，往西經過十萬億佛土而到極樂世界時也是如此，或者從娑婆世界往東而遠到不動世界阿閦佛國時還是如此；若是還有人不信，藉著大神通分出十道神光而遍到十方香水海中的所有世界去看時，仍然是如此，同樣都是由共業眾生的如來藏與諸佛的願力，來共同形成佛土世界，所以說「佛國本同」。

我們娑婆世界現在是五濁惡世，而極樂世界是清淨世界；若是心地不清淨的人去到那邊，當然要住在七寶池中的蓮苞宮殿中慢慢淨化，等到心地清淨了才會花開而讓他出來，所以那個世界就能清淨而不染污，所以在那裡已經出生的人就稱為「諸上善人」。但是，不論清淨世界或五濁惡世的世界，同樣都與如來藏虛空無為不二，所以是「虛空無二」，全都是由虛空無為的如來藏心來成就的；所以十方佛國所有眾生如來藏體性都一樣是虛空無為的法性，因此虛空藏菩薩說「佛國本同」。而諸佛的所證也都一樣是第八識無垢識，無垢識通名如來藏，就是因地時的阿賴耶識心體；既然同樣是第八識心體，沒有一佛所證是外於第八識心體的，所以說「佛佛道同」，虛空藏菩薩因此當然要說「佛國本同」了。虛空藏菩薩正是因為從如來藏的虛空無為法性中，觀察到「四大無依，妄想生滅，虛空無二，佛國本同」，於是更進而在「虛空無二，佛國本同」上面深入觀察而發明更深妙的智慧，就在這個同相中發明了更深妙的智慧，因此證得大乘法中的無生忍，這就是「於同發明，得無生忍」。

「佛問圓通，我以觀察虛空無邊入三摩地，妙力圓明，斯爲第一。」如今佛陀垂問各人所修的圓通法門，虛空藏菩薩當然主張：以觀察虛空無爲的法性無邊無際而產生深妙智慧，由此進入實相智慧三昧境界中，所以虛空藏菩薩由觀察虛空無邊而使實相智慧的神妙力量圓滿光明，由觀察虛空無邊的方法來證悟佛菩提，他當然認爲這是最好的圓通法門。

「虛空無邊」，爲什麼虛空無邊？諸位有沒有想過？事實上是：只要有眾生，就會有山河大地；當娑婆世界容納不了這些眾生的時候，眾生的如來藏自然會從祂的大種性自性中，藉其他的性自性共同運作而產生了一個動力——風力，由這個風力在某一處虛空中又產生出一個新的三千大千世界來。這些新世界周邊的虛空是從哪裡來的？其實那裡的虛空是從如來藏的新共業所感而產生的，是由新共業感應而出生的新世界來說這個新世界的周邊就是虛空。而眾生的如來藏無量無邊，世界也就無量無邊，世界周邊的虛空自然也就無量無邊；所以不是依斷滅後的空無來講虛空，而是依世界的周邊無物處來施設虛空。所以世界無量無邊的緣故，虛空當然就無量亦無邊了。說穿了，虛空只是眾生心中的法，是由眾生如來藏心出生了世界而施設有虛空，所以不能說眾生是在虛空裡面生活。從理體來看，虛空確實是眾生如來藏心中的一個法，是如來藏心中很多法裡面的一個而已；而虛空藏菩薩並不是從虛空悟得佛菩提，而是從如來藏的虛空無爲悟得的，所以他不稱爲虛空菩薩而稱爲虛空藏菩薩，但是卻把虛空無爲簡稱爲虛空。

【彌勒菩薩即從座起，頂禮佛足而白佛言：「我憶往昔經微塵劫，有佛出世名日月燈明；我從彼佛而得出家，心重世名，好遊族姓。爾時世尊教我修習唯心識定，入三摩地；歷劫已來，以此三昧事恒沙佛，求世名心歇滅無有。至然燈佛出現於世，我乃得成無上妙圓識心三昧，乃至盡空如來國土淨穢有無，皆是我心變化所現。世尊！我了如是唯心識故，識性流出無量如來，今得授記，次補佛處。佛問圓通，我以諦觀十方唯識，識心圓明，入圓成實，遠離依他及遍計執，得無生忍，斯爲第一。」】

講記：虛空藏菩薩說完了，彌勒菩薩隨即從座位上起身，頂禮了 佛陀足下而稟白 佛陀說：「我回憶往昔經過微塵數劫以前，有佛出現於世間，名爲日月燈明如來；我當時是隨從那一尊佛而出家的，然而我當時心裡很看重世間名聲，愛好遊行於有名望的族姓之間。當時的日月燈明如來因此而教導我修學熏習『唯心識定』，我是從這個定心的實證而進入三昧境界中；從那時開始，經歷過微塵數劫以來，我都以這個『唯心識定』承事恒沙數諸佛，以致我在出家早期愛求世間名聲的心性，從此歇滅而不再存在了。我以『唯心識定』三昧一直進修，到了然燈佛出現於世間時，我才成就至高無上微妙圓滿的『唯心識定』，親見自身乃至窮盡十方虛空一切如來國土的淨穢或有無，全都是我的如來藏心變化所現。世尊！我因爲這樣通達『唯心識定』的緣故，了知如來藏識的法性流注出無量的如來，於今獲得世尊的授記，於世尊之後即將遞補佛位而成佛。佛陀垂問各人所證的圓通法門，我是以詳細審觀十方法界只能由如來藏識出生，由於對如來藏等八識心王的所有法義圓滿通明了，所以進入圓滿成就諸法的眞實性中，遠離了識陰六識的依他起性，也遠離了意根的遍計執性，因此獲得大乘法中的無生忍，這就是第一無上的圓通法門。」

「**彌勒菩薩即從座起，頂禮佛足而白佛言：**」現在由 彌勒菩薩起來說明了。後面這幾位菩薩都是不得了的大菩薩，彌勒菩薩則是即將於人間降生成佛的妙覺菩薩，因爲是一生補處菩薩了，隨時隨地都可以在人間示現成佛。如今只要人間的因緣成熟了，就可以降生人間示現成佛、八相成道。彌勒菩薩現在住於兜率天宮的彌勒內院中，是示現爲天人身的出家菩薩，所以祂是在欲界第四天的內院中出家住持佛法的妙覺菩薩，即將成佛。然而祂在釋迦世尊示現於人間時，在 世尊座下出家，卻是示現爲聲聞相的出家菩薩。因爲祂得要幫忙 世尊攝受及處理與聲聞四眾有關的事務，所以得要示現聲聞相才行；若當時 彌勒菩薩是示現爲 文殊、普賢一樣的在家相，即使本質是童身行的出家人，那些不迴心的聲聞羅漢們，還是會只看重色身表相，如同大迦葉對 文殊菩薩都不尊重一樣，當然不方便爲 世尊執事處理聲聞出家眾的事務了。決定不迴心的聲聞聖者頭陀行的大迦葉，曾經手執木槌打雲板集眾，想要把 文殊菩薩趕出道場去，只因爲 文殊菩薩結夏安居三個月中，住在王后宮中、童子學堂中、淫女園舍中，都不在道場中安居。但他卻不知道 文殊早就斷除欲愛的所有習氣種子了，而他自己卻還充滿著欲愛的習氣種子，只是斷了欲愛的現行而已；他也不知道 文殊在王宮及淫女園舍中說法而廣度極多女人成爲菩薩弟子，只因爲 文殊示現在家相，也不懂 文殊的證境，所以不尊重 文殊。彌勒菩薩當年若是像 文殊一樣示現在家相而在大乘法中出家，那些聲聞聖者是不會尊重的，又如何能爲 世尊分勞呢？彌勒菩薩既是一生補處菩薩，是即將紹繼佛位的妙覺菩薩，當然得要辛苦一些代佛攝眾及處理聲聞法中的四眾雜務，當然得要示現聲聞出家相，而不能像文殊一樣示現爲在家相的童身行菩薩。

彌勒菩薩即將說到的是六界中的識界。六界的內容是地、水、火、風、空、識。界是指功能差別。識界的內涵本來就應該包含八識心王的，然而聲聞聖人不懂八識心王，只能觀察到六識心王；他們雖然知道有意根，但卻不知道意根何在，所以在聲聞法中凡是說到六界中的識界時，往往都只是指稱六識心王。可是首楞嚴是大乘法，所以彌勒菩薩這時所說的識界，當然不會是聲聞法中所說的六識界，而是指八識界。當前面五位菩薩講完六界中的前五界時，彌勒菩薩當然知道應該起來說明自己依第六界而修的圓通法門了，所以「即從座起，頂禮佛足而白佛言」：

「我憶往昔經微塵劫，有佛出世名日月燈明；我從彼佛而得出家，心重世名，好遊族姓。」彌勒菩薩說祂想起自己所經歷的過去微塵數劫以前，那時有一尊佛出現於世間，佛號是日月燈明如來，說祂當時是在那一尊佛座下剛開始出家修行的。可是祂剛出家時由於「心重世名」，仍然是新學菩薩，所以還很看重世間法上的名聲。這不就像現在台灣的四大法師以及印順法師一樣嗎？他們都覺得名聲很重要，所以同樣是「心重世名」。彌勒菩薩還說祂自己那時是「好遊族姓」的，也就是如同當代的台灣四大法師一樣，總是喜歡與一些有大名聲的居士、密宗法王，或者與政治上的重要人物以及地方上有名望的人士互相來往，這就是「好遊族姓」。

我卻是一向不想與有名望的人士來往，也一向拒絕新聞媒體的採訪，我對這些都沒興趣。一般道場可能會認爲這是揚名立萬的好機會，認爲是免費的宣傳，但是我們從來都不想要，因爲我弘法的目的不在於求名、求利。所以有時新聞媒體打電話來詢問時，我們總是當場婉拒，連考慮都不考慮。彌勒菩薩無量劫前剛出家時就像現在台灣四大法師一樣「心重世名，好遊族姓」，都不想在佛法的實證上面用心；所以 彌勒菩薩那時只是身出家，其實心還沒有眞正出家，因此還是有世間法上的貪求。正因爲這個緣故，釋迦牟尼佛晚祂四十二劫發菩提心，卻反而提早成佛。都因爲 釋迦牟尼佛不貪世名，也不愛樂「好遊族姓」，而是專心一意修行和利益眾生。

「爾時世尊教我修習唯心識定，入三摩地；歷劫已來，以此三昧事恒沙佛，求世名心歇滅無有。」彌勒菩薩說那時 日月燈明如來，教導祂熏習與修學「唯心識定」。「唯心識定」的意思是「三界唯心、萬法唯識」，由於修學這個眞實道理而證實確實是如此，於是心得決定而絕對不會改易；心不動搖、心不改易就是定，就是三昧。所以，修習「三界唯心、萬法唯識」的唯心識妙法以後，心得決定而產生了定心所，永遠都不可能再改易了，就是制心一處而住於「唯心識定」中，就是從「唯心識定」而「入三摩地」；就這樣制心於「三界唯心、萬法唯識」的三昧智慧中，稱為「入三摩地」，這就是實證如來藏而制心一處不再改易了。

這與我們現在禪淨班修學證悟的方法不太一樣，但是其中也有許多類似的地方，譬如我們禪淨班中都會教導大家開悟就是實證第八識的道理。這個唯心識定很難修習，因為「唯心識定」一定要先明心才能眞的聽懂；若是在明心以前修習，由於還不知道眞心如來藏的所在，就只能從多聞強記上面著手；無法在聽聞的當下就現觀三界唯心的法界事實，也無法現觀三界中的萬法都由八識心王或多或少來成就的三界事實，就如外面有很多人在修學唯識法一般，他們對於唯識三性都覺得很難懂，而且也是大多誤會了。但是如果世間智慧很好的人，也可以從這裡下手修習，因為這樣可以建立正知正見而不會在求悟實相般若的時候走偏了方向，也可以排除六識論等惡知識的誤導；當你把「唯心識定」的正知正見熏習完成了，自然知道求悟時是應該求證第八識如來藏；然後努力修習禪法而實證如來藏了，就不再是「修習唯心識定」了，而是修習之後實證「唯心識定」，那就是已經「入三摩地」了。因爲彌勒菩薩微塵數劫以前遇到 日月燈明如來時，是從這個法門開悟入門的，所以祂生生世世都用這個三昧所得的智慧來奉事恆河沙數諸佛。也由於修習「唯心識定」而明心證得如來藏，因此制心於如來藏處而不懷疑，心得決定而「入三摩地」以後，也就是悟後轉依成功了，所以祂原來剛出家時「心重世名，好遊族姓」的習性才算修除掉了！這時才算正式進入內門開始正式學佛了。否則都只能在外門廣修六度萬行，總是一直都在世間法上轉來轉去而自認爲是在學佛。所以彌勒菩薩說祂自己從那時悟得眞正的心識如來藏，轉依成功而心得決定「入三摩地」以後，「求世名心」就頓時停歇滅除了，全都不存在了。

「至然燈佛出現於世，我乃得成無上妙圓識心三昧，乃至盡空如來國土淨穢有無，皆是我心變化所現。」彌勒菩薩就這樣一世又一世精勤地繼續深入修習「唯心識定」，一直到 然燈佛出現於世間的時候，才能夠成就無上微妙圓滿的「萬法唯識，三界唯心」的三昧。無上微妙圓滿的識心三昧具足成就，表示十地的無生法忍修行已經圓滿而進入等覺位了；到了這個時候，由於「無上妙圓識心三昧」成就的時候，乃至觀察到十方法界中的所有諸佛國土中，不論是清淨的或是垢穢的，不論是壞劫、空劫而歸於空無的時候，或是成劫、住劫而重新顯現山河大地的時候，全都是自己的眞心如來藏變化所顯示出來的現象。

爲什麼說「盡空如來國土淨穢有無」呢？也就是說，證悟後凡所看見的一切世界，不論是清淨的佛土世界，或是五濁惡世的垢穢佛土世界，譬如污濁世界猶如娑婆世界，或者清淨世界像極樂世界，全都不是眞實的存在，都只是由如來藏變現出來的生滅法；當你能夠這樣觀察所有諸佛國土全都是生滅法，全都是由如來藏心識所變現出來時，就沒有所謂諸佛世界的垢淨與有無可說了，這就是「盡空如來國土淨穢有無」。從另一方面來說，從轉依於如來藏的立場來看，如來藏從來都不在六塵境界中了別諸佛國土的淨穢與有無，意識轉依如來藏這樣的境界以後，也是「盡空如來國土淨穢有無」。

再從另一個方向來說，對於諸佛國土是否爲清淨或污垢，所有佛土世界是有或無，覺知心其實也都沒有親自看見；因爲一切人的覺知心所見都是自己的內相分，從來不曾看見過外相分；因此所見十方諸佛世界，不論他的天眼通多麼厲害、看得多遠，也都沒有眞的看見；因爲覺知心的天眼通所見諸佛國土，全都是看見自己眞心如來藏識所變現出來的內相分而已。而且能夠看見各種相分的覺知心，一樣是如來藏識所變現出來的見分；所以 彌勒菩薩說「皆是我心變化所現」，這當然也是「盡空如來國土淨穢有無」了。這樣看來，悟後所看見的十方諸佛國土，不論是清淨世界或五濁世界，不論諸佛國土是有或無，全都是自心變化所現；彌勒菩薩這時當然向 世尊報告說：「盡空如來國土淨穢有無，皆是我心變化所現。」因爲祂那時的所見一切佛土境界，全部都是祂自己的內相分嘛！當然所見的如來國土的淨穢或有無，全都是 彌勒菩薩的自心變化所現。

世間人都誤以爲自己看見的六塵是外相分的六塵，其實都是以自己如來藏所生的見分覺知心，去看見自己如來藏所生的內相分；所以不論是誰，他所看見的並不是眞正的諸佛淨垢世界，他所看見的都是如來藏藉五色根攝受了諸佛國土的色塵境以後，轉化成自己內相分中的諸佛國土色塵境，才能被自己的覺知心所看見。所以任何人看見的山河大地也與 彌勒菩薩一樣：「皆是我心變化所現。」這個道理古來即少人知，現代當然會有更多人誤會，於是私底下若不是因爲讀不懂而反對，就依文解義而懷疑說：「彌勒菩薩看見諸佛世界都是由祂自己的心所變現，那麼諸佛國土是否全都在祂的心中生住異滅呢？是不是諸佛全都在彌勒菩薩的心中修行度眾生呢？那麼是不是說彌勒菩薩的證境遠超過諸佛？」往往有人這樣妄想一堆，然後心中生起種種懷疑。

《楞嚴經》中所說的法義太深廣了，絕對不是剛悟的菩薩們所能完全理解的，即使眞悟以後又眼見佛性的十住滿心菩薩，也是無法全部理解的，何況是未悟眞如心、又是未斷我見的所有六識論者呢？當然更是無法讀懂了，於是就乾脆否定它，說這部經中所說的法義處處自相矛盾；其實都只是自己少聞寡慧而誤會經義，所以若不是亂解釋一場，就是公然判爲僞經而否定它，這就是呂澂與印順等一派人的所知與所作。然而彌勒菩薩說的意思是：當祂觀看諸佛國土時，其實只是看見了自己的內相分，是以自己的見分來看見自己相分中的十方諸佛國土，不是看見外相分的諸佛國土，因此 彌勒菩薩才會這樣說：「盡空如來國土淨穢有無，皆是我心變化所現。」這完全是如實語，沒有一絲一毫的虛假。

「世尊！我了如是唯心識故，識性流出無量如來，今得授記，次補佛處。」一切地上菩薩若是看見了十方諸佛國土時，都知道所有「如來國土淨穢有無」等相分，「皆是我心變化所現」，因此就沒有眞正的諸佛國土的淨穢有無可說了，這當然是「盡空如來國土淨穢有無」的了，這就是 彌勒菩薩說的「我了如是唯心識故」。若有人不是這樣實證，就不能宣稱說：「我了如是唯心識故。」彌勒菩薩由於了知這種「唯心識定」而住於這種智慧三昧中，所以從自己的眞識如來藏中自然流露出無量無數的如來。「識性流出無量如來」，不是說十方無量如來都是由 彌勒菩薩變現出來，而是說，十方過去、現在、未來的無量如來，全都同樣的是由如來藏眞相識所變生出來的；若沒有各人的眞相識如來藏，就不可能有三世無量如來成就佛果，又怎麼會有三世無量如來出現呢？所以 彌勒菩薩才說：「我了如是唯心識故，識性流出無量如來。」

若是回頭再從各人自己見分與相分來說，從來都是由自己的見分看見自己的相分，也就是說，不論是哪一尊大菩薩所見到的十方諸佛如來，都不是眞的看見十方諸佛表相，而是看見自己如來藏轉生的內相分中的十方無量如來。彌勒菩薩所看見的也是一樣，祂的覺知心只看見自己眞相識如來藏所變現的內相分，當 彌勒菩薩看見十方如來時，所見的諸如來色相也還是從自己的如來藏識中流出的相分，所以也說「識性流出無量如來」。猶如趙州從諗禪師講的：「如明珠在掌，胡來胡現，漢來漢現。」當十方諸佛來到你面前時，你的如來藏就顯現十方諸佛的色塵相分，所以說「識性流出無量如來」。當然你證悟後也可以這樣說：「識性流出無量有情。」意思是相同的，完全契符而無差別。

彌勒菩薩說，祂因爲這樣修證的緣故（當然最後還得「百劫修相好」而成爲妙覺菩薩），所以今天得到釋迦世尊的授記，說祂是當來下生 彌勒尊佛而「次補佛處」。「次」就是下一個，是說祂將接著在釋迦世尊之後第一個補住於佛位的人。釋迦世尊入滅後，第一位要在娑婆世界成佛的人就是 彌勒菩薩，所以祂已經是最後身菩薩了。

「佛問圓通，我以諦觀十方唯識，識心圓明，入圓成實，遠離依他及遍計執，得無生忍，斯爲第一。」彌勒菩薩接著說，今天世尊垂問各人修證的圓通法門，祂是用詳細而如實觀察十方無量世界一切有情、一切器世間、一切諸法全都是純粹由眞相識如來所出生、所顯現，而證實十方唯識的正理。由於能夠深入而詳盡證實的緣故，所以對於眞相識這個如來藏心的內涵，已經圓滿而明了，因此得以進入圓滿成就萬法的眞實性中，自然了知依他而起的五陰（特別是識陰六識）的虛妄性，所以離開了虛妄的依他起性；也能詳盡觀察到意根的遍計執性，全都是在依他而起的萬法之中生起錯誤的計執，所以產生了普遍計度執著的現象，因此而「遠離依他及遍計執」，由這樣的智慧而獲「得無生忍」，已經可以究竟無生了；所以彌勒以自己的經驗與修證過程，主張「諦觀十方唯識，識心圓明，入圓成實」的修行法門，就是修證圓通的第一法門。

圓成實、依他起、遍計執，是說八識心王有這三種自性，是說第七識意根有遍計執性，前六識有依他起性，而第八識如來藏心則有圓滿成就諸法的自性，當然也能圓滿成就六識心的依他起及意根的遍計執性。這三種自性都能夠親證、體驗之後，才可以開口說三種自性都無自性——三性三無性。我們今天可以略微說明一下，就比較容易懂得 彌勒菩薩這一段經文中的眞義。有很多人讀經時總是一知半解，然後就大膽爲人說：「三性三無性，所以一切都無自性，所以沒有如來藏可證。」眞是滿口荒唐言！這就是印順法師繼承自密宗黃教應成派中觀的六識論邪見中的標準說法，所以寂天、阿底峽、宗喀巴等人也都受持這樣的謬論。但他們其實全都誤會了，他們都還沒有證得三自性，連三自性都無法現觀，當然是不懂三自性的，又怎麼有資格爲人解說三無性呢？

那麼我們就先來講依他起性。剛剛有人提問，他的第一個問題是問意識的活動。意識所有的活動都是在依他起性的範圍中，全都是三自性中的依他起性。而意識是識陰所攝，識陰六識全都是依他起性。意識的活動，簡單地說，就是在六塵中不斷攀緣，不斷地分別、諦觀、分析、歸納、統計……等，也會在六塵當中生起貪瞋癡慢疑等法，這全都屬於意識的活動範圍。然而意識自己以及祂的活動範圍內的諸法，也都是依他起性中的依他起性，因爲全都是由意識相應而出現的心行，所以這些意識相應的心行當然是依他起性中的依他起性。

但意識本身爲什麼是依他起性呢？因爲意識必須有四種俱有依才能生起及存在，這四種俱有依如果缺了一樣，意識就無法生起，當然更不可能繼續存在。意識的第一個俱有依是意根，如果不是依附於意根，若不是有意根的作意，意識根本無法現起。譬如，如果不是意根想要起床，意識覺知心就不會清醒過來，就繼續處於中斷的狀態而全無所知；如果不是意根想要了知夢中的境界，意識就不會迷迷糊糊繼續作夢。如果不是意根覺得身體不累了，意識就不會出現，你將不會醒過來，所以意識必須要依意根才能夠出現，因此四阿含諸經中才會這樣說：「**意、法緣，生意識。**」才會說：「**諸所有意識，彼一切皆意法因緣生。**」

但意識的出生，還得要有三個俱有依，光是意根有作意，還是不能使意識覺知心出現，這第二個俱有依就是法塵；一定是在五塵上面有所變動而出現了法塵，這個法塵使意根接觸到，才能夠讓意識覺知心出現，不論是有念靈知或離念靈知的意識，都是如此。意識第三個俱有依就是不壞的五根，必須五浮塵根是正常的，而且五勝義根也是正常的，意根才能接觸法塵，意識才能生起；浮塵根是色身，勝義根是頭腦，都必須正常。如果五根不正常（譬如受撞擊或壞掉），意識也無法現起，這樣已經證明意識必須有三個俱有依了。如果有人不信，請人拿棍子把自己的頭打爛，意識就永遠不現起了！其實也不必自己試驗啦！只需觀察某人被打壞頭腦時，看他意識還能不能現起，不就證實了嗎？

意識的第四個俱有依就是各人的眞如心如來藏中所含藏的意識的種子、意根的種子、五色根的種子、相分的種子，這裡說的相分種子是指法塵種子；這四種俱有依是缺一不可的，只要缺了其中的一種，意識就無法現起了！當然更不可能有意識在了別或運作。前三個俱有依，是一般人聽聞以後就可以自行觀察而證實的；只要自行觀察證實了，就不會再認定有念或離念的靈知心意識是常住不壞的自我了！這時我見不斷也難。但是第四個俱有依，可就得要明心後才有能力觀察出來的，這是比較困難的部分，而這四個俱有依都只是意識的所緣緣，就是四阿含中所說「意法因緣生」中的「緣」。

然而意識除了這四個俱有依作爲所緣緣以外，意識還得要有「因」，才能符合「因緣生」的因與緣二法的具足；單有因或單有緣，都無法使意識現前，必須因與緣都具足了，意識覺知心才能現起以及存在，這個「因」就是如來藏心體以及祂的配合運作。如果沒有如來藏作意識的俱有依因，單有前面四個俱有依緣，意識還是無法現起；因爲若沒有如來藏流注出前面四個俱有依的種子，那麼意根、五色根、法塵以及意識種子，可就都不存在了，又如何能有意識生起及存在呢？既然意識要有這四個俱有依緣，也必須要有如來藏作爲俱有依因，那麼意識當然是依他而起的自性。必須從如來藏中的種子流注出來，才會有五色根、意根、法塵的出生與存在，然後再依五色根、法塵、意根爲藉緣，意識才能現起啊！所以意識是依他起性。

彌勒菩薩說祂往昔無量劫前修習「唯心識定」而「入三摩地」，所以遠離了依他起性；意思是說悟得如來藏以後現觀「三界唯心、萬法唯識」了，所以從此不再墮於意識心中，因此而住「入圓成實」中。這正是由於進「入圓成實」的智慧境界中，心得決定了，所以不被依他起性所漂轉。那我們現在當然得要講解圓成實性了，遍計執性留到稍後才說。圓成實，意思是各人的眞心如來藏，蘊藏了七識的種子（就是眼耳鼻舌身意六識種子再加上意根種子，總共七個識的種子），祂含藏了這七識的種子。並且祂也含藏了種種外相分、內相分的種子，因此能使身外的山河大地生起及存在，也能使身中的內相分六塵法相現起；而且如來藏還有大種性自性，再加上祂也蘊藏了業種、無明種，所以祂就能入住母胎中開始造色的過程，於是生起色身五色根。這一些法相都是從如來藏中生起的，不是由意識覺知心所創造或出生的。

如來藏生起了五色根及意根、法塵、意識覺知心以後，祂本身仍然是住在本來清淨自性涅槃中，依舊離生死，依舊不與語言道相應——言語道斷、心行處滅。被如來藏出生的你（色身的你、見聞覺知的你、處處作主的你）是在三界六塵的種種煩惱中打混、流轉，以致生起貪瞋癡慢疑等有漏性的惡法，可是如來藏爲眾生顯現出這些污穢、不淨法而在流轉運作時，祂本身還是自性清淨涅槃——繼續處於離見聞覺知、離分別的寂靜涅槃中。正因爲有如來藏這個本來就有的自性清淨涅槃，才使二乘聖者能夠證得解脫道的解脫果而出離三界生死，不再流轉；也因爲有如來藏這個本來自性清淨涅槃，才使你可以證得佛地滅盡兩種生死的無住處涅槃。由此證實：如來藏擁有具足

圓滿成就世間流轉法的**眞實體性**，也具足**圓滿成就**出世間法的**眞實體性**，所以名爲**圓成實性**。這就是一切有情各自的如來藏都本已擁有的圓滿體性。爲什麼要叫作圓滿呢？因爲污穢的眾生被包括在如來藏中，而清淨的解脫聖者也是被包含在如來藏中，全都在祂裡面；所以一切染垢以及清淨無漏的有爲法等種子全都已經含藏在凡夫眾生的如來藏中，當然說如來藏具有圓滿成就諸法的眞實體性，所以祂叫作圓成實性。

如果你想要現觀圓成實性，就要先去證得如來藏，證得如來藏時便開始出生實相般若智慧了；接著再修學無生法忍，也就是一切種智；當你繼續修學一切種智而且有大善知識指導的時候，你就可以作這種現觀，證實一切法都從如來藏中生起：不論是雜染性的流轉法，或是清淨性的出世間法，全都由如來藏來圓滿成就。當你證實如來藏擁有這種眞實性的時候，能作這種現觀時，才是眞正了知圓成實性了，那麼你就是親證「唯心識定」的摩訶薩了。知道圓成實性的時候，必然就會證實我在剛才所說的意識必須要依如來藏**因**，才能藉四種**俱有依緣**而生起及存在的事實。

當你了知依他起性時，你自然也會了知遍計執性。遍計執性是什麼呢？你觀察到自己的如來藏出生了依他起的各種法（主要是指意識等識陰覺知心，當然也包括內相分六塵等），由於有六塵與六識，接著就輾轉衍生了無量無數的世間萬法，覺知心意識就會在六塵萬法中生起貪厭之心，就開始流轉生死了。這些法當然都是依他起性，都是依各種所緣的法性才能出生與存在，不是可以自己單獨存在的。當你知道了依他起性，也知道了圓成實性，再來觀察爲什麼眾生會在依他起性的識陰六識及萬法中，生起貪瞋癡慢疑而普遍計度、流轉生死呢？觀察的結果，必然就會證實：原來都是因爲有意根在普遍計度與執著啊！都是因爲意根在六識、六塵當中對萬法生起了普遍而錯誤計度，然後加以執著不捨。所以遍計執的自性是從圓成實性與依他起性兩法中出現的；正因爲有圓成實性而圓滿成就了世間萬法，所以有依他起性的蘊處界萬法，然後意根就在圓成實性所生的依他而起的蘊處界萬法中，生起了遍計執性。然後在想要捨離世間生死的作意下，才能體會出世間萬法。

如果單單只有圓成實性，就不會有遍計執性；單單只有依他起性萬法，也不會有遍計執性；正是因爲有圓成實性也有依他起性在運行著，然後顯現了三界中的六塵萬法，於是意根就在圓成實與依他起之中作了錯誤的認知而加以執著，才能成就遍計執性；所以遍計執性是在圓成實性與依他起性上面生起的，不是可以獨自存在的：只要缺了圓成實或缺了依他起，只要缺了其中一法，遍計執性就不可能生起，何況能遍計執？所以說，凡夫眾生都是在執著圓成實性與依他起性的；可是當凡夫眾生執著依他起性的時候，都不知道自己正在執著依他起性，所以斷不了我見。不但外道法中如此，末法時代今天的佛教界中也是如此，連台灣鼎鼎有名的四大山頭堂頭和尚，都落入依他起性的識陰之中執著不捨；到現在都還沒有哪一位大法師願意承認意識離念靈知心是依他起性、是生滅法，都還在執著依他起性的意識覺知心是常住法。這不正是現代佛教大法師們執著依他起性的最好事例嗎？連自己正在執著依他起性都還無法覺察出來，那麼要求他們覺察自己正在遍計執性中，就更不可能了！

不但如此，這些執著依他起性的意識覺知心的凡夫大法師們，還跟沒有學佛的凡夫眾生們一樣向內執著圓成實性。可是當這些大法師與凡夫眾生正在向內執著圓成實性的時候，他們卻都不知道自己正在執著圓成實性。換句話說，眾生其實都是把如來藏抱得緊緊的，執著得很緊密，可是當你告訴他：「你這樣就是執著圓成實性。」他們卻都聽不懂。要等他們將來找到如來藏以後，才會懂得你為什麼說他們是執著圓成實性。所謂執著圓成實性，是什麼意思呢？就是把如來藏能夠圓滿成就諸法的眞實性據為己有，把如來藏的這些功能全都認爲是自己覺知心的功能體性。這些現觀所得的智慧，就是修習**唯識**行的菩薩在修學**唯識性**的過程中所親證的境界，所以就能爲人解說「遍計執性是依附於圓成實與依他起兩個體性中產生」的眞實道理。這顯示他已經實證對遍計執性的現觀了，當然是眞悟實相的菩薩摩訶薩。

因此在說法的時候，通常要把遍計執性放在最後來說。但是如果要從次第性來講，也就是從無爲無漏的涅槃境界中出現了百法、千法、萬法，是從這種出現的次第性來說時，卻要先在圓成實性講完之後，才講遍計執性，然後再講依他起性。因爲依他起性是最末後出生的，依他起性的出現是由於先有圓成實性而生起了遍計執性，先有了遍計執性以後才會有依他起性的諸法出生於三界中。但我若是想要先讓你們瞭解這個道理，這遍計執就得要留到最後面再來說。那麼你們之中已經明心的人，聽我解說了這三性，就知道圓成實、依他起、遍計執等三性果然全都存在，不是密宗應成派中觀所毀謗誣指的「言語假名施設」，因爲你聽了就能現觀這三性確實存在，自然也就弄懂了嘛！

但是如果還沒有破參明心時，就無法現觀這三性。一旦破參明心了，然後每天心中都會這樣想：「這就是圓成實，哎呀！圓成實性眞的太妙了。」

那麼你就成爲對圓成實性有執著了，也就是對勝義諦產生了執著，這叫作法執。還沒有證得圓成實性的人，根本不可能知道法執的內容，因爲這是二乘無學聖者都無法觀察的，何況是未斷我見的凡夫。當你證悟如來藏而現觀祂的圓成實性以後，佛菩薩想要讓你離開法執，於是接著告訴你三無性，也就是這三種自性都無眞實性。就是說，爲了想要讓你遠離對於依他起性現觀而生起的法執，就告訴你依他起無自性，因爲依他起性這個法是依於蘊處界的依他起自性而建立的，這個依他起性的智慧在入無餘涅槃時也就滅失不存在了！意思是說證知這個依他起性的智慧，還是依於現前的蘊處界而存在；證得這個智慧以後，解脫於生死的繫縛就行了，不必執著這個智慧是否繼續存在，所以說依他起性無眞實性，因爲這是依意識的存在與現觀才能存在的智慧。

然後再告訴你：遍計執性無自性。因爲遍計執性是從圓成實性與依他起性的共同配合之中所產生的，若是缺了圓成實性，或是缺了依他起性，就沒有遍計執性所誤計與執著的世間各種依他而起的萬法了，所以遍計執性也無眞實性。接著又比照依他起性無眞實性的道理，爲證悟的菩薩摩訶薩們，說明圓成實性也一樣沒有眞實性，然後再來告訴你勝義也是無眞實性。爲什麼勝義也是無眞實性呢？從遍計執與依他起來講解三界中一切法都是虛妄法，虛妄法當然是沒有自己獨存不滅的眞實性，所以依虛妄法意識而修行實證及生起的勝義法的智慧，自然也是無自性、無眞實性。這是說，從世俗諦無自性，轉過來講勝義諦的勝義無自性。

當你證得如來藏而現觀圓成實性以後，從圓成實性的自體如來藏自住境界來看時，根本沒有所謂圓成實性、也沒有所謂遍計執可說，更沒有所謂依他起性可說；因爲如來藏對這三種自性都不加以了知，在如來藏的自住境界中是一切法都空──因爲祂心中沒有一法可得。之所以會有圓成實等三自性，是因爲意識覺知心修習「唯心識定」而證得這三種自性，所以當意識存在時才會有三自性可說啊！若是從如來藏自住境界來看這三性時，連一性都沒有，當然菩薩們要依這樣的現觀而接著說「三性都無眞實性，勝義也無眞實性」，這樣就叫作「勝義無自性性」。這就是三性、三無性的眞實義。

三自性與三無性簡略的說過了，可憐的是末法時代台灣海峽兩岸所有大法師們，連三自性都沒有親證、都無法現觀，完全誤會了，就敢隨便援引經中所說的「三性三無性」的悟後起修所證斷除法執的智慧境界，直接否定了三自性的存在，又如何能夠成功證得無生法忍呢？譬如常常有人引用《金剛經》中的聖教：「如筏喻者，法尚應捨，何況非法？」「如筏喻」是說什麼呢？是說：當你過了河以後，開始行路時就用不著那隻筏了嘛！可是你若還沒有過河，怎麼可以先捨筏呢？因此說：「過河須用筏，到岸不用舟。」問題是他們過了河沒有？到了彼岸沒有？

所以「如筏喻者」是說已經過了河（已經證悟而到生死彼岸了），就不必再使用船筏（不必再使用正法）了嘛！當你實證般若而藉著般若到達無生死的彼岸以後，就不必再執著般若了！就是證得如來藏以後，就不用再執著如來藏；親證本來自性清淨涅槃而到達涅槃彼岸了，就不用再執著涅槃了。然而到了無生死的涅槃彼岸時，卻發覺涅槃本來如是，根本不用你去修行；因為如來藏的體性是本來清淨的，是本來就無生死的；反而是蘊處界自己應該修行而不是修祂，是要把自己的貪瞋癡慢疑修掉，不是修掉如來藏的貪瞋癡慢疑，如來藏從來不會與貪瞋癡慢疑等惡法相應。當你把自己的貪瞋癡慢疑修掉了以後，如來藏所含藏與你相應的種子也就變清淨了！這就是「非修非不修」，還是中道義。

同理，三自性的無眞實性，得要先證了這三自性，對這三種自性全都親證了以後，才可以把對這三自性的法執修除掉，才能說自己已經如實知道所以沒有法執啦！才能說自己通達「三性三無性」了。如果還沒有看見自己法執所在，就說自己已經修除法執，說自己都沒有法執了，那可是暗示自己已經成佛的大妄語業。所以想要親證三無性的人，必須要先證三自性；看到三自性的內容以後，才有可能知道三自性，才有可能斷除對於三自性智慧的法執，才能說三無性。也就是說，已經上了正要到彼岸的舟筏了，正在河中過河時，或是還在此岸正要上舟筏時，都不可以捨棄舟筏；必須是已經過到河的彼岸了，才可以說不要再執著舟筏。如今當代所有大法師們全都還沒有過河，當然先要尋找舟筏在何處，要先找到舟筏，而且還得把舟筏抓得緊緊的，絲毫都不可放鬆，怎能還在此岸就開大口說要放棄舟筏呢？放棄舟筏，是已經過河到達彼岸的人才有資格說的。

佛陀曾經說過一譬喻：有一個不會游泳的人正在生死大海中，而他有一艘牛皮或羊皮做成的皮筏，正在橫越生死大海；如果在上岸之前有一個人來要求說：「您是大菩薩，您真的很慈悲，我請求您把皮筏上的皮割一半給我，好不好？」那你願不願意割給他？割給了就馬上要溺死了，根本到不了彼岸，那還能割嗎？當然不行！那個人又說：「一半既然不行，那麼您就割四分之一給我好了！」還是不能割給他。那個人最後要求說：「不然你就給我一針眼兒大的皮就行！」你還是不能給他呀！因爲還沒有到達彼岸，割了一針眼的皮給對方，皮筏漏光了氣，就得死在海中，永遠到不了彼岸了。

若是過了彼岸以後，全部都可以送給他，因爲帶在身上還眞是個累贅呢！可是在還沒有過到彼岸之前，那遙遙大海之中，只要割掉了一針眼那麼小的皮，氣就漏掉了，可就不免要溺死了，還能到達彼岸去嗎？同樣的道理，「**如筏喻者**」是說過了河就不用船，那是針對已經解脫生死的人說的，才說「**法尚應捨，何況非法？**」但是一個還沒有過河以前的凡夫，那個正法（三自性皮筏），不但是不許不執著，還得要把它抱得緊緊的，千萬別鬆手，因爲三自性皮筏是到達彼岸的工具。同理，「**唯心識定**」的棄捨，得要先證得三自性（先證得圓成實性、依他起性、遍計執性），才有能力捨掉三自性而說三無性啊！當那些大法師們都還沒有證得三自性時，卻說：「**因爲三自性都無眞實性，所以說三無性，那我們就不用修學三自性了。**」既然都不修學三自性，都無法證得三自性，又怎麼能夠親證三無性？

譬如有一個人證得無生法忍了，本來就是一個很淡泊自守的人；突然有人給了他十億元台幣，他覺得這十億元並不稀罕，所以就拿來廣種福田，不久就把十億布施完了，那他可以這樣說：「**我對十億元都不執著。**」可是另外有一個人每天追求五欲享受，他也對你說：「我對你以前曾經許諾要在死後給我繼承的十億元存款都不執著。」而他每天都在努力賺錢、極力追求五欲享受，口中卻說他不執著未來將會得到的十億元，你信不信呢？那當然是妄語囉！意思就是說，得要親證三自性以後，理解三自性的全部內容，進而完成對於圓成實性的本來自性清淨涅槃的轉依以後，才有資格說三無性。

只有親證三自性以後，才有能力去現前觀察三自性中果然是無性可說。這是因爲三自性中，乃至圓成實性也都是意識心所親自證知，也是從意識心中經由修行而觀察出來、而實證的；但是若從如來藏的圓成實性本際來說，根本都沒有所謂的圓成實性可說，何況還會有遍計執與依他起性可說呢？既然轉依完成而改從如來藏本來涅槃的立場來觀察三自性時，當然就是回歸到《心經》所說的了：無眼耳鼻舌身意，無色聲香味觸法，乃至三十七道品都無，無智亦無得，還說什麼三自性、三無性呢？因此，在主張三自性都無自性以前，必須要先親證三自性；親證三自性而能進一步現觀三個自性都沒有眞實獨存的法性時，才有資格說「三性三無性」，才符合《金剛經》所說「渡河須用筏，到岸不用舟」的「如筏喻者」眞義。

還沒有親證這三自性之前，都沒有資格主張或爲人解說「三性三無性」，所以凡夫們都沒有資格說這個話。可笑的是密宗那些古今凡夫大法師們，譬如密宗的佛護、月稱、寂天、阿底峽、宗喀巴、克主杰、歷代達賴、印順，全都未斷我見，更沒有證得三自性，卻敢出來講解唯識而主張「三性三無性」，豈非如同貧無立錐之地的窮乞丐，自稱富過國王一般？眞是可笑極了！

彌勒菩薩則是由親證三自性而證得「唯心識定」，也就是因爲證得八識心王而證實「三界唯心、萬法唯識」而如實觀察：十方世界與一切有情確實都是唯識所現，心得決定而出生了智慧，絕對不會動搖這個唯識觀，這才是證得「唯心識定」。心得決定時就是「入三摩地」，也就是進入「唯心識所成」的三昧境界中。「三摩地」的「地」，就是指境界，當然這種境界是指「唯心識」智慧的境界。接著就是要進修百法明門、千法明門、萬億法明門，次第進向佛地。也就是說，彌勒菩薩在因地值遇日月燈明如來時，修習「唯心識定」而證得如來藏，所以轉依成功而「入三摩地」了，因此「求世名心歇滅無有」；一世又一世繼續進修而使唯識增上慧學（也就是無生法忍）轉深轉妙圓明的結果，正是次第轉依圓成實性的深廣內涵，所以從圓成實性的證知而遠離了依他起性。一旦遠離依他起性時，一定會發覺遍計執性都是從圓成實與依他起等二性中產生的，因此證得了大乘的無生忍，就是滿足八地心的解脫果了，當然八地住地心的無生法忍也同時完成了。然後又次第進修八識心王中的無量微細法義，終於這一世得到 釋迦如來授記，成爲「次補佛處」而即將成佛的妙覺菩薩。因此彌勒菩薩認爲「唯心識定」的修習法門，是最好的圓通法門。

【大勢至法王子與其同倫五十二菩薩即從座起，頂禮佛足而白佛言：「我憶往昔恒河沙劫，有佛出世名無量光，十二如來相繼一劫；其最後佛名超日月光，彼佛教我念佛三昧。譬如有人，一專爲憶，一人專忘；如是二人若逢不逢，或見非見。二人相憶，二憶念深；如是乃至從生至生，同於形影，不相乖異。十方如來憐念衆生，如母憶子；若子逃逝，雖憶何爲？子若憶母如母憶時，母子歷生不相違遠；若衆生心憶佛念佛，現前當來必定見佛，去佛不遠；不假方便，自得心開；如染香人，身有香氣，此則名曰香光莊嚴。我本因地以念佛心入無生忍，今於此界，攝念佛人歸於淨土。佛問圓通，我無選擇；都攝六根，淨念相繼，得三摩地，斯爲第一。」**】**

講記：大勢至法王子以及和祂同來的五十二位菩薩就從座位上起身，一同頂禮 佛陀足下，由大勢至法王子向 佛陀稟白說：「我回憶往昔恒河沙數劫以前，有佛出現於世間，名號爲無量光；從無量光如來開始，總共有十二尊如來相繼在同一劫中出現於世間。當時最後一尊佛的名號爲超日月光，超日月光如來教我修持念佛三昧。譬如有兩個人，其中一人專門在憶念對方，另一個人是專門遺忘對方而不想記住；像是這樣的兩個人有時會相逢，大部分時間則是不能相逢；或者有時會互相遇見，多數時間則是不能互相遇見。又如另外兩個人都是互相憶念的，並且二人之間的互相憶念是很深刻的；就像是這樣從這一世延伸到未來世，乃至從每一生到下一生，這兩個人自然都將如同身形與影子的關係一般，生生世世都不會互相乖違或離異。十方如來悲憐而憶念眾生的情況，猶如母親在憶念幼小的子女一般；如果子女一心想要逃逸離去，慈愛的母親雖然常常憶念著子女，又能夠爲子女作什麼呢？子女如果也能夠憶念母親，就如同母親在憶念子女一般，那麼母親與她的子女縱使經歷無數生死以後，仍然是不會互相乖違或遠離的；同樣的道理，若是眾生心中一直記憶著佛、想念著佛，那麼在現前這一世或者在當來之世，必定會遇見如來，距離如來都不會很遠的；到那個時節，當然不必假借其他的方便，自然會因爲時時憶念著如來而很快速地自己開悟佛法；這個念佛人就會如同塗染供香的人一般，身上自然會有香氣散發出來，這樣就叫作香光莊嚴。我大勢至以前是在因地時藉著念佛心而悟入無生忍的，如今也來這個娑婆世界，攝受念佛人歸於西方極樂淨土。佛陀垂問各人所修的圓通法門，我個人都沒有特別加以挑選及抉擇；我認爲以念佛的方法把六根全都收攝在念佛之中，以念佛的清淨念相繼不斷，如此獲得三昧的境界，這就是第一圓通法門。」

「大勢至法王子與其同倫五十二菩薩即從座起，頂禮佛足而白佛言：」

當彌勒菩薩說完了，接著是　大勢至法王子由陪著祂一起來的菩薩們，連同祂自己總共是五十二位菩薩；他們從各自的座位上起身，一起頂禮　佛陀足下，然後由　大勢至法王子向　佛陀報告他們這五十二位菩薩所修持的圓通法門。

大勢至菩薩有許多眷屬和祂修持同樣的念佛法，其中有一些人與祂一起來到楞嚴法會中，總共是五十二位菩薩，當然是以大勢至菩薩爲首。這意思是說，念佛法門是三根普被的，不論上中下根人都可以攝受。換句話說，大勢至菩薩等五十二個人來參與楞嚴法會時，是由大勢至菩薩從隨同祂修行念佛法門的所有眷屬中，從初信位到十信位各選一人來參加法會；也從初住位到十住位，初行位到十行位，初迴向位到十迴向位，初地到十地，全都各選一人共同來參加楞嚴法會。再加上一位等覺菩薩，而 大勢至菩薩是妙覺菩薩，這樣加起來總共有五十二位菩薩，由這五十二位菩薩來共同顯示念佛法門是三根普被、可淺可深的法門，乃至妙覺位的 大勢至菩薩都仍然修持念佛法門，由此來證明念佛法門可深可淺的特性。

現在 大勢至菩薩所說的**念佛定**——念佛三昧，與彌勒菩薩所說的「**唯心識定**」不同。「**唯心識定**」是先從五陰中的識陰往前推究，於是推究出意根，再往前推究出如來藏的圓成實性，成就「**唯心識觀**」而心得決定所以「**入三摩地**」，證得「**唯心識定**」。但 大勢至菩薩這個念佛圓通法門則是在行陰中用功，得要靠憶念如來的念佛功夫相續不斷、淨念相繼，由這個長時間的鍛鍊來開悟明心。這個念佛法門正是我們正覺同修會的入手行門，所以這個念佛法門與我們的因緣很深。等你破參乃至眼見佛性時，就會知道這個法門與我們因緣很深的緣由。大勢至法王子所說的念佛圓通法門，是從心中憶念如來的念佛法門入手的；而念佛是一個心行不斷的過程，不是片段的功夫，也就是「**淨念相繼**」的功夫。

所以念佛法門有深有淺，可以深到令人無法想像，也能淺到很容易受持，譬如用一句佛號唱唸不斷，念念之中滅除無量罪業。又如持佛名號時，在心中想念著佛，這就是最簡單的念佛法門。如果有人口中佛號不斷，可是心中老在打妄想，那就不是念佛，而是唱佛號，因爲心中沒有在想念佛，怎能說是**念佛**呢？念佛的定義是要在心中**想念**著佛。如果有人反對我這個說法，主張說：「**我只要口中有佛號在，即使是在打妄想，一樣也是念佛。**」但我說這不是念佛，只是在唱佛號，與唱歌一樣，不是念佛。

我這樣說是有根據的。在《觀經》第十六觀中對念佛有清楚的定義：【**下品下生者……作不善業五逆十惡……臨命終時遇善知識種種安慰，爲說妙法教令念佛；彼人苦逼，不遑念佛。善友告言：「汝若不能念彼佛者，應稱『歸命無量壽佛』。」如是至心令聲不絕，具足十念稱『南無阿彌陀佛』；稱佛名故，於念念中除八十億劫生死之罪，命終之時見金蓮花猶如日輪住其人前，如一念頃，即得往生極樂世界。**】如果能詳細思惟這一段淨土經文，就會知道唸佛號並不是念佛。一定是唸佛號時心中想著佛，才能叫作念佛。所以《觀經》中說「**彼人苦逼，不遑念佛**」，所以善知識教他口中唱唸「**歸命無量壽佛**」，也就是唱唸「**南無阿彌陀佛**」；亡者死前要具足十念來唱唸整整十句，就可以滅罪而下品下生往生極樂世界，名爲十念往生。由此可見唸這十句時並不是念佛，否則經文中就不會說「**彼人苦逼，不遑念佛**」。「**不遑念佛**」的意思是說，沒有心情想念阿彌陀佛。所以經文中的意思是：當他唱唸「南無阿彌陀佛」十句的時候，不能稱爲念佛。意思是說，念佛時是要心中想著佛，才能叫作念佛。所以口中正在唸佛號時，如果心中沒有想佛，就不是眞的念佛，只能叫作唱佛號、唸佛號，不是念佛。

那麼《楞嚴經》這一段經文中，已經很明白指出一項事實：從最根淺的初信位菩薩，也就是下從這一世才剛剛開始學佛的人，上至學佛即將滿足三大阿僧祇劫的妙覺菩薩，都可以修持念佛法門。念佛有什麼不好呢？有些人卻老是要否定念佛法門。譬如有一些專門作佛學研究而不肯老實修行的人，每當有人談到專門教人念佛的廣欽老和尚，他們就罵：「一個不識字的老和尚，一天到晚只會教人家念佛，他懂什麼？」如今看來，反而是罵他的人不懂佛法，不是廣欽老和尚不懂。廣欽老和尚講的法，他們能懂嗎？他們全都不懂！其實廣老已經把實相般若微妙眞如捧到他們眼前奉送，他們還是拿不到。廣老有一句話講得很有趣：「如果有智慧的，眼前他就拿得到。」明明已經捧在眼前給他們，那些專門作佛學研究的人就是沒智慧，就是拿不到。那些人宣稱是很有學問的人，他們有許多人是讀完《大正藏》或《龍藏》的，也有人把大藏經讀了三遍乃至五遍，個個自以爲眞正懂佛法，可是他們眞的懂了嗎？其實根本不懂。佛法的實證，與識不識字無關；所以佛法中眞的很平等，不識字的人只要善根夠、智慧足，一樣可以開悟。譬如我們正覺裡面也有不識字的老阿嬤開悟。證明佛法眞是平等啊！所以念佛法門三根普被，不論是上上根人或是中根人或是下下根人，都有方法可以修持，是可淺可深統攝三根人的法門。

「我憶往昔恒河沙劫，有佛出世名無量光，十二如來相繼一劫；其最後佛名超日月光，彼佛教我念佛三昧。」大勢至法王子向 世尊稟告說，祂想起過去恆河沙數劫以前，有一尊佛出現在人間，名號爲 無量光佛。在那一劫之中共有十二尊佛相繼示現（可見那一劫中的眾生福報不如我們，在我們這一劫中總共會有一千佛出現於人間，韋陀菩薩則是千佛中的最後一佛，他是發願要護持前面的九百九十九佛以後才願意成佛的），這樣算來，我們是比當時的 大勢至菩薩福報大，因爲賢劫之中將有千佛出世啊！所以如果這一世沒有開悟，只要繼續留在娑婆世界，若是不幹惡業、不謗正法、不誹謗勝義僧寶，在這一劫中還有九百九十六佛即將出現於人間；乃至賢劫過完了，你都還沒有開悟，進入未來的星宿劫時也還是會有千佛出世，還怕悟不了嗎？這是何等大的福報啊！可是 大勢至法王子當初那一劫中總共只有十二尊如來出現於人間，祂遇到的第一尊佛，名爲 無量光，祂那時似乎沒有入手處；在那一個大劫之中，總共有十二尊佛相繼出現於世間，到了第十二尊如來時，最後一尊佛名爲 超日月光如來，才教導 大勢至菩薩修持念佛三昧的法門。雖然如此，可是 超日月光如來所教導的念佛法門，卻是很勝妙的，也就是我們所弘揚的無相念佛法門。

「譬如有人，一專爲憶，一人專忘；如是二人若逢不逢，或見非見。二人相憶，二憶念深；如是乃至從生至生，同於形影，不相乖異。」這個念佛三昧是怎麼修的呢？大勢至菩薩解釋這個念佛法門說：譬如有兩組不同的人，第一組人：一個人每天都專心憶念著另一個人，而那個人卻是從來都不想念他，每天都不想記住他，總是把他給忘掉。這就好像有兩個人，某甲每天都想念著好朋友某乙，每天都想要與某乙在一起行樂或說話；可是某乙心中另有所思，根本就不想遇見他；當然這兩個人最多只能偶然遇見，很難常常相遇。所以說：「若逢不逢，或見非見。」另外第二組人，他們兩個人反過來「二人相憶，二憶念深」；就是某甲一直憶念著某乙，某乙也總是憶念著某甲；兩個人常常互相憶念著對方，於是憶念就會越來越深刻。當他們這一世這樣互相加強憶念，感情就越來越深厚；像這樣發展下去的結果，這兩個人的憶念就越來越深，越來越能契合，於是就會漸漸成為很強烈的習氣種子而帶到下一世去。在下一世互相遇見的時候，習氣種子流注出來時，又會繼續相應而更加深入交往；於是「從生至生」，也就是一世又一世都會相遇而繼續加深感情來交往，最後兩人的感情簡直是濃得化不開了，於是生生世世都會在一起，就「同於形影」一般——如同身形與影子無法分開了。

「十方如來憐念眾生，如母憶子；若子逃逝，雖憶何為？子若憶母如母憶時，母子歷生不相違遠；若眾生心憶佛念佛，現前當來必定見佛，去佛不遠；不假方便，自得心開；如染香人，身有香氣，此則名曰香光莊嚴。」十方如來悲憐憶念眾生，就如同慈愛的母親憶念著子女一般；大勢至菩薩說的眞是事實，這就是習氣種子相應的情形。關於習氣種子，我想起這一世剛學佛不久，那時還沒有禪定功夫，因為隔陰之迷所以都忘了，可是夢見 世尊即將從面前經過，我趕快去摘一些漂亮的花來供養 釋迦佛；可是才剛剛供上去，怎麼 佛已經過去了？心中知道 佛從眼前過去了，竟然沒看見？竟然無形無相。奇怪！佛怎麼沒有相？那時還不懂什麼叫作無相，只是覺得很奇怪：我怎麼會做這個夢？夢見無相的釋迦佛。現在才懂：對啊！諸佛本來無相啊！能看見的有相佛過去了，反而是層次低了！後來才知道原來那是佛的攝受。

可是眞到悟了以後，釋迦佛召見時卻是有相的；因爲你懂得無相了嘛！也不必再爲你講無相，就以有相身來爲你指示該做的事。那你也不要一天到晚在無相裡面轉，要回到世間法來；若還是每天住在無相中就不對了，因爲那時每天都是想要闖牢關，心想：明心與見性兩關都過了，牢關又是怎麼回事？牢關若是闖過了，不就參禪事畢了嗎？不就安穩了嗎？每天都在探索牢關，於是 釋迦佛有相示現，指示要爲眾生做事。後來也眞的如此，就是要依照 釋迦佛的指示，住在世間來利益眾生；等你利益眾生到很累的時候，反而由 釋迦佛幫忙，很快就解決啦！以前總是參不透的牢關，一刹那間也就懂了。這就是說，只要福德夠了，願意爲眾生大力付出而顯示出菩薩性了，佛一定會幫忙的。

十方如來憐念眾生正是如母憶子，一心一意想要幫助大眾完成道業。諸佛都認爲眾生如同自己的子女，總是想著要如何來幫忙大眾，而且都不會重男輕女，都只看各人的心性；如果心性是具足五種善根的，就可以幫忙了。所以佛子有時候示現出來往往是女身，譬如婆須蜜多是個高級公關女郎，卻即將入地了！又如勝鬘夫人是入地的「佛子」，是「生如來家、住如來家」

的佛陀眞正兒子，卻示現女身。所以女人不應該自卑，應該效法勝鬘夫人與龍女，發願以女身「生如來家、成佛子住」——以女人身成爲諸佛的兒子。

諸佛看待眾生都如同世間媽媽看待親生的子女，只要是有努力改正心性，有努力在發起菩薩性時，諸佛總是「如母憶子」一般，不會捨離的；因此而「從生至生，同於形影」，就如同你的影子一般，始終不會捨離你；只要因緣成熟的時候就會示現來爲你指點迷津，生生世世都「不相乖異」，這就是「十方如來憐念眾生，如母憶子」。可是單憑「十方如來憐念眾生，如母憶子」，而所有被如來所憶念的孩子們，卻是每天都在逃離如來，不想學佛，不斷地往心外去貪著六塵萬法，那麼如來雖然每天都憶念著這些孩子，又有什麼用呢？因爲雙方的心互相乖違時，根本就無法相見，如來又如何能幫忙孩子們提升道業呢？

如果反過來，被憶念的這些孩子們每天都像憶念母親一般，持續不斷憶念著如來；而如來也如同母親在憶念子女一樣地憶念著佛弟子，就會像這樣的母子之間一世又一世都不會互相乖違背離，每一世都會與如來互相感應而常常與佛有緣接觸；那麼這個念佛的佛弟子，在這一世或者當來之世，必定會見到如來，每一世都與如來相去不遠而常常會有因緣感應到如來。如果能夠這樣，在如來的攝受與加持之下，其實不必再假借別的方便法門，這個佛弟子自然而然就會有因緣自己開悟了。別老是抱怨說自己一直都沒看見如來，其實當你修行到某一個地步以後，你會發覺佛世尊是一天到晚都在看著你。

別以爲你心中起一個什麼念頭時佛不知道，所以我出來弘法至今，從來不敢收人家錢財金銀珠寶，連起心動念都不敢，因爲時時刻刻都有人在後面看著啊！只要起一念私心，四聖法界和諸天法界中就很快全都知道了！而且我認爲：**收受了世間錢財時，是以自己的堅固法財來換取的，只有很愚癡的人才會這樣做啊！**所以我從來不敢起一念私心，也從來不想在弘法時獲得錢財等利益，原因就在這裡。所以，有求名求利的機會送上門時，我就推掉。如果看見有個得名得利的機會來了，譬如有電視台要爲你作專訪，你才一動念想要接受時，諸佛都會說：「**唉！原來這孩子還挑不起大任務。**」就是這樣子啊！

當你修正心性和智慧到達某一個層次時，一定會感覺到諸佛時時都在看著，知道自己根本無所遁形。也許有人心中這樣想：「**我沒有實際上幹了惡事，我只是在心裡偷偷想著，這總可以吧？**」事實上，心中偷偷想著時，諸佛都知道，因為諸佛都可以隨時隨地看著一切佛弟子，不像三明六通大阿羅漢們，得要特地生起作意入三昧中看，才能知道。因此，所有學佛人，只要心心念念常常想著如來，「現前當來必定見佛」，因為諸佛時時刻刻都知道跟自己有緣的眾生正在幹什麼，也都在等待眾生悟道的因緣成熟，這等於是諸佛時時刻刻都在念佛人身邊一樣。只要常常憶念如來，如來其實就在你身邊，你總是「去佛不遠」。學佛人都是因為被自己的貪瞋癡心所遮障，所以無法與如來感應道交，就以為諸佛遠在天邊。

在淨土宗裡，常常有人責備懈怠的念佛人：「念佛一年，佛在心田；念佛兩年，佛在眼前；念佛三年，佛在西天。」眞的越念越遠了。為什麼會念佛以後越念越遠呢？都因為不得力嘛！念佛念到得力時就不會這樣子。如果你來同修會學習，我們會先教你憶佛——無相念佛；當你學會無相念佛時，就有了信心，因為佛不是在西天，也不是在眼前，而是在心田中，並且是越來越清晰、越堅固，因為這個念佛的功夫漸漸與定力結合起來了。人家是念了三年、十幾年，所念的佛始終都在西天，你來同修會學念佛，只要念上三個月、六個月，佛已經住在你心田中了，那你就覺得念佛時很得力、很受用。接下去教你看話頭，話頭看過一段時間以後再教你參話頭，那你就會覺得很有把握，知道自己現在是有可能開悟的，只是不知道什麼時候會開悟；也許明年，也許明天，也許下一剎那，當你正在體究念佛時，就等候一念相應的因緣時節到來了。你已經知道：因緣成熟時，自己將會突然間一念相應而悟得如來藏了。這時就不會再退轉於佛菩提道了。學佛人會退轉而不想再學佛了，都是因爲根本沒把握實證，就只好退轉了！因爲越學久了，就發覺佛法越難懂、越遙遠。剛學一、兩年時心想：「哎呀！佛法我都知道了！不過就是四聖諦、八正道、十二因緣嘛！」後來遇到了義正法而且眞正深入修學以後，才發覺說：「哎呀！我怎麼越學越發覺自己什麼都不懂？」覺得很驚訝。所以，有沒有遇到眞正的了義法，有沒有遇到能夠提出方法論而且能夠教你如何實證的善知識，可就很重要了。

如果眞正懂得念佛法門，常常淨念相繼、不離憶佛的淨念，那麼他「現前當來必定見佛，去佛不遠」，一定可以感應到佛，也一定可以悟入法身佛。這個人隨時隨地都可能撞見了法身佛，有朝一日必定「不假方便、自得心開」。怎麼樣「不假方便」呢？根本不必人家幫你，突然間你就一念相應而悟得如來藏了，這就是「自得心開」了。可是在「不假方便」之前卻要先「假借方便」，因爲你若是不假借一些方便法，就無法在念佛時快速「淨念相繼」，就沒有念佛定，心很粗糙時就無法一念相應「自得心開」。也就是說，如果想要快速「自得心開」，定力與正知正見的建立都非常重要，而這兩個部分卻是要假借各種方便來建立起來。所以同修會的親教師們才要花兩年半來教導你們，眞的很辛苦。特別是遠路去台中教導，是每兩週就要跑台中一趟（編案：講經當時台中講堂草創不久，都由台北派出親教師，每兩週上一次課，每次三小時），兩年半下來他要花掉多少車錢？花掉的時間與精神也就不談它，他們就這樣付出，都沒有在同修會請領車錢，都是自己掏腰包。所以他們去台中是義務付出，爲了把法送給你們，而你們在那裡等著親教師來教導，眞幸福！而親教師這麼辛苦用兩年半時間把一班帶完，就是「假借方便」嘛！

一定要假借親教師所做的各種方便行，你們才能夠快速具足正知正見；若是在會外再學二十五年—不是二年半—還是無法破參開悟。因爲沒有參禪的功夫，連話頭都看不到，老是落在話尾，那還能參話頭嗎？而且知見也都不正確，被人家誤導到錯誤方向去了，總是往意識心中鑽進去，還能破參悟得第八識如來藏嗎？當然會把離念靈知意識當作是禪宗所悟的眞心了，所以在「不假方便、自得心開」之前，我們還得要假借各種方便來幫助諸位，否則就得像往昔無量劫前的大勢至菩薩一般，要修學很久以後才能「心開見佛」了。

可是眞的具足正知正見以後，福德也夠了，什麼時候就會悟入呢？這眞的很難說。現在有那麼多人讀過我的書，其中有多少人眞的悟了？只有兩個人，確實很少，少得可憐！但是話說回來，當他們努力為正法付出而不惜身命時，心心念念都在佛菩薩身上憶念著，當然是與佛菩薩「如子憶母、如母憶子」一般，佛菩薩當然要在冥冥中加持，所以他們因爲「去佛不遠」的緣故，就在佛菩薩的加持中「不假方便、自得心開」，佛菩薩也沒有現身爲他們說法引導，他們也就悟了，這眞的是「不假方便、自得心開」。

他們也都是從無相念佛學上來的，後來轉爲看話頭、參話頭，最後突然間悟了！一位是看見貓的時候悟入，另一位是看見一條黑狗而悟入。佛菩薩隨便派了貓菩薩、狗菩薩來，他們就悟入了，都不必爲他們現身說法，這眞是「不假方便、自得心開」。他們並沒有故意求悟，可是緣熟了也就悟了。所以說念佛法門眞的是「不假方便、自得心開」。

大勢至菩薩說，學念佛圓通的法門，要從因地念佛，也就是從初信位開始持名唸佛，漸漸修上來；最後到了妙覺位時仍然是念佛，只是念佛的層次與以前不同了；這樣從因地到妙覺菩薩位，總共有五十二個階位，都是念佛人。這些菩薩們生生世世歷劫不斷憶佛念佛，所以心中漸漸清淨了，後來就不再是有染污心的人了。這就好像製作供佛香枝的人一樣（製香的人就稱爲染香人），身上總是有著香氣一般。意思是說，這樣的人生生世世都不會離開佛法，也不會離開諸佛；自然就像染香人每天都在製香，他身上自然會散發出一股香味。而念佛人就像是這樣，心心念念都在念佛，也是生生世世都在念佛——憶佛，無量世念佛之後當然世世都會無相念佛，後來自然就會體究念佛，因緣遲早都會成熟而轉入實相念佛，既有智慧也有念佛定來莊嚴他，成爲眾人所愛敬的清淨念佛人，所以就叫作「香光莊嚴」。

「我本因地以念佛心入無生忍，今於此界，攝念佛人歸於淨土。佛問圓通，我無選擇；都攝六根，淨念相繼，得三摩地，斯爲第一。」大勢至法王子說，祂在往昔無量劫前的因地開始學佛時，本來就是從念佛的清淨心漸次修學上進，自然演變以後，進入無生法忍的智慧境界。而我們是施設了一些方便法，幫助大家快速進入念佛圓通法門中。一般人從持名唸佛要達到實相念佛層次，在自然演變的情況下，從散心持名唸佛的境界中，想要達到無相念佛的「**都攝六根、淨念相繼**」境界，得要花掉很多劫的時間，才能達到無相念佛的三摩地；從目前全球佛教界念佛人的功夫狀況，可以證明這是一個事實。而我們施設各種方便法，讓大家在短短一年時間就完成「都攝六根、淨念相繼」的無相念佛「三摩地」。當你學會無相念佛而達到「都攝六根、淨念相繼」的三昧境界時，心中就有五成把握說：「我今生大概是會開悟的。」我們會裡大部分同修都是這樣，一旦學會無相念佛而能「淨念相繼」時，心中大概知道這一世有可能開悟了，就有五分把握了。

不但如此，我們還在禪三中施設了各種「自得心開」的方便，這是我們有種種假借方便的事相造作，讓大家不知不覺之間「自得心開」，所以大家都是「不假方便」，卻又是在我們施設方便之下自己就直接悟入了嘛！因此說，「以念佛心入無生忍」是一個很好的法門，但是「不假方便、自得心開」則是自然演變成的，是要像大勢至菩薩一樣用掉很長時劫才成功的；像這樣「自得心開」的因緣很難得，所以我們才會施設禪三期間的種種神頭鬼臉，既撒土又撒沙，弄到我渾身泥水，才能幫助大家把很多劫念佛而可以「自得心開」的速度，壓縮在幾年之內完成。因此我們是把念佛法門跟參禪法門合在一起，方便幫助大眾。所以我們是全面性的佛法，跟佛教界裡專弘某一宗或某一派的某一法，導致心態、法義、行門都受限而變得很狹窄，是完全不一樣的，我們是全面性的佛法。

大勢至法王子說，祂是歷劫都用念佛心來「入無生忍」；這樣修行很單純，只是時間會比較長遠。所以我們在大家把念佛定完成以後，就加入參禪法門成爲體究念佛，這樣來悟入無生忍，時間會縮短很多。悟後再以全面性的佛法來進修，快速增長大家的實相智慧。這樣快速提升實相智慧以後，就能提早爲佛教正法及學佛人做更多事；這樣一來，大家也可以同時快速修集護法大行的功德。

大勢至法王子說，祂不但住在極樂世界，如今也來到娑婆世界，用憶佛（也就是無相念佛）「都攝六根、淨念相繼」的念佛法門，來攝受念佛人歸於諸佛淨土。祂沒有說一定是教人念佛求生極樂淨土，只說是「歸於淨土」，不一定歸於極樂世界。意思是說，淨土有很多層次，若是在這裡證得如來藏以後開始進修，在還沒有入初地以前，你這時的心境就是娑婆世界裡的方便有餘土；或者證得聲聞果以後仍然住在人間，這也是娑婆世界中的方便有餘土。所以當你住在這個層次時，有時可能會遇見阿羅漢，因爲你也斷我見或者乃至進修成爲通教阿羅漢了，這時你所說的解脫境界跟阿羅漢是相通的。只是實相般若的智慧，他們都不懂。

可是當你入了初地，從入地心開始到住地心、滿地心的境界，阿羅漢們連一絲一毫都不懂，他們就無法與你相見了，因爲他們都會畏懼而不想見你；這是因爲你住在娑婆世界的實報莊嚴土中，阿羅漢們完全不曉得是什麼樣的智慧境界。在娑婆世界如是，在極樂世界也如是；所以往生極樂世界證得阿羅漢果的人，都是中品生人，都住在極樂世界的方便有餘土中，他們都進不了極樂世界的實報莊嚴土——他們的心境都只能在極樂世界的方便有餘土中。只有上品中生、下生人，在極樂世界出了蓮苞以後；或者上品上生人剛生到極樂世界時，才是住在實報莊嚴土中，因爲見佛聞法而悟入以後都是實相智慧境界。而我們娑婆世界也是與極樂世界一樣啊！雖然娑婆與極樂這兩種人，都同樣是住在同一個世界中的同一個環境中，可以互相見面，但心境是完全不同的；於是就由智慧心境的不同而區分爲實報莊嚴土與方便有餘土，這樣所說的淨土，當然都是說各人的心地差別。因此說，淨土不能只是狹義的說法，不該像淨空法師所說淨土法門就是專門求生極樂世界（編案：這是二〇〇二年所說，淨空法師的說法後來也許有所改變）。

極樂世界是佛淨土，娑婆世界也是佛淨土，不動佛國也是佛淨土；淨土的意涵，要看你怎麼樣去認知與親證。所以有人問釋迦佛說：「世尊心境如是清淨，爲什麼這個世界如此污濁？」世尊說：「你看見的是污濁的娑婆，我看見的卻是清淨的娑婆。」所以世尊以足指按地，顯現出清淨的淨土世界；這是顯示哪一個清淨世界呢？正是如來藏的實相清淨世界。所以眾生所看見的都是表相啊！而諸佛看見的則是實相中的淨土，在實相淨土中哪有污濁呢？因此說，每一個佛世界都有四種淨土，這四種淨土的層次差別不相同，卻都同樣存在於一切世界中。

大勢至法王子的意思就是說：我固然現在來到娑婆世界，也在度人攝歸淨土，但並不一定要攝受念佛人生到極樂世界去。祂根本沒有這種私心！若是有私心的話，祂就會說：「**我來娑婆攝念佛人歸於極樂。**」意思就是說，只要你能夠證得淨土的境界（在四種淨土中，隨你的緣分證得某一種淨土境界），即使是悟入實相境界了，並不一定要去極樂世界，這就是「**攝念佛人歸於淨土**」。如果祂在這裡只是狹隘地攝受念佛人全都歸於極樂，那祂就一定不是法王子，因爲心量與見地都太狹隘了。那祂不但不是法王子，必然連初地心都不是。凡是入了初地時就沒有這種狹隘的心態了，也不是住在這樣粗淺的智慧中。所以一切地上菩薩都不會這樣要求別人：「**將來我成佛的時候，你們一定都要來哦！**」但是有任何菩薩成佛時，他一定都會去承事供養，這就是地上菩薩和未入地菩薩最大不同的地方，因爲心性截然不同。將來有一天你們入了地，就會知道我說的眞是誠實語。

說到這裡，大勢至菩薩向佛陀稟白說：「世尊！您垂問各人在佛法中所修的圓通法門，我大勢至沒有作任何的選擇，還是依我在恆河沙劫前親承超日月光如來所教的念佛法門來說，我一向都是認爲經由『都攝六根、淨念相繼』的念佛法門，來證得無相念佛三昧，或者進而證得實相念佛三昧，就是佛法中的第一圓通法門。」

我常常聽到某些法師這樣講：「古德說『一句佛號概括事理』，所以你只要持名唸佛就行了，別的法門你都別聽，你管那麼多幹什麼？」可是問題來了：他們那些人，有誰能夠在一句佛號中概括事和理呢？都沒有辦法呀！因爲若是想要在一句佛號中概括事與理，必須要「心開」才行。他們既然都沒有開悟，怎能了知一句佛號之中是什麼地方概括了事與理呢？也有許多法師在講授一行三昧，一行三昧是持名唸佛的行門；但他們說：「你只要持佛名號不斷的唸佛，這樣就是一行三昧了。」其實錯了！一行三昧的行門，是要「隨佛方所端身正坐，持佛名號」的，這一段經文大家都知道；可是接下來，世尊開示說，在持佛名號開始唸佛之前，「當修習般若波羅蜜」，是要先把般若波羅蜜的正知正見修習完了以後，才開始「隨佛方所端身正坐、持佛名號」的；要在這樣的前提下來「持佛名號」時，才有可能「於念念中自見三世諸佛」。而這個「念念中自見三世諸佛」是見到哪個佛呢？正是見到如來藏啊！就是見到自性佛呀！

因此說，想要修持一行三昧而且能夠「念念中自見三世諸佛」，還是得要先有個前提：「當先學般若波羅蜜多」。而且是要修學正確的般若波羅蜜多，不可以學了錯誤的般若波羅蜜多而落入意識我見中。若是不先學般若波羅蜜多，想要悟得如來藏而看見自性佛，門兒都沒有！所以，念佛法門的修學與親證，絕對不可以斷章取義，也不可以自己想了即是；必須要探究每一種念佛法門中，世尊是怎麼開示的，而諸菩薩又是怎麼解釋的。懂得這些道理了，就能了知由淺至深的所有念佛法門，也能夠正確而且有效率地精修正確的念佛法門了，才能夠函蓋五十二位菩薩的念佛境界，當然就能從念佛法門中證得無生法忍，獲得佛法中的圓通境界的實證。

【爾時，觀世音菩薩即從座起，頂禮佛足而白佛言：「世尊！憶念我昔無數恒河沙劫，於時有佛出現於世，名觀世音，我於彼佛發菩提心。彼佛教我從聞思修入三摩地；初於聞中，入流亡所；所入既寂，動靜二相了然不生。如是漸增，聞所聞盡；盡聞不住，覺所覺空；空覺極圓，空所空滅；生滅既滅，寂滅現前，忽然超越世出世間，十方圓明，獲二殊勝：一者上合十方諸佛本妙覺心，與佛如來同一慈力；二者下合十方一切六道眾生，與諸眾生同一悲仰。世尊！由我供養觀音如來，蒙彼如來授我如幻聞熏聞修金剛三昧，與佛如來同慈力故，令我身成三十二應，入諸國土。」】

講記：大勢至菩薩說完了，這時觀世音菩薩隨即從座位上起身，頂禮 佛陀足下，就向 佛陀稟白說：「世尊！憶念我在往昔無數恒河沙劫以前，當時有佛出現於世間，名爲觀世音如來，我於那尊佛時初發菩提心。那尊佛教導我從『聞、思、修』三個方法進入三昧境界。剛開始時是在所聞諸法中，將所聽聞的一切法深入觀察而一一了知，於是知道覺知心所入的種種六塵法相全都虛妄，因此而不再住於所入的六塵中，一切所入的六塵都是一進入覺知心中就隨即放流，不讓所入的六塵繼續存在覺知心中；久而久之，所入的六塵也就全部銷亡了。所入的六塵既然全部都銷亡了，就只住在覺知心的自心境界中寂然不動；在寂然不動的自心境界中繼續安住久了，不再了知自己的存在，於是覺知心中的動靜二相也跟著完全不會出生了。就像是這樣子漸漸深入觀察，增長了這種遠離動靜二相的境界以後，已經了知能聞與所聞全都虛假，不再住於能聞的覺知心與所聞的六塵萬法之中；繼續再進修以後，窮盡了能聞與所聞的緣故而不住於能聞與所聞之中；接著是觀察到能覺與所覺，也現見能覺與所覺全都虛妄不實，於是又空掉能覺與所覺，完全加以否定。後來深入觀察更深細的能覺空與所覺空的境界，使我對於空的覺悟到達極圓滿的地步，於是這個能空與所空全都滅失了；到了這個時候，已經沒有生與滅存在了，生滅二相既然全都滅失了，於是眞正的寂滅現前了；我那時忽然超越了世間與出世間境界，十方法界圓融而明了，因此而獲得二種殊勝法：第一種是往上能夠契合十方諸佛本來微妙的本覺眞心，由此而與佛如來一樣具備了同一種慈悲之力；第二種是向下契合十方法界的一切六道眾生，由此而與這些眾生對如來生起同樣的悲情與仰慕。世尊！由於我在無數恆河沙劫以前供養觀世音如來，承蒙那尊如來傳授我如幻聞熏、聞修的金剛三昧，後來使我與諸佛如來同樣具有慈心威德力的緣故，使我的色身成就三十二種應身，可以隨入諸佛國土中。」

「爾時，觀世音菩薩即從座起，頂禮佛足而白佛言：」接下來是觀音法門了，但是觀音法門的妙理，佛教中一直都有很多人誤會；也有錫克教外道打著觀音法門的名號，大聲欺騙眾生說她講的也是佛法，就是所謂的清海無上師。那個從越南來的女人，怎麼能叫作無上師呢？光看她眼神偏斜就能判斷她講的是不是佛法了！眞正的無上師一定是佛，怎麼可能眼神不正呢？而且那個無上師還會塗脂抹粉，還喜歡欲界五欲呢！連欲界境界都超脫不了，必然是連初禪都無法實證的欲界中人，怎麼能說是無上師呢？

觀音法門跟這個世界的眾生容易相應，是因爲這個世界的眾生學佛時，從聞入手比較容易，因此觀音法門算是楞嚴法會中的壓軸好戲，所以 觀世音菩薩特地留到二十五種圓通法門中的最後才講出來。可是 觀世音菩薩說出這個法門時，很多人讀經時都把它誤會了，往往當作是禪定的修法——特別是末法時代的現代大師們。有時又往往當作是聽聞聲音的方法。其實這個法門根本不是禪定的修法，也不是聽聞聲音的修法；所以我們在這一段經文中必須跳脫那些誤會楞嚴、依文解義的假名善知識所說的觀音法門。觀世音菩薩說：

「世尊！憶念我昔無數恒河沙劫，於時有佛出現於世，名觀世音，我於彼佛發菩提心。」觀世音菩薩說，祂回想過去無量數的恆河沙劫之前，親值觀世音如來。請注意「**無數恆河沙劫**」，這與 大勢至菩薩所說的「**恆河沙劫**」不同。《觀經》中說 大勢至菩薩有大神力，當祂行走時，十方世界全都震動，震動的地方就會出生五百億寶花，眞是福德與威力無窮，無比莊嚴。可是祂在極樂世界次補佛位時，卻是要在 觀世音菩薩之後；換句話說，祂與 觀世音菩薩之間的層次是有差別的，這個差別並不是隨便一、兩句話就可以交代完的。話說回來，請看 大勢至法王子憶念起過去得到圓通法門時，是「**恆河沙劫**」前；但 觀世音菩薩是「**無數恆河沙劫**」前，不是只有一個「**恆河沙劫**」。換句話說，觀世音菩薩獲得圓通法門的時間，比 大勢至菩薩早了無數倍；所以，當很久、很久以後 阿彌陀佛在極樂世界入滅時，由 觀世音菩薩紹繼成佛，而 觀世音菩薩成佛之後也是要經過很久以後才會示現入滅，所以還得要很多恆河沙劫以後才會輪到 大勢至菩薩在極樂世界成佛。所以有可能你們將來都成佛了，大勢至菩薩都還沒在極樂世界成佛呢！可是爲什麼祂不急著成佛呢？這是因爲願力，都是爲了眾生，也都是爲了圓成極樂世界的彌陀四十八大願，所以祂們都願意等待很久以後才成佛，這也叫作一闡提種性。

一闡提種性，又名不成佛種性。但一闡提有兩種：第一種是因爲願力的關係而不成佛，另一種人是因爲斷盡善根而不能成佛。地藏王菩薩是第一種一闡提人，是由於悲願的關係而不成佛，想要度盡地獄中的苦難眾生，不是因爲斷善根而不成佛。所以地藏王菩薩說：「地獄不空，誓不成佛。」可是，地獄什麼時候能空呢？根本空不了嘛！甚至於有些人出家了都還要誹謗正法，地獄又怎麼可能空掉呢？那些人當然也是一闡提人，是斷盡善根而不能成佛的一闡提。正由於第一種一闡提人，所以就害地藏王菩薩悲願無法滿足而不能成佛。那麼大家看大勢至法王子往昔獲得圓通法門，到了今天是經過恆河沙劫；而觀世音菩薩往昔獲得圓通法門，到今天已經是無數恆河沙劫，相差是無數倍。經典中有很多地方都不是隨便講的，所說的劫數也不是隨便講的。

在無數恆河沙劫之前，有佛出現在世間，名號是觀世音如來。觀世音

菩薩說祂當初是在　觀世音佛座下獲得圓通法門而初發菩提心，所以今天祂就因爲這個緣故而同樣名爲「觀世音」。你們可能不知道我發過一個願：我將來成佛的時候，一樣要叫作釋迦牟尼。我已經發了這個願，這是因爲感念釋迦牟尼佛的恩德，所以將來成佛時不想再創立一個名號來讓人家記住。不必以自我爲中心再建立一個新佛號來叫人家記住，除非有什麼特別的因緣而不得不別立名號，否則就是基於自我與我所而建立的了，那又何必呢？我覺得　釋迦牟尼這個名號很好，所以將來成佛時我將會說：**過往多少劫以前，我在　釋迦牟尼佛座下發了願，所以今天我也叫作釋迦牟尼佛。**而將來一定會有佛會爲我授記：**「你成佛的時候佛號叫作釋迦牟尼。」**這個願，在還沒有離開隔陰之迷之前，未來世可能會忘掉，但是悟後再次第進修，到了這個層次時又會記起來，就會知道自己曾經發過這個願，於是就生生世世這樣執持下去。觀世音菩薩也是一樣，正因爲往昔無數恆河沙劫以前，在　觀世音如來座下得到觀音法門，所以感念佛恩的緣故，今天就叫作「觀世音」菩薩。而祂將來在極樂世界成佛時，名號就叫作　觀世音如來，跟往昔教祂得到觀音法門的那一尊如來的佛號相同。觀世音菩薩說祂是從那個時候發起眞菩提心，正式進入內門開始眞正修學佛菩提道，所以說「**發菩提心**」。

「彼佛教我從聞思修入三摩地；初於聞中，入流亡所；所入既寂，動靜二相了然不生。」觀世音菩薩說，往昔　觀世音如來教導祂從「聞、思、修」三個方法而「入三摩地」，是藉「聞、思、修」三個妙法來證得佛菩提的圓通境界，是由這三法證入佛菩提智慧三昧的境界中。「三摩」又譯爲「三昧」，「地」是境界的意思，所以「三摩地」就是三昧的境界。從「聞、思、修」而「入三昧境界」，既說是先從「聞、思」入手，然後才「修」，當然不是打坐修定的法門；而這樣的三昧境界當然也不是禪定境界，當然是佛菩提的實相智慧境界，而佛菩提的智慧境界並不是靠禪定的修證所能獲得的。

我在這裡先把重要道理點出來：聞、思、修。請問：佛法的修證能不能單修四禪八定？（眾答：不能）不行啊！因爲單修四禪八定，都只能成就世間法，與精修禪定的外道相同，無關佛法的實證。再請問：成佛之道能不能離開大乘般若的實證？（眾答：不能）不行啊！因爲佛法的主旨就是實相般若。再問諸位：佛法的修證能不能離開如來藏？（眾答：不能）也不能啊！因爲實相般若的實證，就是實證如來藏而發起的智慧啊！所以，觀世音如來當初教導　觀世音菩薩的「聞、思、修」圓通法門，其中的「聞」是應該聞什麼呢？是聽聞聲音嗎？（眾答：不是）當然不是！可是清海那個女人竟然說觀音法門是要聽聞聲音。不但她這樣講，連台灣佛教界鼎鼎有名的南懷瑾老師，竟然也在書中這樣講，全都以定為禪，眞是離譜。

既然從「聞、思、修」三法所親證的是佛菩提智，首先應該親證的當然是實相般若；而實相般若智慧的發起在於實證空性心如來藏，因此「聞」法時當然應該要聽聞有關空性心如來藏的法義，不是要聽聞禪定理論與實證的法義，當然更不是聽聞聲音。「思」當然也應該是思惟如何是實相般若？如何是空性心如來藏？至於「修」，當然是在「聞」法清楚以及「思」惟清楚以後，付諸實行而想辦法修行及實證。因此，觀音法門的聞、思、修，是透過聽聞大乘佛法聞與思的過程，把所應親證的內涵與方法弄清楚以後，就付諸實行，求證實相般若所依的如來藏心。這樣的過程才是「聞、思、修」啊！這樣才是眞正的觀音法門啊！所以觀音法門的初門是聞，所聞是正法說理而不是聽聞聲音。

觀世音菩薩一開始就告訴我們：觀音法門是從「聞、思、修」而「入三摩地」。三昧境界一定是指禪定境界嗎？那可不一定！在佛法（不是指羅漢法而是特指大乘法）中所說的三昧，大部分都不屬於禪定的境界，都是智慧觀行所得境界。經由對蘊處界生滅性的觀行而完成一個智慧，已經心得決定而不再轉易時，就是「入三摩地」——進入解脫三昧境界，這是入聲聞法的三摩地。若是經由對實相法界的聞思修而求證如來藏，一旦證得如來藏時，就能觀行實相法界的本來性、常住性、金剛性、清淨性、自性性、涅槃性，完成這些觀行而生起實相般若智慧，並且心得決定時，就是「入三摩地」——進入佛菩提智慧而心得決定的境界。這樣說明以後，大家就確實理解「入三摩地」的眞正道理了。

觀世音菩薩說的圓通法門絕對不是外道禪定境界，而是佛菩提智的決定境界，所以當然是親證實相般若以後決定不移的心境。可是應該怎樣修證這個三摩地呢？觀世音菩薩說，剛開始是在聞聽音聲中入手理解，這個聽聞聲音當然是指善知識說法的聲音，而不是在聽聞聲塵上面去用心。如果是依南老師所說的「入流亡所」，其實他自己也做不到；他說，聲音入耳了，隨即把它流掉而不理會它，說這樣就是「入流」；這樣不斷地聽聞而流掉，聞久了以後就可以「亡所」，也就是聽到後來聲音都不見了，住在覺知心自己的境界中。也許有人體驗過這樣的過程，這就是聽聲音的「入流亡所」。可是，我認爲南老師自己也是做不到的，因爲他都還看不見話的前頭，功夫還不夠，當然是做不到的。可是如果會看話頭了，最後會住入自己覺知心的境界中，不對外接觸五塵了！因爲當你離開了聲塵時，同時也就離開了其餘四塵，這就是我們說的參禪人參到忘了五塵而成爲「見山不是山」的境界。

我在早期參禪時常常看著前方地上，不理會五塵而努力參禪，太專注於參禪而參到忘了眨眼，然後就睜眼不見色塵了，這時當然也是離開耳根的功能而不聞聲的。但是在那當下，是什麼時候看不見、聽不見的呢？當時自己是不會知道的；如果當下是知道正在離開色塵、聲塵時，那就是騙人的說法，因爲知道正在離開時，是不可能視而不見、聽而不聞的。我以前參禪時常常眼睛張開而沒有看見色塵、耳根不閉而沒有聽見聲塵，一直都住在疑情中；直到後來突然有一個大聲音或者有人敲引磬時，突然間又回復有聞有見的平常狀態，才知道剛才是不在色塵與聲塵中。接著第二剎那的感覺是眼睛好澀，卻閉不起來，因爲眼睛已經乾掉了！得要用手把眼皮拉一拉，讓眼液開始流出來時才有辦法眨眼；這是通於二禪等至位的禪定範圍的「入流亡所」，但並不是觀世音菩薩這裡所說的「入流亡所」。因爲觀音法門的內涵是實相般若，講的是佛菩提的圓通法門，不是在修習禪定。

其實「見山不是山」的境界，並非參禪人一定要經歷的過程，我是因爲沒有眞善知識指導，才會常常進入那個境界中。體驗過那種境界的人都知道是痛苦而不愉快的，因為那是無法參究出來才會常常進入那種狀況中；我是經過整整一年半那樣的日子，那眞不是人過的日子，所以我都不鼓勵你們經歷那種境界，希望大家去禪三道場只要幾天就開悟，輕鬆多了！所以我都交代親教師們，等到要去參加禪三前的一個月時，再讓你們開始參禪。否則你們就會有一年半時間要參得如喪考妣一樣，何苦來哉？

如果你們都像我早年自參自悟那個模樣，每天參禪都沒有入處，也不知道方向，每天過得愁眉苦臉地，家人總是會想：「這個人好奇怪，好日子不過，偏要學佛，學到一天到晚悶悶不樂的。」假使你們也像我當年自參自悟一樣，家人難免要問：「人家學佛都學得很快樂，你去正覺是在搞什麼？」就怪罪到同修會來。可是他們不知道外面各道場學佛是在意識境界上用心，那是容易修得，自以為悟時當然很快樂；但我們是要實證第八識如來藏，很困難，當然很難破參，必定要辛苦參究、如喪考妣。所以，我只要你們去辛苦三天就好，就在四天三夜中把最困難的開悟明心解決掉了，我不想讓大家都和我以前一樣辛苦。

言歸正傳，楞嚴法會中觀世音菩薩說的觀音法門，並不是在禪定上的修學；至於清海的觀音法門，是錫克教的聽聲音法門，那是聲論外道的修法；

她教徒弟們要聽心裡的一種聲音，往那個聲音中鑽進去；那是在聲音境界中抓取，落入有境界法中，所以有不少人因此而求有爲有境界法，後來精神就開始不正常了。也有一些人後來被鬼神纏住而擺脫不了，都是因爲追求有境界法而產生，這在各大道場中都有。當然各大道場中也都有人好奇而去學習，後來出了問題，也是時有所聞的。後來有人突發奇想：既然鬼神怕正法，於是就有人把我們的正覺總持咒教他每天唸，睡覺時就放在枕頭下；也有人乾脆把我的書放在病患的枕頭下，竟然也有用；病人清醒時，就教他要閱讀理解，也有用啊！

正覺總持咒也眞的很好用，只要有人願意持誦，護法菩薩就來擁護，因爲那裡面講的全都是深妙的佛法，把佛菩提（包括二乘的解脫道）都函蓋在其中了！從正覺總持咒中，就可以衍生而講出整個佛菩提道，而且函蓋了二乘菩提；因此當你唸這個咒的時候，護法菩薩們都知道是正法，自然知道持咒的人是眞正修行佛法的人，於是就來護持；這時，那些鬼神們不趕快走掉，還能留著幹什麼呢？我們正覺的書一樣有這種特性。所以如果有人修學「佛法」而出了問題時，就告訴他們要讀我的書；當他們讀我的書時，鬼神就知道讀者心中對於法義的理解了；當鬼神同時被教導了正法以後，就反過來感恩本來所要擾亂的病患了，怨家債主反而成爲同修了，於是病患就漸漸好起來了。到了晚上，就教病患把書放在枕頭下，枕著睡覺；因爲我的書有光明，護法神會跟著護持，不安好心的鬼神不走掉，還能留下來做什麼？除非他們改變心意改爲護持患病的讀者，那病患的精神病不就好起來了嗎？

……（講經前的當場答問，移轉到《正覺電子報》〈般若信箱〉，以廣利學人，此處容略。）

繼續講《楞嚴經》一〇一頁第三行「初於聞中，入流亡所……」，我們上一週講到這裡，還沒有講完。一般人在觀音法門的體會上，總是當作禪定的層次來觀行，是在打坐時對一切聲音加以細觀，作爲制心一處所緣境界。至於清海那個從越南來的女人，是注意聽聞覺知心中的聲音，認爲那個聲音就是生命的本源，那其實是聲論外道的修法，不是佛法。如果遇到有人還在學她的法，你們應該爲對方說明那是印度聲論外道的修法，是屬於印度地區現在仍然在弘傳的錫克教法門。但那是聲論外道法，所聽的聲音只是意識心中的妄想，從那裡深入而產生執著的結果，終究是會跟鬼神相應，再沒多久就會出問題了。

觀世音菩薩的觀音法門卻不一樣，雖然也說是從聽聞聲音入手，可是聽聞聲音的目的不在聲音，而藉聞聲來理解蘊處界的虛妄性；後來了知聲塵是虛妄法，所以每當有生滅性的聲音進來以後就流掉，不住於聲塵中，而不是像清海所教的要執取聲音。也有人用這個道理來聽潮水的聲音，海潮一陣來一陣去，因爲很有規律，所以聽久以後習慣了，就會把它放下不理，把海潮音從耳中流掉。但這並不是禪定的修法，而是經由聞法的聲音了知聲塵及蘊處界的虛妄以後，就把聲音以及各種生滅法流掉；只是聽著那個聲音作爲覺知心攀緣的一個對象，目的是制心一處，然後漸漸轉進，最後是回歸到如來藏的妙眞如性，要由妙眞如性直接運作而不經過浮塵根來運作。坐在海邊聽聞海潮音，聽久了，心就漸漸的不再執著聲音，只是單純地聽；單純聽聞的結果，後來就變成在觀而不在聽上面用心了，所以後來就叫作觀音而不是聽音。清海的法門是聽聲法門而不是觀音法門，是以聲音本身作爲根本法；但是楞嚴的觀音法門是藉聲音作爲理解佛法的所緣，其後也是藉聲音作爲回歸如來藏妙眞如性的初始方便所緣，本質是完全不同的。

「所入既寂，動靜二相了然不生。」在前面先以「聞」的方法，在知識層面理解聲音以及蘊處界全是虛妄法，所以「入流亡所」，把一切聲塵等萬法都加以思惟而證實全都是虛假的，不再認定進入耳中的任何聲音或進入覺知心中的任何一法是眞實的，全都否定而空掉，這是在智慧上的「所入既寂」；接著再從靜坐時繼續「入流亡所」而不斷深入，於是離開了外聲塵，這時五塵已經全部無所入了，進入「所入既寂」的定境中了。在這個時候，已經沒有五塵上的動相與靜相了。因爲凡是動相與靜相，都是由於有五塵而產生的覺受。既然已經離五塵而只住在覺知心的自心內境中，也就沒五塵上的動相與靜相了，這是事相上的另外一種「所入既寂」，所以說「動靜二相了然不生」。

但這種「所入既寂」的寂靜，與涅槃中的寂靜不一樣。「涅槃寂靜」中是沒有覺知心自我存在的，十八界都滅了，沒有任何一法存在，是眞正而絕對的寂靜。但是這段經文中所講的寂靜是相對的寂靜，是要回歸如來藏妙眞如性而修的法門，不是進入無餘涅槃中滅盡十八界的絕對寂靜。譬如我們講的無相念佛，也是相對於有相來說無相，還不是眞正的無相；眞正的無相，是無餘涅槃或本來自性清淨涅槃之中，才是眞正的無相。所以我們說無相念佛，是相對於有影像、有「名」相的觀想念佛，是相對於有聲相的持名唸佛，來叫作無相念佛。這句經文的「寂」也是一樣，是相對於覺知心接觸五塵的吵鬧境界，是因爲已經離開外五塵而說爲「寂」。因爲聲音如果流掉而亡失以後，其餘四塵也就同時外流亡失了，五塵全都流失而亡失所觸的五塵了，這時是亡所見、亡所聞、亡所嗅、亡所嚐、亡所觸，因此而說「亡所」；既然亡失五塵了，向內收攝而住於覺知心自己的法塵境中，就稱爲「所入既寂」。

換句話說，這時已經不接觸五塵境了，當然是進入寂然的境界中，這時就沒有所謂的動靜二相可說了！一定是聲音進來所以有動相，聲音過去而不再有第二陣聲音再來之前，就認爲是靜相；當第二個聲音又出現時，又變成動相，重複不斷輪替時就有動靜二相。那麼當你離開五塵時，不住在五塵境中，當然就沒有五塵的來與去、動與靜等相對的法相出現，所以叫作「動靜二相了然不生」。

「如是漸增，聞所聞盡；盡聞不住，覺所覺空；空覺極圓，空所空滅；」在觀音法門的所有實證過程中，每一階段都必須先聞、次思、後修。在理上、事上都已經到了「所入既寂」的修成階段了，接著還要再聞法而深入了知，並且進一步思惟「入流亡所」的意義，增進知見而且繼續深修而將諸法「入流亡所」。深入思惟及修習的結果，是證實覺知心藉耳根產生的能聞與所聞，全都是虛妄法；是現觀能聞的覺知心虛妄，而所聞的聲塵也虛妄，因此而住入更深的「入流亡所」境界中。漸漸增進以後，「聞、所聞盡」，能聞的覺知心不再起作用了，所聞的五塵也完全滅盡了，開始少分與如來藏的妙眞如性相應了。

本來還有一個能聞的覺知心，但這時能聞聲塵的覺知心已經遠離聲塵了，所聞的聲相也滅了，當然五塵就全都滅了！繼續前進時，能觀的覺知心開始少分與如來藏妙眞如性相應了；這時還要把覺知心對五塵的能觀功能繼續向內收攝，把對於聲塵的聞性完全關閉，成爲「盡聞不住」的境界。這時完全住在內心境界中，還是有能覺與所覺：能覺知自己住在離開五塵的境界中，「覺」與「所覺」都還在，還得要把能覺與所覺全都停止了，成爲「覺、所覺空」。這不是在修學四禪八定，而是要離開五浮塵根的作用，要向內回歸而與如來藏的妙眞如性相應，由如來藏的妙眞如性直接運作出來。

外道修證禪定到了非想非非想定時，也會覺得他們是實證觀音法門這個境界了，如果他們有閱讀《楞嚴經》時，因爲非想非非想定中也是覺與所覺空，但他們不知道這只是事相上的「覺、所覺空」，不是觀音法門的理上的二覺都空。在非非想定之下是無所有處定，無所有處定中還是有能覺與所覺；所覺是無所有處定中的定境法塵境界，能覺就是覺知心還在覺察及領受定境。可是在修學佛法時（特別是從解脫道的立場來說），「覺所覺空」是要修證無我，這可以是純智慧境界，也就是斷我見及斷我執；也可以是配合禪定的境界，譬如證入滅盡定中；當然也應該是實相般若的智慧境界：能覺與所覺都空。可是外道即使修入無所有處定中，也還是有一個能覺的覺知心在，而且能夠返觀自己的存在，所以還是知道有覺知心的自己存在，就不是「無想」了，當然名爲無所有處定。

若是離開無所有處而轉入非想非非想定中，因爲不再反觀覺知心自己的存在，就不知道自己正在定中；然而覺知心其實還是存在於定境中，所以仍然是有了知的，只是不反觀自己而誤以爲自己不存在了，所以才會名爲非想非非想。可是在非非想定中，其實還有覺知心面對所安住的非非想定法塵，這就有能覺與所覺了，還是不離能所，還是有我，有我就不能解脫；只是住在非非想定中的人自己不知道而誤以爲是無餘涅槃，不知道那只是事相上的定境，不是佛法中說的智慧上的「覺、所覺空」。外道證得無所有處定的人也是一樣，當他們發覺無所有處定中還是有覺知心自我存在時，由於不知眞正的解脫道，就認爲把能覺的心也消失時就是出三界了；可是因爲我見沒有斷除，恐懼落入斷滅空，不知道六識心滅了以後還有如來藏常住不滅，所以對意識和意根的執著滅不掉，所以就在無所有處定中把覺知心的反照功能滅了，以爲這樣就是不執著自己而斷盡我執了；後來就沒有再起心動念觀察自己在或不在，於是就離開了無所有處定的定境，成爲非想非非想處定。這時自以爲沒有覺知心存在了，其實他能覺的意識心還是在啊！因爲如果意識眞的滅了，他就會變成無想定而不是非想非非想定。這就是不斷我見而自以爲不執著自己的外道，以定爲禪而極精進修證禪定的結果。

但是這樣的定境只是證自證分—也就是返觀自己的心所有法—不再現行運作，所以成爲非想非非想處定；可是在非想非非想處定中，意識心還是存在不滅啊！所以能覺的心還在，而所覺的非非想定境界也存在，當然不能說是「覺、所覺空」。而這個觀音法門所修的，與禪定完全不同，不是在覺知心的滅除與否上面用心，而是保持著覺知心，卻要離開五色根的浮塵根，要與如來藏妙眞如性直接相應，要由覺知心來運作如來藏的妙眞如性；所以應該空掉的覺與所覺，是與五色根的浮塵根相應的能覺與所覺。當佛子聽聞及思惟這樣的行門以後，不斷「入流亡所」而繼續深入到達「覺所覺空」的境界以後，還要依這個智慧之理而在事修上面繼續深入下去，使這個空掉五色根覺知的境界更完整；後來這個「空」的覺知已經深入到極圓滿的境界時，終於完全空了——五色根相應的覺知完全空掉了，而覺知心對這個空以及所空的五色根的覺知，也都不再有所相應了，就是「空所空滅」的境界。「生滅既滅，寂滅現前，忽然超越世出世間，十方圓明，獲二殊勝：」像這樣不斷深入的結果，與五色根的浮塵根相應的生滅法就全部滅盡了，這時「寂滅現前」，也就是覺知心已經把以前與五色根浮塵根境界的聯繫，完全都斬斷了！繼續安住而全無恐懼，時間久了以後，突然就超越了世間境界與出世間境界了。二乘俱解脫聖者的滅盡定是出世間境界，外道非想非非想定或無想定境界是世間境界，都在「世出世間」的範圍中；但觀世音菩薩這個境界卻是「超越世出世間」的境界，不在世間境界中，也不在聲聞俱解脫聖者的出世間境界中。這是由離開五色根而繼續保留著覺知心而達成的，但這不是二乘解脫道的粗淺法義與證境所能完成的，而是要經由實證如來藏以及眼見佛性以後，再觀察如來藏的妙眞如性，並且經由無生法忍的智慧來聽聞、思惟、實修以後才能達成的境界。這個法門的最後階段境界，並不是諸地菩薩所能證得的境界，我們也只能依照經文中的說法，憑道種智來加以說明。

觀世音菩薩說，祂以前這樣子一世又一世長時間修行，在最後階段「寂滅現前」以後，繼續長時間安住於其中，後來終於「忽然超越世出世間」了。

這是說，祂這時已經能夠直接運作如來藏的妙眞如性了，從此以後祂在人間時，已經不必再像十地菩薩一樣處處都還要用五浮塵根來運作；由於這個實證，顯示祂最後已經把觀音法門的所有內涵全部實證了，因此已經是「十方圓明」了。這時由於能夠具足了知十方法界一切佛事，所以「獲二殊勝」。這是屬於智慧三昧與實修上的三昧具足完成，是要經歷無數恆河沙劫才能完成的法門。所以，事實上這個觀音法門，顯然不是觀聽聲音的法門，而是「聞、思、修」的法門；名之為觀音法門的原因，其實還是因為這是　觀世音菩薩所修的法門，而把　觀世音菩薩的簡稱用來稱呼這個法門，所以才名為觀音法門，當然不是外道只是觀聽聲音的法門。在《楞嚴經》並沒有說這是「觀音法門」，反而是成就以後能夠以如來藏的妙眞如性，直接觀察世間眾生的心聲而被祖師們方便命名為「觀音法門」。

那麼我們從另一方面再來說明理上的觀音法門修行，因為　觀世音菩薩說這是在無數恆河沙劫以前　觀世音如來所傳授的法門，而祂為我們敘述了自己實證的過程。當初祂剛聽到　觀世音如來說法時，是還沒有明心的階段，還在凡夫位中，所以祂當時用這個法門剛下手修行時，當然也是會有一些曲折的，所以我們就先從理上來說。當初　觀世音如來教祂「從聞思修入三摩地」。我們前面也說過，三摩地（三昧）不一定是指禪定相應的境界法，所以經中所說的很多三昧，並不是禪定的證境而是智慧的證境；但因為那個智慧的境界已經心得決定而不可能再被轉移或被動搖了，所以就稱為三昧，三昧就是定的意思。但這個定是**心得決定**的定，不是禪定的定。

現在從智慧的部分來說，觀世音如來教導　觀世音菩薩從「聞」開始修習。「聞」就是聽聞實相般若妙法，聽聞聲音中所說的正確般若法義以後，再經過思惟而成為自己的所知，這時就不只是知識了！這就是「聞」與「思」。若是只有聽聞而不思惟，所聽來的般若法義縱使是完全正確的，畢竟只是知識而不完全屬於自己。如果有深入而且如理作意思惟以後，就變成相似般若，可就是自己的了，這就是觀音法門中的「聞」與「思」，從此以後就是繼續「入流亡所」。繼續把生滅法入流而亡所，也就是加以深入思惟整理之後亡失了一切「所」，成為相似般若，就使自己漸漸會與般若相應；但前提是所聽聞的般若開示，是正確的般若法義開示，而不是錯悟大師居士所說的名相般若。凡是所聽聞的般若法義是錯誤的，聽再多也無法使你經由思惟而成就相似般若。現前的例子是，現代台灣有很多人在研究印順法師的《妙雲集》等著作，他們有哪一個人成就了相似般若呢？一個也沒有！雖然他們自認爲已有相似般若，或自認爲有實證般若——認爲自己已經親證實相般若了；可是他們說出來的其實都不是般若，而是密宗應成派中觀斷滅見，都是無因論的邪見，落入常見外道的六識論中；所以印順等人不但沒有相似般若，連斷我見的初果法眼淨的基本證量都沒有，更別說是親證實相般若。

因爲，實相般若以如來藏爲體，部頭浩繁的般若系經典，全都是從如來藏的妙眞如性來說般若；整部《大般若經》六百卷，或者《小品般若》等十萬頌般若經，全都是在講如來藏的妙眞如性。當六識論的應成派中觀師釋印順等人，把實相般若的理體如來藏否定了，怎麼還有可能證得般若呢？所以印順法師是完全沒有實相般若的。等而下之，當他們把如來藏否定了，還能有相似般若嗎？當然一定也沒有。所以，觀音法門的修證有一個極重要的大前提，一定是要聞熏般若、思惟般若，並且必須是親從眞正的善知識所說般若法義來聽聞，然後加以如理作意的思惟，才會獲得正確的相似般若。得到相似般若以後再進修，要參究般若諸經中說的非心心、無心相心，要參究這個實相心究竟在哪裡？當你這樣實地參究、鍥而不捨時，就是「修」，就是到了「聞、思」之後的「修」了。

一定要這樣「聞、思」以後才可以「修」，如果沒有正確的「聞、思」

過程就去「修」，就宣稱自己在實修觀音法門，那叫作盲修瞎練。可是現在很多盲修瞎練的大法師們，卻反而誣責我們盲修瞎練（編案：這是二〇〇二年夏天所說）；他們都沒有證得般若的理體如來藏心，而我們證得了般若理體的如來藏心，結果是那些盲修瞎練而落入意識我見中的大師們，卻在私底下不斷責罵證得如來藏的我們盲修瞎練。這就像某一個密宗黃教上師的網站，他們鼓吹雙身法，明明他們自己才是邪魔外道；而且宗喀巴的《菩提道次第廣論》與《密宗道次第廣論》中，都在講雙身法的樂空雙運、樂空不二，那正是邪魔法、外道法；我們在《狂密與眞密》中已經辨正很清楚了，證明他們正是邪魔外道，現在他們的網站卻反過來把我們列作邪魔外道，這眞是指鹿爲馬，也是賊人誣指屋主是賊一樣的顚倒。

可是這種顚倒說法的事情很多，且不說密宗，在顯教中也是一樣。乃至在場的諸位之中，也還有許多人依舊是顚倒想，所以聽我說出密宗或顯教大法師的法義錯誤時，心中還是很不服氣。但這都沒有關係，我們以後還會慢慢舉證事實一一再來說明。因爲我若不舉證出來，你們之中還是會有某一些人不會注意到，或者不會相信我的說法。所以，會外大法師錯誤的法義，我還是得要繼續舉出證據來辨正。我如果不講出來，會外也沒有人能夠知道他們錯在哪裡。也許諸位讀到《狂密與眞密》小冊子改版後的《佛教之危機》以後，才終於知道慈濟也是破壞佛法者。可是我如果一直都不講出來，誰會知道慈濟也是破壞了義佛法的團體？

她們把佛教世俗化的程度已經非常嚴重了，慈濟功德會根本就不教導徒眾修證三乘菩提，也不教導徒眾求生極樂世界，隨著印順法師否定極樂世界與阿彌陀佛，有時也跟著印順否定如來藏，然後有時講經依文解義又說有如來藏，同時卻又認定意識覺知心是常住法而成爲常見外道。像慈濟這樣子把佛法亂說以及世俗化，她們將來即使想要往生娑婆世界的兜率陀天都不可能，根本就見不到彌勒菩薩。當她們公然否定了楞嚴法會中所說的「唯心識」妙法時，公然否定了三界唯心的妙法，彌勒菩薩不可能賜給機會相見的。也許有人不信，說：「彌勒菩薩是妙覺菩薩，修行那麼好，怎麼會不理我？就算我誹謗了祂，祂也會接見我的。」可是，彌勒菩薩也是要觀察因緣的，若是因緣不夠，祂是不會賜見的，更不會幫助謗法人證道，再怎麼求也沒有用。

譬如《大唐西域記》中，玄奘菩薩的記載，說他在西天時，某一個地方曾經有一位比丘，單以聲聞戒爲正解脫戒，不以菩薩戒爲正解脫戒，所以當他請求天軍阿羅漢帶他去兜率天面見 彌勒菩薩時，都不肯禮拜 彌勒菩薩；因爲他看見 彌勒菩薩穿著天服、頭戴天冠，雖然坐在寶座上說深妙法，他卻不肯禮拜，他認爲：「你彌勒菩薩是天人相，沒有穿僧服，不是出家人。而我穿著僧服，我是僧寶，爲什麼要禮拜你？」所以他雖然有機會上了彌勒內院，彌勒菩薩並沒有幫他證羅漢果或菩薩果。天軍阿羅漢看不過去，就問他說：「你見了妙覺菩薩，爲什麼不禮拜？」他說：「我是僧寶，所以我不禮拜在家人。」彌勒菩薩看他慢心深重，當然不理他，所以他去到彌勒內院還是空手而回。人家想要見 彌勒菩薩是那麼難，他竟然去見了以後空手而回。他又請天軍阿羅漢再帶他去，依舊是不禮拜，彌勒菩薩也是不幫他開悟；後來又去了一次，就這樣三次往回，連一個最粗淺的初果所證的聲聞法也沒得到，眞是愚癡人，專看表相。

那個比丘還沒有公然否定如來藏，尚且如此；何況印順他們公然否定了如來藏，而 彌勒菩薩卻是專門弘揚唯心識觀，唯心識觀的主體正是如來藏；印順他們把如來藏否定了，縱使生到彌勒內院去，還能被 彌勒菩薩幫助實證嗎？他們假使眞的能夠往生到那邊去，也是不會有因緣的。這就是說，慈濟證嚴法師把印順法師所說全力執行的結果，是把佛教全面世俗化，所以她從來不教三乘菩提，也不叫大家往生極樂；因爲印順法師說極樂世界不存在，說是太陽神崇拜的淨化，意思是「彌陀信仰是外道法」；那麼慈濟的會員們到底要往生到哪裡去？可就沒有好地方可以往生了，所以她們只好在這五濁惡世繼續輪迴下去。而且她們也倡導說「要生生世世都當慈濟人」，那就是想要每一世都當愚癡的凡夫；可是這也不一定能成功的，因爲破法以及把佛法淺化、世俗化以後，那些主事籌謀者都是惡業隨形，死後不可能還會繼續生在人間的。而且她們在三乘菩提中都沒有辦法見道，也只好繼續輪迴了；並且全都不會超過欲界境界，因爲她們都是在行世間善，從來不曾涉及禪定的修證，更別說是三乘菩提的實證了。可是這個眞相，我如果不講出來，佛教界會注意到嗎？我想絕大多數人都是不會注意的。

因此說，在相似般若的建立上，一定是要所聞的般若確實是正確的般若。如果所聽到的是錯誤的般若法義，猶如印順法師否定了般若理體的所謂的中觀般若，那根本就不是中觀般若；而他們那些信徒聞熏了以後，接下來的思惟就會越思惟越偏離，那要怎麼修證實相般若呢？根本就沒有因緣修證。所以，必須要先聽聞正確的般若法義，然後再將所聽聞的般若義理加以如理作意的思惟；假使所聞是正確的般若法義，卻是不如理作意的思惟，也是無法親證實相般若的。有了如理作意的思惟以後，就會知道：原來般若的理體就是如來藏。接著就知道應該求證如來藏了，實修般若的路途就正確了！等到後來實證如來藏以後，自然會親自證實：原來般若的理體果眞是如來藏。也會親自證實：全部般若經所講的都是在講如來藏的中道法性與實相境界。所以，一旦聞熏正確的般若法義以後，當然會知道要去求證如來藏了，知道應該要去找到祂。把祂找出來以後，當然就漸漸知道全部《大般若經》是在講什麼，那麼般若系列的經典我就不必講了，你也不必來聽我講了。至於般若系列的《心經》，我將來會以不同的方式來講，不用經文直接來說。（編案：已經講完並且整理出版了，名爲《心經密意》。）

換句話說，必須是從正確的般若義理來聽聞、思惟、進修，才會找到如來藏，自然就會發起實相般若智慧；如果所聽聞的是否定如來藏，那是假般若，所建立的知見必然是錯誤的，結果一定會落入印順**性空唯名**的假般若知見中，那種知見就不會與般若智慧相應，因爲那是戲論。當印順否定了常住心如來藏的妙眞如性以後，還有什麼眞如與中道可說呢？豈不是成爲妄想施設的眞如與中道？這樣的眞如、中道法義難道不是戲論嗎？既然印順主張萬法都是緣生、都是性空，又主張般若就是「性空、**唯名**」，那麼他的般若當然只有名的法相；而印順所說的名就是受想行識或者是言語名相，全都是性空，那麼印順所說的性空唯名的般若，當然純屬戲論而沒有任何眞實義了，那就是戲論。那樣的般若已經變成虛相法，不是實相法；像印順那樣的戲論般若，你若努力去修，永遠都沒有辦法親證，將來難免會自以爲證得般若，然而所證的其實不可能是眞正的般若。

所以 觀世音菩薩轉述 觀世音如來所說的法，是從「聞」熏正確的般若而入手，然後自己私底下要如理作意「思」惟；「思」惟清楚而建立正確的理路以後，才可以開始正式實「修」，這個「修」當然得要從親證般若理體的如來藏來下手。可是在下手求證如來藏以前，必須先從理路上「入流亡所」，也就是把六根、六塵、六識都觀空，把一切所入都流失而不要錯認爲常住法；千萬別落入蘊處界中錯認爲常住法，否則就難免會像元音老人、徐恆志一般，錯認識陰六識的自性爲佛性，錯認離念靈知意識心爲眞如，可就不免大妄語的大惡業了。

當你這樣建立正確的「聞、思、修」過程與內涵以後，下手參究，後來終於有一天忽然證得了如來藏，可以現前體驗祂，能夠現觀祂的眞如性了，就是般若諸經所說的證眞如；又觀察祂的中道性，就立即發起中道的智慧來了，於是有能力開始從各方面來觀察祂在萬法之中永遠不墮兩邊的中道性，這就是住在中道的觀行境界中了，就是證得中觀的賢聖。若是以意識的境界而求住在中道境界中，那是想像施設的中道觀，不是眞的中道觀，是誤會中道的觀行。

當你可以現前體驗如來藏的時候，就是證得大乘的無生忍，因爲你已經有智慧現觀自己的如來藏本來無生，對於自己的如來藏本來無生的眞相能夠安忍了，就是對無生有忍，就是證得無生忍。對如來藏的本來無生有了忍法，就是心得決定而不搖動；這個定心所就稱爲定，定就是三摩，就是三昧；這樣住於三摩的境界中，就叫作「入三摩地」，也就是說，你已經進入般若三昧境界中了！所以，進入般若三昧的境界—入般若三摩地—就是進入般若定中的境界，這是從理上「入三摩地」——進入般若三昧境界。凡是沒有經由實證如來藏的過程而「入三摩地」的人，所說的般若或中道觀，全都是相似般若或戲論般若。否定如來藏而說般若，即是戲論般若；尚未實證如來藏而以如來藏爲中心來說般若，才是相似般若。

但是實修觀音法門以前要先作「入流亡所」的觀行，要先打坐中詳細觀察一切聲塵的虛妄；證實聲塵虛妄以後，以同樣的道理觀察，也就可以同樣證實其餘五塵虛妄；這是理上的「入流亡所、聞所聞盡、覺所覺空、空所空滅」，全部都要經由正確般若法義的「聞、思、修」的過程；這個「聞、思」兩法要在善知識指導下，正確的聞熏與思惟；然後才能開始打坐觀修，正式進入事修的階段。而此時這個法門轉入事相上的觀修，卻是與禪定相應而不屬於禪定境界的觀音法門，不該以禪定的理路與方法來實修，否則絕對是在修定而不是在修觀音法門。

一定要先在理上把六塵「入流亡所」，如果沒有確認六塵的虛妄性，就會認定六塵眞實，然後就會依六塵來認定六識是眞實法，就會錯認六識的自性即是佛性；如此一來，就會落入六塵之中，怎能在聲塵「入」的時候就把聲塵「流」掉呢？若是認定覺知心自己眞實不壞時，一定無法把聲塵「入流」，這時又怎能「亡所」呢？一定會把所入的聲塵抓得緊緊地，那就全然落在六塵與六識境界中，如何能遠離五色根的浮塵根境界呢？又如何能在事修上面與如來藏的妙眞如性直接相應呢？所以，首先要從正確的「聞」與「思」，先在理路上觀察六根、六塵、六識的虛妄，這就是理路上的「入流亡所」。有了正確的見地以後，再開始實修上的「入流亡所」，才能夠實地遠離五浮塵根的功能而漸漸可以直接與如來藏的妙眞如性相應，才能實證觀音法門直接與眾生心互相感應的妙覺菩薩境界。

如果沒有先在理路上聞、思，當然會認定六識與六塵眞實，就會落入十八界法中，那就無法斷我見了，何況能證如來藏？更何況能實修觀音法門？譬如近來興起的一個大山頭，他們的堂頭和尙有一段話很有名：「師父在這裡說法，你們在那邊一心聽法，這個說法聽法的一念心，就是眞如、就是佛性。」這是他的招牌話，證明他完全落在生滅性的虛妄法十八界中，自始至終都不曾離開過蘊處界的範圍，顯示他具足我見，仍然住在凡夫知見中，與常見外道及自性見外道完全相同。所以這個「入流亡所」的道理，應該有人去講給他聽。

當你在理上確實觀察而證實**所聞**的塵是生滅法而虛妄不實的時候，當然會觀察到藉塵生起而無法離塵獨自存在的**能聞**者覺知心也是虛妄法，那麼理上的「入流亡所」就完成了，我見就斷了！這時在理上已經沒有六識與六塵了，不就成爲理上的「所入既寂」嗎？當你把六塵與六識放在一邊，設想現在是住在無六塵、無六識的境界，當然是絕對寂靜的，不再有六入進入覺知心時當然是寂靜的，這就是理上的「所入既寂」。已經在理上「所入既寂」了，當然理上已經是「動靜二相了然不生」的了。「如是漸增」繼續在這樣的理上深入觀察，必然會證實這個事實：當「所入」的六塵都不存在時，能聞的覺知心也是不可能存在的。這樣親自觀察而證實以後，就確認能聞的自己是無法離塵而獨自存在的，這就是「能聞」已經盡了，這時已經是在理上到達「聞、所聞盡」的智慧境界了！就在這上面繼續深入安住，使自己對這個觀察結果心無移動、心得決定，就可以進入理上的「盡聞不住」了，也就是對於能聞與所聞眞實的錯誤認知，已經滅盡了！

接著自然就不會再繼續住於「盡聞」的智慧境界中，開始觀察這時所住的智慧境界中，還是有能覺與所覺——確實還有能覺的自己以及所覺的智慧境界，這仍然是意識心的境界與所住的法塵境界；在還沒有離開蘊處界等現象界諸法的境界中，當然是無法與如來藏的妙眞如性直接相應的，還得要再把這個覺與所覺的虛妄性確實觀察及證實；於是專心在能覺與所覺上面細加觀察，確認能覺與所覺全都虛妄不實了，就是「覺、所覺空」的智慧境界。這時住於「覺、所覺空」的智慧境界中，要再進一步深入安住，使心決定不移，才能更深地體會「覺、所覺空」的智慧境界，然後就能「空覺極圓」，也就是對於能覺虛妄故空與所覺虛妄故空的事實觀察極爲圓滿了，具足了這兩種空的智慧了，就是「空覺極圓」了。

這時「空」與「所空」就跟著滅除了，這時在理路上已經沒有任何生滅法存在了（當然這是在理路上的「思」與「修」的內容，還不是事修上的親證），然後才可以轉回來正式開始實修觀音法門。如果沒有這種理路上的「思」與「修」的過程，或者這種理路上的「思」與「修」的過程不正確，落入蘊處界中執著爲眞實法，那麼再怎麼努力在事修上修習觀音法門都沒用，即使每天靜坐而坐斷了腿，也是全然都沒有可能實證的。如果能夠從理路上這樣一一階段都深入觀修，並且都確實是如理作意的思惟與觀修，然後才進入正式禪修觀音法門的階段，才有可能完成觀音法門的實證。但這個實證，也仍然不是一世、二世所能完成的，請大家想想看：觀世音菩薩是在無數恆河沙劫以前，承蒙 觀世音如來的教導，很多劫實修以後才成就如今這種「**超越世出世間**」的不可思議境界。而且，以上所說的「思」與「修」的理修，還有一個前提，就是先要有「聞」法的過程，就是先要聽聞我以上所說的內容而確實理解其中的道理。如果沒有確實理解，或者根本就沒有聽聞正確的道理，然後就自己實修觀音法門，都是盲修瞎練，不變成精神病患者就已經是萬幸的了！唐費光陰、虛耗生命，倒還是小事一件。

所以我還是要先提醒大家：必須先有理路上的「**聞、思、修**」的過程，而且必須是正確的「聞、思、修」。然後才能正式開始進行實修階段的「思」與「修」的過程。當最後階段的「修」完成時，就是「生滅既滅、寂滅現前」的境界，只要繼續住在這種寂滅境界中，長久安住不動而不畏懼，久而久之，就會「忽然超越世出世間，十方圓明」，那時自然就會像觀世音菩薩一樣「獲二殊勝」：

「一者上合十方諸佛本妙覺心，與佛如來同一慈力；二者下合十方一切六道眾生，與諸眾生同一悲仰。」是獲得哪兩種殊勝法呢？第一種殊勝法是：往上契合十方諸佛本來就已經很微妙的本覺眞心，這時就與諸佛如來的慈力互相契合了。第二種殊勝法是：向下能夠與十方一切六道輪迴中的所有眾生互相感應，也能與所有眾生的傷悲痛苦和仰望諸佛救護的心性相應，因此而能隨時感應而加以救護，成就大慈大悲的「觀世音」眞實功德。這都是由於觀世音菩薩究竟修成這個法門以後，祂的意識心可以將如來藏的妙眞如性直接運作，就不必像其他菩薩或阿羅漢一樣，必須在起心動念生起作意時才能了知眾生的悲苦與呼救的心聲；這正是觀世音菩薩被尊稱爲「千手千眼大慈大悲救苦救難」的聖德所在，因爲由如來藏妙眞如性直接運作時，可以不必受限於意識覺知心的作意；因爲如來藏妙眞如性的作意，是從無始劫以來就不曾有一剎那間斷過，當然可以成就「千手千眼」的功德。

可是這種境界的實證，不是明心者就可以實修的，還得要有眼見佛性的證量；若是有諸地菩薩隨順佛性的證量，當然是最好的；否則就不要抱怨說：「我依照您蕭老師的教導，努力精修了一世，怎麼還沒有辦法達到觀音法門所說的兩種殊勝境界中？」想想看，觀世音菩薩今天的境界，難道是在無數恆河沙劫之前遇到觀世音如來時，一世就修成的嗎？所以說，還沒有斷我見的人，要先求斷我見；還沒有明心的人，要先求明心；還沒有眼見佛性的人，要先求證佛性，然後才開始精修這個觀音法門。否則再怎麼努力修習，終究只是盲修瞎練。當然，最好是已經有了諸地菩薩隨順佛性的證境以後來修，才是最好的，但也是需要有精修時所需的環境與福德，否則終究是無法成就的；因爲這個法門成就時就是妙覺位的菩薩了，如果大家都對這一點有所認知，那麼就不會太自信而自以爲是，就誤以爲一世之間即能成就這個證境了。

至於眼見佛性的實證，是精修觀音法門時所必須的，因爲這個法門的實修是與意識心有關的，是不滅除意識覺知心的；並且也是與佛性有關的，是要由意識覺知心來與如來藏的妙眞如性直接相應的，所以必須有眼見佛性的實證才行，否則就無法眞實理解我在前面所說的觀音法門的理路與實修的內容了。但這個原因，我還得要從一九九○年破參時的證境說起，諸位才能比較容易理解我在表達什麼意涵。

一九九○年十一月，我在家中閉關參禪第十九天的午後，我在三樓尚未完成的佛堂中面壁靜坐參禪，到了第十九天午後大約三點鐘時，我想：「我已經有看話頭的功夫了，在見山不是山的境界中也已經一年半了，爲什麼還是無法悟出來？一定是有什麼問題存在，而我沒有注意到。」於是我開始追究原因，思惟整理了一、二十分鐘以後，我認爲應該丟棄聖嚴法師所教的禪法，因爲他的禪法根本就沒有指出禪宗的開悟究竟是應該悟個什麼，也沒有使人次第建立看話頭功夫的方便法，更不曾說到所悟的究竟是什麼心，我不如自己試試別的方法參究看看。這意思是說，我那幾年追隨聖嚴法師所聞的法是錯誤的，於是接下來的思當然也就跟著偏差了，那麼我自己修成的看話頭、參話頭功夫的運用，當然也就跟著往偏差的方向去修了，又怎能正確的開悟呢？

於是我從禪宗的「明心見性」四字下手開始整理：所謂明心，一定是有一個不同的心需要我們來弄清楚，那個心一定不是我們這個覺知心，否則又何必辛苦參禪呢？覺知心不論離念或是有念，都是很容易理解與親證的，不可能使古今許多參禪人都無法破參明心的。當我這樣確定下來時，往世的種子流注出來了，我心中立即生起一個對於如來藏心的認知，我就知道如來藏了（當時我還沒有確定那個心的名稱是**如來藏**，我只稱呼那個心是**眞心**）；我觀察了一會兒，覺得沒趣；因爲一個離見聞覺知的如來藏眞心，令我（這當然是指當時的我而不是現在的我）覺得索然無味。我想：離見聞覺知的如來藏，又是如何了知蘊處界中的萬法呢？祂一定是有一些不同的見聞覺知，是與覺知心的見聞覺知不同的；可是那時的我探究了一會兒，覺得這個問題似乎是我無法解決的，於是先把明心的這個部分放下不管，先探究佛性的部分。

我想，如來藏沒有見聞覺知，那就一定會有一個佛性來配合，才能完成如來藏的功德啊！所以我轉而參究佛性，當然也是往世所證的種子流注出來，直接就了知佛性的意涵了；當我一參出來時就立即看見佛性了，還眞是見性，是可以用眼睛看得見的佛性，所以名爲「見性」而不是「明性」。當時就解決**如來藏無見聞覺知，但爲什麼卻又是心而能了知各種事情**的問題；但是當時我對眞如如來藏，根本就不在意，我那時所有心思完全都擺在佛性上面。因爲佛性太棒了！我當時參出來的時候是完全在耳根上看見佛性的，那時剛好窗外的幼稚園放學了，學生很吵鬧，我就用耳根在聲音上聽「見」佛性，這可不是用耳識在聽聲音的聽的功能。

聽了大約二十分鐘吧？我就想：能不能眼見呢？因爲當時是面壁而坐，於是我就慢慢張開眼睛看著前面壁上，沒想到牆壁上也有佛性！怎麼這樣！眞的很奇怪！然後就一直盯著牆壁看，別的都不想看。看過很久很久以後再慢慢轉頭去看佛桌，因爲我那個時候佛堂什麼都還沒有，佛龕佛像都還沒有完成，只有小桌子上放著三張佛菩薩的小卡片，以及一個小香爐而已；那時我就看佛桌，咦！那邊也有！不只是面前的牆壁上有；於是又拉回來再聽聲音，聲音中也有，統統都有。就這樣子，又看又聽了二十幾分鐘才下座，才去窗戶邊看隔壁幼稚園小朋友在那邊玩；咦！小朋友身上也都有佛性，那時是從小朋友身上看見他們的佛性，然後起一個沒有語言文字的念頭：能不能從他們身上看見自己的佛性？才剛動念就看見了，原來也可以從小朋友身上看見自己的佛性。這才叫作眼見佛性。

你從他們身上也可以看到自己的佛性，但是你在他們身上看到自己的佛性，其實自己的佛性卻不在他們身上，這樣見性的人才是眞正的眼見佛性，這才是禪宗第二關的見性，不是有些禪宗明心祖師所說的看見如來藏的成佛之性的見性。凡是有眼見佛性的同修們，都會同意我說的這些話；這個實相法界中的事實，以前還沒有人講過；若是沒有眼見，一定說不出來，也無法想像。因爲這個法界中的事實，沒有眼見的人再怎麼想也想不通：「在別人身上看見那人的佛性，這還可以講得通；可是在別人身上看見自己的佛性，而自己的佛性其實不在那個人身上，這是什麼話嘛！」

然而實際上卻是這樣的，見性眞的是這樣子，也無法解釋，也沒有道理可以解釋，就是這麼看見的。如果有人要說我瞎掰，那也可以；如要在心中存疑，那也很好；就等你們將來眼見的時候，再來評斷我所說的是不是如實語吧！如果你沒有這種眼見佛性的證量，那你是沒有資格來評論的，因爲是在評論自己所不知道的證境。而且，也不是只有我一個人眼見佛性，凡是眼見的人都會支持我這些話；心中有所懷疑或是不願支持我這些話，就表示他還沒有眼見佛性，或者他的眼見是跟我的眼見不一樣，那就表示他不是眞的眼見佛性，當然就無法通過《大般涅槃經》的檢驗。

話說回頭，在那個時候，你如果明心與見性同時完成的時候，根本不會去管明心這回事，因爲明心時覺得很平淡，這是因爲那時還沒有經過深入觀行所以尚未生起深妙的實相般若；所以兩關一起通過的人，那時都只會在見性的境界上面注意，因爲見性的境界實在太奇妙了嘛！但是，我要說的是：悟後的修道，特別是三賢位中的修道—也就是要完成相見道的功德—還是要回到明心這個部分上來。所以若是還沒有眼見佛性，或者眼見佛性這一關是解悟，其實也不需要自怨自艾；因爲單只一個明心的實證，你來正覺學法二十年中盡心盡力護持，只要一個明心的實證就値回票價了。因爲即使是最笨最懈怠的明心者，也都只要七次人天往還就證得解脫道的極果成爲阿羅漢，可以出三界生死，那你說這樣還不能値回票價嗎？

《楞嚴經》後面的經文中還會講到如何設壇精進，得佛加持以後也才只能證得初果，那還只是聲聞果呢！然而在正覺同修會中明心的人，可不只是初果，同時也是大乘別教法三賢位中的第七住位呢！聲聞教中的初果乃至四果人，如果迴心轉入大乘別教中，最多就只是在六住滿心位，都還入不了第七住位呢！而你明心時就入了七住位，並且初果的功德也都獲得了，那你說：値不値回進入正覺精修二十年的票價？當然値得！所以說，明心而沒有見性的人，或者見性這一關解悟的人，其實也不必自怨自艾。

可是當初我在一剎那間找到如來藏時，有一個缺點，就是這一世的體驗不夠，我當初有這個缺點。因爲用我這種方法找到的時候，除非有善知識幫你整理，否則你一定是眞心與妄心混在一起，不容易分清楚；我當初確實有這個缺點，我自己老實招認；但是透過後來不斷的探究，也因爲往世修證的種子漸漸開始流注出來了，這些問題就自然而然解決了！可是我隨後就發覺：不論是明心或是見性，我都還不是佛，距離佛地還很遙遠。所以又再探究，開始探究成佛之道的次第與內涵；剛開始探究出來的結論是有一些錯誤的，後來終於確實把佛道的次第與內涵弄好了，才發覺成佛之道並不是明心與見性而已，所以漸漸的深入理解與補充，就理出一條完全正確的成佛道路，就是我們現在書後所附的「佛菩提二主要道次第概要表」。

言歸正傳，因此我說觀音法門也不是容易修的，因爲經文中說的很簡略，事實上也不容許每一位菩薩都說得很詳細，否則楞嚴法會可能要講上好幾天吧！可就無法在當天晚上結束了。這就是說，修習觀音法門時必須有一個大前提：正確的**聞**、**思**、**修**，而且必須明心與眼見佛性二關具足實證，否則無法眞的理解觀音法門的意涵，也無法理解我所說的眞實義。而我這一世初學佛時親近農禪寺，被聖嚴法師（我在九百多年前的凡夫師兄）作了錯誤的教導，他到了這一世還是如同九百多年前一樣，繼續對如來藏抱持懷疑不信的態度；所以我這一世破參前的**聞**、**思**、**修**都是錯誤的，因爲我這一世的師父教給我的**聞**、**思**、**修**都錯誤。我後來不得不自己理出一條路，卻是因為過去世自己親證的種子還在，也是自己的善根、福德具足，所以才能自己闖出一條正途來。

所以，如果有人為你教導正確的般若，而你經過**正聞**及**正思惟**以後才會有相似般若，然後才有辦法**實修**這個觀音法門；如果所聽到的般若都是錯誤的，那麼思惟的結果就成為不如理作意，就會走上岔路，結果當然所修全都無法成就—三摩地無法成就—不可能「**入三摩地**」；因為心中始終有所懷疑，不能得到決定性，心不決定就是沒有定——沒有三昧，沒有三昧當然無法「**入三摩地**」——無法入住**心得決定**的智慧境界中。因此說，修學觀音法門必須有正確聞、思、修的前提。

有很多人講經說法或者修學佛法時，都把正確聞思修的大前提丟開，當然一世精修以後還是會唐捐其功的。就好像有人說：「**修學持名唸佛一行三昧，一樣可以悟，何必去正覺學禪？**」但他光講一行三昧的後半段，卻把大前提忽略，當然修不成功。一行三昧的前半段是講什麼呢？是說「**當修學般若波羅蜜**」；可是他們老是把這個大前提丟掉，說只要持名唸佛就可以開悟，就說**一句佛號概括事理**，那可就錯了！必須先修學般若波羅蜜以後，再來持名唸佛，那時隨佛方所端身正坐持唸佛名；當他每天很精進持唸佛名時，只要有正確的般若波羅蜜知見，他唸到後來一定會開悟明心，當下就可以見十方三世一切諸佛了。可是如果沒有先修學般若波羅蜜，沒有先學習正確的般若波羅蜜，唸佛號唸到嘴巴掉下來了也沒辦法悟。

這個觀音法門的修持也是一樣，必須先從正確的**聞**、**思**、**修**下手，後來才能「入三摩地」、才能入大乘的無生忍，否則是絕對得不到智慧三昧的。所以必須先聞熏正確的般若波羅蜜，然後如理作意思惟，已經出現了正確的相似般若以後，再實地修學觀音法門，才可能有成就的。從剛才解說過的內容看來，是必須聞熏正理而先把蘊處界全部否定，當然意識心—離念或有念的靈知心—也必須否定掉，還必須把意識相應的六塵境界也否定掉，連最細意識和意根也否定掉，才是在理上正確的「入流亡所」，然後才有可能「空所空滅」。在這樣的境界中住久了，生滅法就全都滅失了；既然生滅法全都滅失了，剩下的就是如來藏的妙眞如性在運作了。這時觀察如來藏自身而不要觀察佛性，你會發覺：原來如來藏離見聞覺知，原來祂也沒有任何思量性，沒有七識心的見聞覺知與思量性，那就是常恆不住，所以叫作「恆而不審」。這個道理在〈八識規矩頌〉中講過了：恆而不審。恆常存在，但卻對六塵中的所有法都不加以了知，什麼都不觀察，什麼都不曉得。很多人讀禪宗的公案始終讀不懂，就說：「爲什麼某甲早上來見了和尚，只道個『不審』就走了？這不是神經病嗎？」他不懂其中的密意，竟然還敢評論眞悟的古德呢！「不審」是什麼意思？就是「不知道」。古德悟後行腳參方，來到眞悟的大善知識面前，那大善知識在上面禪床坐著，這位行腳的眞悟者來到面前，只說個「不審」作爲問訊，也就是說一句「不知道」然後就走了。一般愚人總會認爲這些祖師都是精神病，所以曾有法鼓山的信徒看見我在郭理事長的法事中的度人機鋒時，他們根本不懂，以爲我精神有問題，於是就有幾個人當場私下罵起來：「又起乩了！」（當然我不會聽見，都是後來有人聽見了告訴我的）。可是：禪宗古德爲什麼上來見到鼎鼎大名的堂頭和尚時，卻是只道個「不審」就走人了？其實他們講的正是如來藏的體性，並且也是在講出如來藏體性時，同時顯示出大人相，這就是家裡人相見啊！這件事情的蹊蹺，莫說法鼓山的所有信徒們不懂，乃至連他們的堂頭和尚聖嚴法師也是完全不懂的；因爲他是否定如來藏心的，也是不曾實證如來藏心的，怎麼會懂得呢？

禪宗古今眞悟祖師所悟的心，都是不知道六塵的心，都是無始劫以來就不知道六塵的如來藏心。請問：離念靈知審不審？（眾答：審）審啊！離念靈知是對六塵了了分明的，當他們一念不生時，突然間被人家在臉上打一巴掌，立刻就知道而且還生氣起來呢！這當然是「審」！「審」就是悟錯了！必須是悟得「不審」的心才是正確的開悟。如果有人狡辯說他被你打了巴掌的時候是不審的，那你就繼續往他臉上再打巴掌，一直打到他說「審」爲止。（大眾笑…）因爲他們否定如來藏時就表示根本沒有證得如來藏嘛！那就一定落入意識覺知心中，怎麼可能是「不審」的呢？明明是妄語嘛！就像《六祖壇經》中有一個弟子明明知道痛，卻騙六祖說不痛，眞的該打，這叫作睜著眼睛說瞎話。

如來藏是恆，但是祂從來不審；換句話說，祂絕對不是在六塵中了了分明的離念靈知；祂的了了常知是三界外的法，不在六塵中了了常知。而離念靈知也無法了了而「常」知，每天晚上眠熟了就不在了，這怎能說是「常」知呢？而且，被人打一巴掌就立即審知痛覺，審知是有人打我；這都是在六塵之內，也是能審，能審而且還能思惟，當然就是意識。這個能審能思惟的離念靈知，是相對於六塵境才能存在的，當祂生起以及存在時都是無法離開六塵的，這當然是生滅法！既然是生滅法，當然歸於性空唯「名」，所以印順的性空唯名說，只能用在生滅法的識陰或五陰十八界中來說，不能拿來說般若，般若是金剛不可壞性而常住法界的，怎麼可能是性空唯名呢？印順可眞糊塗呢！

所以一定要到生滅法全部都滅掉了，所有生滅法（包括無記性的異熟習氣種子）都不存在了，把覺知心鍛鍊到這個地步時，才能遠離對於生滅法的相應因緣，才能夠直接與如來藏的妙眞如性相應。如來藏本身離見聞覺知，恆而不審，恆而不審就是如來藏的眞實體性；祂既恆而不審、離見聞覺知也離思量性，當然是絕對的寂滅，這時不就是「寂滅現前」嗎？這如來藏所安住的境界當然是「超越世出世間」的。可是這時還無法「十方圓明」的，這裡且不談它，稍後再來說它。爲什麼說這時是超越世間呢？因爲世間就是七轉識的境界，是五陰色受想行識的境界。可是出世間的境界是在世間外或是三界內實證？當然還是在三界內出世間。因爲出世間法要在三界內證，若是出了三界時就沒有五陰七識心了，只剩下離六塵見聞覺知的如來藏獨住時，還能有誰可以證實出世間法的如來藏境界呢？

譬如五位百法的最後六無爲或者八無爲、九無爲、十一無爲，請問：這些無爲法是在三界內看得見？或是出在三界外才看得見？出了三界外，你自已都不存在了，就看不見這些無爲法了！無爲法是出世間法呀！但是出世間法卻要在三界內看見與實證。修證佛法成佛之道，或者修證出離三界的聲聞解脫道，全都要在世間修啊！若是離開了世間、離開了三界，就沒得修了。出世間法的實證也是一樣，也得要在三界內修啊！再請問大家：如來藏有沒有超過出世間的境界？超過了！因爲祂既不在世間境界中住，也不住在出世間境界中，祂全都無所住，然而出世間的境界卻是由祂而顯示出來的。可是祂能自己單獨顯示嗎？也不行！得要透過一切最勝的八識心王具足才行；如果沒有八識心王具足，譬如意識滅了，還能看見無爲法嗎？還能親證無爲法嗎？全都不行！

同樣的道理，要有**一切最勝故**的八識心王，以及**與此相應故**的五十一個心所法、**二所現影故**的十一個色法、**三位差別故**的二十四心不相應行法，才能夠顯示出最後那六個無爲法，所以六無爲是**四所顯示故**。如果沒有**一切最勝故**、**與此相應故**、**二所現影故**、**三位差別故**，就不可能顯示六無爲，這六種出世間的無爲境界就顯示不出來了，這就顯示必須在世間法親證出世間法，因爲出世間法是與世間法同時同處存在的；若是入了無餘涅槃時，就無法顯示出世間法的存在：因爲能證出世間法的蘊處界已經滅了，沒有能證者；也因為出世間法是無形無色的，在出世間的無餘涅槃中是無法顯示出來的。

當你這時發覺到如來藏真的是超越世間和出世間法的，而你的意識覺知心這時雖然還在三界中，卻開始直接與如來藏的妙真如性相應，就是開始與佛性相應了，這樣才能再深入觀行到很圓滿、很微細的地步，最後才能完成「十方圓明」的證境。已經「十方圓明」了，才能成就觀世音菩薩所證的「獲二殊勝」的境界而成為妙覺菩薩，這其實是佛地的境界，因為祂是正法明如來倒駕慈航來當菩薩。然而如來藏離見聞覺知，為什麼覺知心意識直接與祂相應時，就可以「獲二殊勝」而上契諸佛、下合十方六道眾生呢？當然是有原因的，也就是佛性的作用了。

記得五年前我們出版《護法集》辨正月溪法師邪見時（案：一九九六年），書中曾經講過「佛性不是見聞覺知，但不離見聞覺知」。佛性其實就是如來藏的妙真如性，如來藏自體離六塵中的見聞覺知，可是祂並不是石塊或木頭，祂是心，怎麼可能完全無覺無知呢？只因為祂的知覺性全都不在六塵中了別，永遠都對六塵不加了別，所以為了幫助未悟學人容易證悟，就為他們說「離見聞覺知」，這只是諸佛的為人悉檀。若是為了幫助已悟的菩薩們上進，可就必須再進一步說明了，於是才教導大眾親證佛性。我卻是爲了幫助眼見佛性的同修們瞭解佛性的內容，所以說佛性就是如來藏的妙眞如性。如來藏是離見聞覺知的，祂如何能在三界中精準地運作不斷，不會使因果律及世間法無因生、無因滅呢？原因都是因爲祂有妙眞如性，這個妙眞如性就是佛性。

正因爲如來藏有妙眞如性—佛性—的功德，這個功德其實是在因地就已經存在的；但愚癡眾生不知道，總是推給不可知、不可證的冥冥上帝（上帝是無法被重複證實的），都是因爲覺知心無法與如來藏的妙眞如—佛性—直接相應，所以無法成佛。所以是由於如來藏有妙眞如性—佛性—的功德，佛子依觀音法門修到「十方圓明」的境界時，也就是異熟習氣種子斷盡時，覺知心才能經由鍛鍊而直接與如來藏的妙眞如性相應；這時如來藏流注出來的佛性功德在直接與有緣的眾生心相應時，這位妙覺菩薩的覺知心意識就能完全了知，而可以運作自己的大神通力，來尋聲救苦、解除眾生的苦難，也能完全與諸佛互相契合，這就是直接與佛性相應而展現出 觀世音菩薩的功德。

所以，菩薩修到「十方圓明」時，必然是「上合十方諸佛本妙覺心，下合十方一切六道眾生」。菩薩這時爲什麼能夠「上合十方諸佛本妙覺心」呢？

爲什麼說是「本妙」？是因爲諸佛如來藏的佛性所有的功能差別，並不是修來的，而是本來就具足的，只是成佛以前的覺知心無法與這個功德相應罷了！既是本有的微妙功德，所以叫作本妙。又爲什麼叫作「覺心」？是因爲如來藏有本覺，這個本覺其實就是佛性，就是這部經中說的妙眞如性。這種本覺並不是落在一念不生意識境界的人所說的覺，他們所謂的覺是修來的，是生滅性的有生之法，所以是妄覺，不是如來藏本有的本覺！既然叫作本覺，當然不是如同石塊木頭一般全無知覺，只是祂的知覺不在六塵中運作罷了。

錯悟者所謂的覺，都是說前念妄念生起來以後，發覺了就用後面重新生起的淨念把它降伏下來，讓覺知心不再生起新的妄念，他們說這樣叫作覺，這其實是妄覺；凡是落入這種妄覺之中的人，馬鳴菩薩說他們是不覺；這在《大乘起信論》中講得很清楚，大家都可以直接找到，我們就不必舉證了。眞正的覺悟是覺悟第八識的存在，親自現觀祂確實有本覺；這個本覺就是佛性，是如來藏的妙眞如性，祂都知道眾生的身心，當眾生有需要時，祂都知道，也能配合眾生的需要而直接運作出來。所以要證得這個心的時候才是眞正的覺悟，才會有智慧現觀如來藏的本覺；然後就因爲能現觀本覺，才來施設說你是始覺位的菩薩；若是還沒有證得本覺的人就叫作不覺，所以凡是落在離念靈知而無法現觀六塵外的本覺的所有大師們，依照 馬鳴菩薩的定義，全都是不覺位的凡夫。

當你證得這個本覺時，就叫作始覺；然後從始覺的智慧漸漸深入觀察而了知以及修習種智，也就是開始悟後起修了，都叫作漸覺，最後到達佛地時才叫作究竟覺。因此，所有的覺全都要依附於本覺來說，若是離開了本覺時就沒有任何覺悟可言了。因此，證得本覺的人才是證得諸佛的「本妙覺心」；諸佛的「本妙覺心」就是第八識眞心，如果不是證得第八識，落在意根或者意識中，就不是證得諸佛的「本妙覺心」，所以當你證得如來藏心的時候，你才能開始成佛之道的進修，在此以前全都只是資糧位或加行位而已。

然而當你證得如來藏心而現觀如來藏確實有本覺的時候，還是無法像觀世音菩薩一樣與諸佛互相契合的；因爲這時的本覺還是在阿賴耶識的階段中，還沒有修到裡外俱淨；必須要修到無垢識階段，一切習氣種子都滅盡了，才能像 觀世音菩薩一樣成爲千手千眼大慈大悲的妙覺。所以才會有觀音法門中所說的不同階段、不同層次的修行過程與內容。那些還沒有斷我見、沒有明心、更沒看見佛性的人，竟然都說他們懂得楞嚴法會所說的觀音法門，甚至也有人敢公然宣稱已經親證了，膽子可眞夠大的。說一句老實話，連已經眼見佛性的十住滿心菩薩們，甚至十迴向位乃至初地的菩薩們，都還不敢說他們懂得或者親證，那些凡夫大法師以及附佛法外道們，竟然敢大聲說他們懂觀音法門、證觀音法門；所有眞實理解以及親證其中部分內容的諸地菩薩們，都只能搖頭嘆息罷了！

且先不說觀世音菩薩的證境，單說剛剛證得如來藏能觀察本覺的你們來說，當你們親證如來藏時，也會有一分慈悲生起的，自然會與諸佛心相應：「原來諸佛也是證得這個如來藏的本覺。」接著就會跟諸佛一樣有慈悲的力量生起，這時你會有少分慈悲心生起：「竟然那麼多的眾生被大法師、大居士給誤導了，好可憐。」你想爲那些被誤導的眾生講解，卻又發覺根本講不通；他們就是要迷信大名聲，你既沒有大名聲，不論你說什麼，他們都聽不進去，那你心中就會覺得很難過，這不就是有慈與悲產生了嗎？接下來不免會產生慈力：你當然忍不住，一定要想辦法讓眾生瞭解是如何被誤導的，要讓眾生離開錯誤的知見與行門，這就是初分「與佛如來同一慈力」生起了。爲什麼說是同一慈力呢？因爲同樣都是證得「本妙覺心」第八識，基於這個親證而發生的慈力，想要救護學佛人回歸正道，起了慈心而想要幫助他們，這就與諸佛一樣的慈力啊！諸佛全都是由於這個眞理而下生人間來度眾生的啊！

譬如《法華經》中說：諸佛示現在人間的唯一大事因緣，就是爲眾生開示悟入眞如與佛性。如今你由於證得眞如而起了這樣的慈心，是與諸佛一樣的慈心，這就是上合如來的同一慈力，雖然還是不究竟的，但已經發起第一分了，當然可以說是已經實證觀音法門的第一階段了，也就是「入流亡所」的理證上已經完成第一階段了。接著又說：「二者下合十方一切六道眾生，與諸眾生同一悲仰。」眾生都是不懂佛法的，也不懂聲聞聖者所證的涅槃；後來終於知道有佛、有涅槃，也開始學佛了，可是始終無法眞的進入佛道中，更別說什麼成佛了！那時心中仰望諸佛，想到自己學佛始終不得力，佛菩提道究竟有什麼方法可以入手實證呢？

心想：跟著大師們修學吧！可是學了二十年、三十年以後，才發覺連大師們自己都弄錯了，那麼不如自己進修吧！可是三藏十二部經論，浩如煙海，又要如何下手以及實證呢？眞的無法可想、無路可入。這時仰望諸佛的證境，是不是會生悲苦之心而對諸佛景仰不止呢？這不就是悲仰之心嗎？當你悟後眼看這個現象時，你還忍心六道眾生繼續輪迴不止而不出來度眾生嗎？還忍心看著努力學佛的眾生繼續被盲修瞎練的大師們誤導下去嗎？當然無法再安忍了，於是就基於「與諸眾生同一悲仰」的心境，願意不惜得罪諸方大師而開始救護眾生了。

這個如來藏心的本覺境界，是眞悟如來藏的菩薩們才能極少分知道的，是已經眼見佛性分明的十住滿心菩薩才能稍微了知的，是諸地菩薩們才能少分了知的，是八地以上菩薩們才能多分了知，是諸佛才能具足了知的，也是只有佛地才能以覺知心與如來藏的妙眞如性直接相應的。而 觀世音菩薩是正法明如來倒駕慈航來護持釋迦世尊正法的，所以楞嚴與法華中，才會有特別重視 觀世音菩薩的法義內涵講出來，這不是沒有原因的。

然而凡夫與二乘不迴心的聖者們，都與諸天天主一樣不知這個本覺，但一切有情其實都同樣有這個本覺，卻都是不知道而成爲不覺位的凡夫或愚人。這個本覺，阿拉不知道，耶和華不知道，耶穌基督更不知道；當你悟後觀察清楚了，就覺得他們好可憐。耶和華還在那邊說大話，說天地是他創造的；我說他根本就是說謊，因爲天地明明不是他創造的，他自己也知道不是他創造的，可是雖然他貴爲一教之主，還是完全不懂法界的實相，更別說菩薩的證境了，所以說他眞可憐，因爲他畢竟只是眾生中的一介凡夫而已。可是當你實證如來藏了，也已經眼見佛性了，繼續觀察的結果，一定會證實自己距離佛地的境界是那麼遙遠，眞是遙不可及啊！那時你自己也會對諸佛生起了悲仰的心，只是沒有像初學佛而無法證悟的凡夫們那麼強烈罷了。

可是你會爲眾生生起一分悲仰，因爲一方面覺得自己明心又見性了，想要到達佛地竟然還那麼遙遠；由此反觀眾生時，看見眾生們根本都還沒有悟，而且也不知道他們要再等到何年何月甚至何劫才能悟入，那不是更遙遠嗎？於是又爲眾生覺得很悲哀，又爲眾生多了一分悲仰。精進學佛想要實證的佛子們，常常覺得自己很悲哀，實證佛法的時間似乎是遙遙無期的，所以每一次唱讚佛偈時眼淚就一直掉，最後甚至於泣不成聲；但這都很正常，表示了生死的心很懇切，也是爲眾生覺得悲哀。所以禮佛時掉眼淚或念佛時掉眼淚，都不可恥，也沒什麼好害羞的，因爲這都是正常事。這時來看眾生，都會覺得眾生好可憐，離佛地還那麼遙遠，他們要等到何時才能成佛呢？

還有一種眾生是最可悲的，當他們被人誤導了還執迷不悟；即使你說破了嘴皮，他們還是不信自己被大師們誤導了，你卻又根本沒有法藥可以救他們，這時你當然會與眾菩薩們同一悲仰，覺得眾生好可悲、好可憐。當你證得如來藏以後，這種心就會自然而然發出，只是不像大悲 觀世音菩薩那麼具足而已。以上說的就是兩個殊勝，請問你們明心以後有沒有這兩個殊勝？（眾答：有）有嘛！只是還很少分、還沒有具足罷了！所以你們明心以後就發起了大心，心想：「現在到處都沒有了義正法，只有正覺這個法這麼好，而會外的眾生是不知道的，如今我不護持，誰來護持？」自然而然就發起大心鼎力護持了嘛！這都是很正常的現象。

如果悟了以後都不會生起這個心，就表示沒有這兩種殊勝法的少分，那一定是還沒有「上合十方諸佛本妙覺心」，表示他的悟是向別人打聽出來的，不是自己參究出來的，所以智慧出不來，當然無法「上合十方諸佛本妙覺心」，更不可能「下合十方一切六道眾生，與諸眾生同一悲仰」；因為還只是停留在知識情境中，不是經由實證而體驗出來的般若智慧；於是這種心境全部不會流露出來，當然不會鼎力護持正法，心中只想要趕快得法，至於正法流傳或不流傳、斷絕或不斷絕，都跟自己不相干。如果悟後還繼續有這種心態，那就表示他還沒有少分與這兩個殊勝法相應。

「世尊！由我供養觀音如來，蒙彼如來授我如幻聞熏聞修金剛三昧，與佛如來同慈力故，令我身成三十二應，入諸國土。」觀世音菩薩報告完了，接著作了結論：由於祂是在無數恆河沙劫以前供養觀世音如來，承蒙觀世音如來傳授親證諸法如幻的聞熏、聞修金剛三昧，能夠與諸佛如來同樣出生了慈力的緣故，而使 觀世音菩薩的色身成就了三十二種應身，可以隨意化現於無數國土中。

明心了就是證得金剛三昧，《金剛三昧經》就是講如來藏的實證，所以《金剛三昧經》從凡夫地的阿賴耶識講起，經中說的多聞長者、大力菩薩等，都是有高低層次的；所以還沒到自己應該說話時，就不該造次先說。因此，以經中記載的每次法會中，菩薩或長者們的起身說法，都是有層次的，往往是越後出現的菩薩證量越高。而金剛三昧講的正是從凡夫地的阿賴耶識開始，講到菴摩羅識（也就是白淨識）佛地眞如心。《金剛三昧經》所講的金剛三昧，當然是講金剛心的常住不壞，證得以後心得決定而安住於這個金剛心的境界中，就是證得金剛三昧，就是「入三摩地」。

三界內外沒有任何一法是金剛性，只有如來藏是金剛性；因爲所有法全都可壞，只有如來藏心，性如金剛永不可壞。即使諸佛已經成佛了，也沒有辦法毀壞任何一個低賤有情的如來藏心，連意根都壞不了；一神教的上帝瞋心那麼大，也只能壞滅有情的五陰，根本壞不了任何有情的如來藏，所以證得這個心就是證得金剛三昧；證得金剛三昧而不退轉、心得決定，就是「入三摩地」——進入心得決定的境界中。

「如幻聞熏聞修，」是說要先聽聞熏習般若波羅蜜多，了知五蘊十八界身心全都如幻不實；並且聞熏金剛心常住不壞，具有能生萬法的功德，而祂自己常住涅槃中道之中，永不改易。聞熏之後具備正知正見了，於是開始如理作意思惟，然後付諸實修而從理上現前觀察以後，終於「入流亡所」了！然後聞修的時候開始尋覓金剛心如來藏，就不會再落入蘊處界中；因爲已經了知蘊處界如幻時，就會往別的方向參究而尋找如來藏了！最後證得了金剛心，還要再從金剛心來返觀自己的五蘊、十二處、十八界，再次證實沒有一法是眞實的，於是遠離了能聞與所聞、能覺與所覺、能空與所空，才能證得生滅法全部滅盡的境界，也就是一切無記性的異熟習氣種子全部滅盡了，才是「生滅既滅」，這時才有可能與如來藏的妙眞如性直接相應。

但這個如幻的現觀，是從思惟和觀行如來藏時證得如幻，這與眼見佛性的如幻觀實證大不相同。眼見佛性時，是在眼睛所見之下就看見山河大地、身心世界全都不實如幻，只有佛性眞實常住；當你眼見佛性時，是由眼見來證實一切如幻的。見性後所見一切全都如幻不實，在色聲香味觸法上面看見一切法時，就只看到佛性的眞實，山河大地世界身心全都變得很虛幻。這時並不是從眞如心如來藏來說眞實法，而是從所見的佛性如此眞實而說眞實法；而所見的山河大地世界身心的虛幻，並不是將眞實常住的佛性用來比對，而是眼見的當下就看見山河大地世界身心全都不實，不是像明心時經由如來藏的眞實常住不壞來比對出來的。

所以剛悟的時候明心證得如來藏，名爲金剛三昧；而十住菩薩眼見佛性而親眼所見山河大地等全都虛幻不實，這個三昧遠比明心的證境高，這卻是如幻三昧；這當然是與金剛三昧有些不同，卻是修習觀音法門的菩薩們，遲早都必須經歷的過程。可是想要達到觀音法門的中等階段或是後面階段，當然還是要有四禪八定的配合，以及各種智慧三昧的配合來觀行，才能成就的；絕對不是那些附佛法外道所說的，不必斷我見、不必明心、不必眼見佛性就能證得的。譬如「如幻聞熏聞修金剛三昧」的實證，還包含八地菩薩所證的如幻三昧，能夠於相於土都得自在，那已經是另一個層次的如幻三昧了！這也是《金剛三昧經》中所說的金剛三昧之一；所以佛法不是那些假名大師們所說的那樣簡單，不是離念就行了，也不是聖嚴法師所說放下我所的煩惱就行了，那都還在凡夫境界中呢！

觀世音菩薩說，由於金剛三昧的實證，才能「上合十方諸佛本妙覺心」，不是如同因地證得如來藏的境界，所以才能「與佛如來同一慈力」；正因為如此，就能同時「下合十方一切六道眾生，與諸眾生同一悲仰」。以此緣故，使觀世音菩薩成就了三十二應身，於是就能處處化現而隨順眾生心，時時「入諸國土」救苦救難。

觀世音菩薩有三十二種應身，所以常常有人會看見各種不同法相的觀世音菩薩雕像，那些不同法相都是有緣由的。也因為這個緣故，所以大陸有很多地方的觀世音菩薩雕像，法相特別不同，因此而有青頸觀音等等法相。青頸觀音的觀世音菩薩像，脖子是青綠色的，因為代人受毒而使某人感戴不已，於是就被觀世音菩薩所度。這也是觀世音菩薩的一種示現，當祂為人受毒以後卻能不死，可是脖子就示現變成青色的啦！於是人們衷心感戴而信仰觀世音菩薩，觀世音菩薩吩咐說要學佛，大眾就開始學佛了。還有魚籃觀音、白衣觀音、馬郎婦觀音、竹林觀音，這些算是大家比較耳熟能詳的。

其中馬郎婦觀音就很少人見過了，馬郎婦觀音是少女形相，畫得非常漂亮、年輕；馬郎婦觀音的雕像都是雕在一條船上，是因為大家都不肯學佛，所以觀世音菩薩化現為一位少女，公開徵親來度眾生。這故事是說，有一位少女站在一條小船上，她長得非常美麗，那時大眾都不信佛、不學佛，祂就化現爲一個很漂亮的少女：「我要公開徵求一位夫婿，如果誰想要娶我，就努力背誦經典。」於是她提出經典給年輕男人背誦。「誰能夠背誦最快完成，我就嫁給他。」於是有很多年輕男人努力背誦經典。因爲她實在太漂亮了，大家都想要娶回家。一部又一部、一次又一次背誦比賽，後來選出一位背得最好的人，那個人姓馬，人們都稱他爲馬郎。選定了，這位少女就嫁給他，可是才剛剛嫁過門，突然間就變老了，隨即又變醜了，接著又死掉了，隨即出現不淨觀的境界相，然後突然間就變成白骨一堆啦！這些都是在很短時間裡完成的；馬郎看到這個情況，看到無常，於是就出家去了，當然他出家後就度了很多人學佛。這就是馬郎婦觀音的本事。

這表示 觀世音菩薩有三十二應身，可以在種種因緣下作種種神變，度人學佛了生死，聽說這是在中國所發生的眞實故事。而魚籃觀音也是曾經發生過的事實，至於白衣觀音則是最多人曾經感應到的。儘管印順法師不承認有 阿彌陀佛、觀世音菩薩，但實際上卻是眞實存在的佛菩薩，因爲曾經有很多人感應到。而我自己此世也是承蒙 觀世音菩薩的加被，才離開某個道場而自己參究出來的。所以不能隨便一句話就否定誰，隨便亂說某某菩薩不是佛教史上的眞實人物；因爲 世尊說法時，一定不是只有人類來聞法及護持，往往還有天界以及他方世界的大菩薩們一起來聞法護持的。

譬如印順否定 阿彌陀佛，說 阿彌陀佛是不存在的，可是我以前也感應過 阿彌陀佛的加持；我初學佛時患胃痛，有一次痛得很厲害，那時是參加某寺念佛會的佛一，那天胃很痛，我請求 阿彌陀佛：「我的胃這麼痛，沒辦法好好修學佛法，請您加持我，讓我可以繼續用功唸佛。」那天我就趁著休息時間精進禮佛三百拜，拜完了，整整一週都沒有再痛；那一週之中也沒有吃胃藥，就是不痛。所以不能像印順一樣，感應不到就說沒有這位佛菩薩；他感應不到，卻有許多人感應得到。因此，觀世音菩薩是不是佛教歷史上存在過的人物，這議題並不重要；重要的是祂說的法義能幫助大眾實證佛法，重要的是祂曾經參與楞嚴法會而不一定以人類的肉身參加；而大眾也確實可以得到祂的加持與庇蔭，讓佛道的修學順利實證以及進展。觀世音菩薩說祂是在極樂世界而來參與楞嚴法會，說明祂由於慈力的緣故，有三十二應身能在諸佛國土利樂眾生、護持諸佛弘法；如果有人求祂，只要有因緣就能感應到而獲得幫助，因此說「身成三十二應，入諸國土」。觀世音菩薩接著又說：

【「世尊！若諸菩薩入三摩地，進修無漏勝解現圓，我現佛身而為說法，令其解脫。若諸有學寂靜妙明勝妙現圓，我於彼前現獨覺身而為說法，令其解脫。若諸有學斷十二緣，緣斷勝性勝妙現圓，我於彼前現緣覺身而為說法，令其解脫。若諸有學得四諦空，修道入滅勝性現圓，我於彼前現聲聞身而為說法，令其解脫。若諸眾生欲心明悟，不犯欲塵，欲身清淨，我於彼前現梵王身而為說法，令其解脫。若諸眾生欲為天主統領諸天，我於彼前現帝釋身而為說法，令其成就。若諸眾生欲身自在遊行十方，我於彼前現自在天身而為說法，令其成就。若諸眾生欲身自在飛行虛空，我於彼前現大自在天身而為說法，令其成就。若諸眾生愛統鬼神救護國土，我於彼前現天大將軍身而為說法，令其成就。若諸眾生愛統世界保護眾生，我於彼前現四天王身而為說法，令其成就。若諸眾生愛生天宮驅使鬼神，我於彼前現四天王國太子身而為說法，令其成就。若諸眾生樂為人主，我於彼前現人王身而為說法，令其成就。若諸眾生愛主族姓世間推讓，我於彼前現長者身而為說法，令其成就。若諸眾生愛談名言、清淨其居，我於彼前現居士身而為說法，令其成就。若諸眾生愛治國土、剖斷邦邑，我於彼前現宰官身而為說法，令其成就。若諸眾生愛諸數術、攝衛自居，我於彼前現婆羅門身而為說法，令其成就。若有男子好學出家、持諸戒律，我於彼前現比丘身而爲說法，令其成就。若有女子好學出家、持諸禁戒，我於彼前現比丘尼身而爲說法，令其成就。若有男子樂持五戒，我於彼前現優婆塞身而爲說法，令其成就。若復女子五戒自居，我於彼前現優婆夷身而爲說法，令其成就。若有女人內政立身以修家國，我於彼前現女主身及國夫人命婦大家，而爲說法，令其成就。若有眾生不壞男根，我於彼前現童男身而爲說法，令其成就。若有處女愛樂處身，不求侵暴，我於彼前現童女身而爲說法，令其成就。若有諸天樂出天倫，我現天身而爲說法，令其成就。若有諸龍樂出龍倫，我現龍身而爲說法，令其成就。若有藥叉樂度本倫，我於彼前現藥叉身而爲說法，令其成就。若乾闥婆樂脫其倫，我於彼前現乾闥婆身而爲說法，令其成就。若阿修羅樂脫其倫，我於彼前現阿修羅身而爲說法，令其成就。若緊陀羅樂脫其倫，我於彼前現緊陀羅身而爲說法，令其成就。若摩呼羅伽樂脫其倫，我於彼前現摩呼羅伽身而爲說法，令其成就。若諸眾生樂人修人，我現人身而爲說法，令其成就。若諸非人、有形、無形、有想、無想樂度其倫，我於彼前皆現其身而爲說法，令其成就。是名妙淨三十二應，入國土身，皆以三昧聞熏聞修無作妙力，自在成就。」

講記：觀世音菩薩又繼續說：「世尊！如果諸菩薩們進入到心得決定的智慧境界中，向上進修無漏法的勝妙證解而且求證現身就能圓滿，我便示現佛身而爲這些菩薩們說法，幫助這些菩薩們證得他們想要的勝妙解脫。如果在解脫道諸有學位中，愛樂寂靜獨居的微妙明了殊勝神妙，而想要在現法中就能圓滿的人，我於他的面前示現爲獨覺之身而爲他說法，令他獲得解脫。如果有一些人不愛樂獨居，他們共同修學想要斷除十二因緣支的每一支；想要實證因緣法而斷絕世間法，證得殊勝的勝妙解脫法，期望可以現身圓滿實證，我便於那些人面前示現緣覺身而爲他們說法，使他們證得解脫。如果是各種解脫道中的有學位學人已經證得四聖諦的緣生性空，繼續修道而想要進入諸法滅盡的殊勝法性中，而且想要現身圓滿實證，我就在他們面前示現爲聲聞阿羅漢的身相而爲他們說法，使他們證得解脫。」

「如果有眾生對於欲界貪愛之心已經明悟其過失了，因此而不毀犯欲界中的五塵諸法，想要使自己處在欲界中的色身清淨，我就在他的面前示現爲大梵天王之身而爲他說法，使他解脫於欲界的繫縛。如果有各種眾生想要在未來世生爲天主而統領諸天，我就在他們的面前示現爲釋提桓因的天帝身而爲他們說法，使他們成就將來成爲天主的期望。如果有眾生想要使色身自在地遊行十方虛空，我就在他面前示現爲自在天人的色身而爲他說法，使他來世可以成就。如果有眾生想要色身可以自在飛行於虛空中，我就在他面前示現大自在天的天人身而爲他說法，使他來世可以成就。如果有眾生喜愛統領鬼神來救護人間國土，我便在他面前示現四大天王手下的大將軍身相而爲他說法，使他未來世可以統領鬼神來救護人間國土。如果有諸眾生喜愛統治世界而保護眾生，我就在他面前示現四天王的模樣而爲他說法，使他來世成爲四王天的天王。如果有眾生愛往生在四王天的宮殿中驅使鬼神做種種事，我就在他的面前示現爲四大天王國土中的太子色身，爲他說法，使他如法修習而在來世成爲大天王的太子。」

「如果有眾生愛樂於人間當國王，我便在他面前示現人間的王者身而爲他說法，使他來世可以成爲國王。如果有眾生想要在人間成爲有名望的大族姓首領，喜愛世間有名望者之間互相推讓的風光身分，我便在他的面前示現爲長者之身而爲他說法，使他成就這個願望。如果有眾生喜愛談論出世間法中的名言法相、用來清淨他所居住的村落，我便在他的面前示現居士身而爲他說法，使他可以成爲居士。如果有眾生喜愛治理國土、於城邦邑落中剖析判斷各種事務，我就在他面前示現宰官身而爲他說法，使他可以成爲宰官。

如果有眾生愛好各種數算與技術、用來攝受世間法上的利益而保衛自己與居家的安全，我就在他面前示現婆羅門身而爲他說法，使他可以成就這些功德。」

「如果有男子愛好修學出家法、喜歡受持各種戒律，我便於他的面前示現比丘身而爲他說法，使他可以如法出家而成就清淨梵行。如果有女子愛好修學出家法、喜樂受持種種禁法與戒律，我便在她面前示現比丘尼身而爲她說法，使她可以如法出家而成就出家法。如果有男子愛樂在家受持五戒，我便於他的面前示現優婆塞身而爲他說法，使他可以如法受持五戒成爲優婆塞。如果有女子喜歡受持五戒安居於家中，我便於她的面前示現優婆夷身而爲她說法，使她可如法受持五戒而在家安居。」

「如果有女人喜歡成爲人間的國母或大官的夫人，以內政建立身心而修整家庭或國家的後宮，我便於她們的面前示現女主身或者國大夫人、命婦之身、大家庭的女主人等身分，因此而爲她們說法，使她們可以如法治理內宮、官家、大家庭。如果有眾生不想毀壞童男身分，我便於他的面前示現童男身而爲他說法，使他終生成就童男身而修持清淨梵行。如果有未經人事的女人愛樂清淨處身，不想尋求男根的入侵或暴虐，我便於她的面前示現童女身而爲她說法，使她可以保持童女身而成就清淨梵行。」

「如果有各種天人希望出離於天人的身分，我便示現天人身而爲他們說法，使他們可以如願脫離天人的身分。如果有各種龍類有情樂於出離龍的身分，我便示現龍身而爲牠們說法，使牠們可脫離龍身。如果有四王天中的藥叉們希望越度於藥叉的身分，我便於他們的面前示現藥叉身而爲他們說法，使他們可以脫離藥叉身。如果忉利天中的音樂神希望脫離音樂神的身分，我就在他們面前示現音樂神的身分而爲他們說法，使他們如願脫離。如果有阿修羅樂於脫離阿修羅身分，我便在他們面前示現阿修羅身而爲他們說法，使他們可以脫離阿修羅身。如果有四王天中的歌頌之神希望脫離歌神的身分，我便於他們面前示現歌神的色身而爲他們說法，使他們如願脫離歌神身分。如果有久年修行的蛇精一類，希望脫離大蟒神的身分，我便於牠們面前示現大蟒神之身而爲牠們說法，使牠們如願脫離蟒蛇身分。如果有各種眾生樂於成爲人類或樂於修行成爲人類，我便示現人身而爲牠們說法，使牠們可以生在人中。如果有各種非人、有形、無形、有想、無想等類的有情，樂於越度他們原有的身分，我便於他們面前一一示現他們的色身而爲他們說法，使他們得以脫離原來的身分。」

「以上就是我所說微妙清淨的三十二種應身，是遍入各種國土之身，全都是由於佛菩提智決定境界的聞熏聞修產生的無爲無作微妙神力，才能隨處自在而成就三十二應身。」

「世尊！若諸菩薩入三摩地，進修無漏勝解現圓，我現佛身而爲說法，令其解脫。」剛開始幾個小段，是屬於出世間法的部分。觀世音菩薩說，如果有菩薩進入三摩地，也就是證得這個金剛三昧；換句話說，你如果已經明心了，可是世間沒有證悟很深的上位菩薩來幫你進修，那你就沒有辦法進修，那時又該怎麼辦呢？或者說有一天你明心了，也還沒有入地，可是人間連經典都沒有，你根本不知道悟後起修之道，也沒有善知識留下著作告訴你佛菩提道該怎麼悟後往上進修，那麼此時你該怎麼辦？那時想要進修「無漏勝解現圓」，根本沒有機緣，那時只要禱求 觀世音菩薩，祂就會與你感應而示現佛身在你面前，然後爲你開示成佛之道的內涵與次第。因爲明心之後才只是賢位的第七住，接著要如何邁向佛地呢？還是不知道啊！那就沒辦法具足無漏法，當然無法成佛。又如明心後還無法取證慧解脫或者俱解脫，而佛果是必須具足解脫果的，你卻還不懂聲聞無漏道，那時就應該禱求 觀世音菩薩。

如果你的世界中有大善知識可以指導你，你還不信，還要求 觀世音菩薩，那祂就不會爲你感應啦！因爲殺雞不用牛刀，也因爲你心中一定是慢心很重。如果你的世界中沒有大善知識可以指導你悟後進修之道，那你禱求時一定會感應到，觀世音菩薩會示現佛身來開示悟後進修的成佛之道：**你如今明心了，見一處住地斷了，可是還有欲界愛、色界愛、無色界愛必須斷除，才能證得無漏的阿羅漢果位。**那你就知道還有三個煩惱要斷除，才能斷盡思惑而證得無漏位。而這個解脫果是可以現身實證圓滿的，所以說「**無漏勝解現圓**」。可是這樣也只是阿羅漢，還不是成佛，依舊不是佛菩提果中的「勝解現圓」；所以 觀世音菩薩會繼續指導你：修學佛菩提道總共有五十二個階位，每一階位應該怎麼修；十地的修道內容與順序，又應該如何次第進修。這就是「**現佛身而爲說法**」，你就可以證得解脫果與佛菩提果。

「**若諸有學寂靜妙明勝妙現圓，我於彼前現獨覺身而爲說法，令其解脫。**」「若諸『有學』」，凡是還沒到究竟地的聖者都屬於「有學」，有時又簡稱爲「學」，也就是已經親證了，但還沒有圓滿，還必須再修學的意思。這些有學位的聖者們都屬於二乘菩提中的學人，他們要學什麼呢？學「寂靜妙明勝妙現圓」。有學或無學都是指二乘菩提解脫道中的修行者，在大乘佛法

（佛菩提道）中是不說有學或無學的，而是以五十二個位階來顯示菩薩們的果證。這些「有學」位的聖者們所學，爲什麼叫作「寂靜妙明」呢？是說他們要修學的是絕對寂靜的出三界境界，出三界的寂靜境界就是無餘涅槃。無餘涅槃中爲什麼寂靜呢？因爲已經把十八界滅盡，沒有六塵也沒有六識與六根，所以全無自我存在而離見聞覺知，也離一切思量，所以是絕對寂靜。

我在《平實書箋》中不是有講到「麟喻」嗎？這是指麒麟。龍有麟，麒麟也有麟；然而龍往往會相處在一起，麒麟卻是獨居的，牠的境界比所有的龍高，但卻只顧自己而不顧別人，這就是獨覺——辟支佛。只要自己把因緣法學通了，自己得度就行了，他是不管眾生度不度的，所以絕不爲眾生說法。如果他去托缽時，眾生布施給他一餐，他最多就是用神通飛走，讓眾生心裡想：「我供養到聖者了，眞好！願我將來也能像這位聖者一樣。」就這樣而已。說明這種心態的言語譬喻，就叫作「麟喻」。還有另外一種叫作「部行」，「部」是按部就班的部，「行」是行走的行，「部行」是第二種辟支佛，這第二種辟支佛，我們等下週再來分解。

今天有兩張問題：第一張不唸給大家聽，因爲文字很長，這是談到本會的一些內規，談到……（講經前的當場答問，因與本經法義無關，故移轉到《正覺電子報》〈般若信箱〉，以廣利學人，此處容略。）

第二張提問中有三個問題，第一：「上星期老師您所開示《楞嚴經》中的觀世音菩薩耳根圓通法門的修行次第，與本會所修的無相念佛所證悟的明心見性有何不同之處？」如果你明心了，上週我所講的，你就已經知道什麼地方相同以及什麼地方不同；如果還沒有明心，我跟你講了，你還是聽不懂，只是浪費大家寶貴的時間再重說一次，所以這個題目就不跟你答覆，等你悟了再來讀將來整理好的講記，就會明白啦！

第二：「耳根圓通法門修行次第和階段式明心和階段式見性……」耳根圓通的這一段本文中並沒有談到見性，但是也函蓋見性在裡頭，否則達不到那個層次。但那是要先在理上把觀音法門修行完成，再作事上的觀音法門實修，才能夠到達見性的地步；而見性時也只是觀音法門中的最前面階段中的一小部分；所以是理上與事上的「入流亡所」都必須重複觀行的，不是簡短經文中可以表達清楚的。而且理上和事上我們在上週都講過了，所以這裡也不需要再重複答覆。你如果想要知道的話，等你明心與見性兩關都實證了，再來回想我上週所說的法義，自然就會懂得，所以我今天也就不必浪費時間重複作答。

第三：「修到最後階段生滅既滅，寂滅現前，是佛地的境界嗎？或只是明心見性而已？謝謝！」上週我有講過某一個部分是明心，至於理上的「寂滅現前」，我們上週已經說得很清楚，那只是明心而不是佛地的境界，今天就不必再重複講解。佛地的境界，是要明心也見性以後，再悟後起修的。因為楞嚴法會中的圓通，有很多是講見道的層次；後面接著就會講到，大約下週或下下週就會講到，大家就會瞭解這是見道的層次，不是佛地的境界。至於觀音法門的圓通，是包含見道乃至佛地的境界，不是簡單的幾句話就可以解釋清楚的。

會外有很多人說「明心了就是開悟」，這個是正確的說法，但不能誤會而接著說「開悟了就是成佛」，我聽聞□耀法師他們曾經胡扯，批評我們說：「開悟了就是成佛，台北有一個道場說他們有一百多人開悟了，那就應該有一百多人成佛了。」於是就說我們的法有問題，這就是不懂佛法的法師。開悟當然是明心者，但開悟並不等於成佛；否則當年佛陀座下有許多開悟的菩薩，他們究竟是已經成佛或是尚未成佛呢？只要請他們答覆這個問題，他們就會知道自己實在不懂佛法。我對他們的勸告是：凡是佛法中不懂的部分，你就不要評論或講解，否則不免出紕漏。你若還沒有悟，就沒有資格談悟的事，更沒有資格評論證悟的人，除非那個人悟錯了，你能引經據典破斥他，而你不會被駁倒。沒有悟的人想要評論悟的內容，還敢評論證悟者所說的法義，就一定會成爲誹謗法寶與大乘勝義僧，那是毀破菩薩戒中的十重戒，不是小事。所以我說□耀法師太膽大了。拉回到問題來，我要說的是，理上的「寂滅現前」就是本來自性清淨涅槃，這只是第七住菩薩所證的境界，還不到眼見佛性的境界。這樣答覆，提問者就應該能夠瞭解了。

接下來……。（講經前的當場答問，因與本經法義無關，故移轉到《正覺電子報》〈般若信箱〉，以廣利學人，此處容略。）好！我們接下來講《楞嚴經》，上週講到一〇二頁，這二句還沒有說完：「我於彼前現獨覺身而爲說法，令其解脫。」我們上週講到有兩種辟支佛：一種是「麟喻」，另一種是「部行」。「麟喻」是以麒麟來作譬喻，說他獨來獨往，不管別人，從來不與別人群居於同一處，也不管別人能否親證，只管自己，就是指獨覺心性的辟支佛。至於「部行」，是說群居在一起互相照顧共同修證因緣法的人。這兩種人都出現於無佛法的時節。如果出現於有佛法的時節而證得因緣法，雖然已有緣覺的果證，那仍然是阿羅漢，不是辟支佛，屬於聲聞人所攝；譬如終生不迴心大乘而結集四阿含的大迦葉等四十位阿羅漢，他們也是有實證因緣法的，但只是阿羅漢。

又如 佛陀開始第二轉法輪時期就立即迴心大乘的所有阿羅漢們，譬如舍利弗、目犍蓮、須菩提、富樓那、迦旃延……等人，都同樣是實證因緣法的聖者，但全都是經由聞 佛說法而證悟因緣法的，所以都屬於聲聞人而不屬於獨覺。這段經文中說的辟支佛是說「麟喻」的獨覺，不是說「部行」的緣覺，更不是指聞 佛說法而證因緣法的阿羅漢們。

「麟喻」是獨覺，獨來獨往也獨住。「部行」是緣覺，群居在一起而會互相指導來修學因緣法，同樣都是證得辟支佛果。同時證得緣覺法的「聲聞」，則是聽聞 世尊說法而證得四諦八正，又聞 世尊說法而證得因緣法，雖然也有辟支佛的智慧與本質，但卻出生在有佛之世而經由音聲聽聞才能證得緣覺法。「部行」類的辟支佛，群居在一起，也會互相指導因緣法的修行；所以並不是所有辟支佛都獨來獨往，他們只是不想繼續住於人間利樂眾生，只是不懂佛菩提道，所以成為「部行」。這是講兩種辟支佛，因此，「獨覺」之所以名為獨覺，是因為他出生在無佛之世，必須自己獨自求悟因緣法，也不與他人群居共住，所以成為獨覺。

不論是獨覺、緣覺、聲聞，所修的都是解脫道，不是菩薩所修的佛菩提道。但是也有實證緣覺智慧的聲聞人，因為有緣聽聞佛菩薩所說的佛菩提道而迴心於大乘，就成為辟支佛位的菩薩，可以稱為辟支佛菩薩；這是以聲聞身迴入大乘，是已經證得解脫之後迴入大乘成為菩薩而修學佛菩提道。這也是說，大乘法函蓋二乘法；也正因為如此，所以觀世音菩薩說，如果有一些有學位的獨覺心性修行者，對於「寂靜妙明勝妙現圓」的涅槃境界有所希求，觀世音菩薩就會在他的面前示現獨覺身相，為他說法而使他能夠證得解脫。所以 觀世音菩薩不是只有教人修證佛菩提而已，也常常教人修證二乘菩提，是因為對方的根器是獨覺的緣故。

「若諸有學斷十二緣，緣斷勝性勝妙現圓，我於彼前現緣覺身而為說法，令其解脫。」這一段經文是講二乘法中修學因緣法，但仍在有學位而共住在一起的學人，當然是專指正在修學十二因緣觀而尚未證得辟支佛果的人們。有些人把聲聞與緣覺作了分割，認為聲聞人不懂緣覺法，所以不斷因緣法的十二有支，那是不正確的觀念。在四阿含的很多部經典中都可以看見佛陀也為聖弟子們解說因緣法的觀行，所以也有許多人證得十二因緣法的現觀而斷了十二有支，譬如舍利弗、須菩提、目犍連、大迦葉、迦旃延……等，他們都已經證得緣覺法而完成因緣觀了！不過，他們對因緣法的觀行能夠成就，其實都是從 佛陀聞法而證的；既是從佛聞法而證，就表示都是聲聞人，不能稱爲緣覺。「聲聞」這個名字的由來，就是由音聲聞法而修證，不是自己觀察思惟所證的，所以叫作「聲聞」。在他們還沒有迴心於大乘之前，就說他們是專修解脫道的聲聞人。但是佛世證得阿羅漢果的聲聞人，後來大部分人已經迴心於大乘法中成爲菩薩了，所以並不是所有聲聞人盡形壽都是佛菩提道的焦芽敗種。

凡是在佛世聽聞佛陀說法的人都稱爲「聲聞」，可是聲聞無學聖者也都曾經聽聞世尊講解因緣法，所以也都已經證得因緣法而完成因緣觀；這些人當然會盡形壽繼續聞熏世尊所說的一切法義，當然也會繼續聽聞更勝妙的般若中道以及一切種智唯識增上慧學法義；所以陸續有人迴入菩薩道中修學佛菩提道，也是當然的事；所以轉入第三轉法輪時期，阿羅漢們大部分已經成爲菩薩，雖然在大乘經中仍然都只直呼其名，那只是在他們迴心大乘後尚未證悟以前的事；而且當時諸大菩薩們之間互相直呼名號也是平常事，這卻是許多現代學佛的大師與學人們都不知道的事實。那麼菩薩既然還是從音聲聞法中才能證得佛菩提，所以也可以叫作菩薩聲聞，這在我們禪淨班的教材中也有說到。

所以大家的觀念別混淆了，別說聲聞人一定是跟大乘佛菩提不相應的人。世尊說法是有次第性的，是先說聲聞法來建立大家的信心，然後才開始演述大乘般若與諸地所修的唯識增上慧學；所以剛開始聞法修學而證得聲聞果的阿羅漢們，並不是都無菩薩種性的聲聞人，只是剛開始還沒演述佛菩提而使他們先成爲聲聞阿羅漢罷了！然而不論是菩薩或阿羅漢，全都是藉由世尊的音聲來證道的，所以菩薩也屬於聲聞所攝，因爲都是從音聲聞法而來。當然諸位也算是聲聞，叫作菩薩聲聞而不是二乘法的聲聞，因爲你們也是從善知識的音聲聽聞三乘菩提法，才實證佛菩提和二乘菩提，所以也稱爲菩薩聲聞，因此聲聞這兩個字是可以函蓋三乘人的。

但因爲法有三乘差別，也因爲聲聞人中有一部分人是永遠都不可能迴心於大乘法的，那就是眞實聲聞、狹義的聲聞人，就說他們沒有佛菩提種，必定會於捨報時取無餘涅槃，所以不是菩薩。因爲他們的心已經決定不迴轉於大乘法中，是決定性的聲聞人，所以又叫作「定性聲聞」。觀世音菩薩說，有人在聲聞法中同時修學因緣法，這些同住一處而修學緣覺法的人們，若是想要求證因緣法而到達「勝妙現圓」的地步，如果他們祈求 觀世音菩薩，菩薩就會在他們面前示現緣覺身而爲他們說法，也就是示現辟支佛的身相來爲他們說法，讓他們證得緣覺的解脫果。

「若諸有學得四諦空，修道入滅勝性現圓，我於彼前現聲聞身而為說法，令其解脫。」如果是修學四諦八正解脫道的聲聞人中，有一些人還在有學位中，當他們想要證得四聖諦八正道所修的蘊處界空相，想要繼續進修解脫道而斷盡我執、進入涅槃寂滅的解脫境界中，可是還無法到達阿羅漢果位，所以「修道入滅勝性」仍不能「現前圓滿」，因此而禱求　觀世音菩薩；那麼觀世音菩薩就會在那些人面前，示現聲聞聖者阿羅漢身分而為他們說法，使他們對聲聞解脫道的「修道入滅」，可以繼續進修而達到「勝性現圓」，也就是達到解脫的殊勝體性可以現前圓滿。

聲聞解脫道所修的「空」，並不是大乘法中所說的「空性」；聲聞四聖諦之所證，都是在蘊處界的**緣生性空**上面作觀行，所以他們所證的只是蘊處界空的法相，不能證得自心如來空性，所以叫作**四諦空**而不是**般若空**。聲聞法中有時也會有人修學四聖諦法，證得我空，斷了我見、證了初果；所以在有學位中想要往前進修而證得無學道—想要在修道位中進修而證得完全滅盡蘊處界的無餘涅槃境界—也就是想要完成「修道入滅」的過程，希望對無餘涅槃的殊勝法性可以現前圓滿觀行完畢；所以當他禱求　觀世音菩薩以後，觀世音菩薩就會在他面前示現聲聞阿羅漢的身相而為他說法，使他知道後續進修的道理與方法，由此開示而實修，現前證得圓滿解脫而出三界。

關於證得聲聞阿羅漢解脫果的法義，這裡暫且不說，如果諸位想要瞭解，把《邪見與佛法》重複多讀幾遍，自己去配合四聖諦加以觀行，就可以瞭解了。那麼緣覺法的因緣觀，我們在《楞伽經詳解》中也會常常解說，會從不同的方向來加以演述，在第七輯中有談到一部分，第八輯出版時將會談得比較多一點，因爲第八輯主要在討論涅槃，所以第八輯在涅槃上面著墨很多。並且恐怕大眾不能瞭解無餘涅槃的眞實道理，所以又把印順法師對於涅槃的誤解拿來作分析和比較，那麼諸位這樣互相對照閱讀以後，對涅槃就可以有更多的了知，所以這個部分我們在這裡不作更多解釋。（編案：《楞伽經詳解》十輯都已出版，後來平實導師寫了《識蘊眞義》，又寫了《阿含正義》七輯，對聲聞解脫道的實證有興趣的讀者，可以向各大書局直接請購，依書中所說實修以後，取證初果與二果並不困難，這是現生就可以實證的。）

「若諸眾生欲心明悟，不犯欲塵，欲身清淨，我於彼前現梵王身而為說法，令其解脫。」觀世音菩薩也照顧到眾生對於人天善法的需要。佛法中說有五乘，在三乘菩提之外還有人乘與天乘。從這一段經文開始，敘述觀世音菩薩以其圓滿的證境與功德，普遍圓滿地照顧眾生的需求，下至人天乘方面的部分也能照顧到；所以當眾生的欲心已經明瞭其中的過失了，悟知住於欲界中會有什麼過失了，於是想要求生到無欲的色界天中去，所以禱求觀世音菩薩的幫助。「不犯欲塵，欲身清淨」的眾生，已經「欲心明悟」了，想要遠離欲界，就屬於色界天的天乘法義了。

人乘是說，如果受持五戒而且嚴持不犯，捨報以後可以保住人身，來世繼續受生在人間，不會失去人身。天乘之法則是講十善業及四禪八定的修法。譬如欲界天的天乘，是要持五戒以後再加修十善業道；也就是消極面的不犯五戒，而十善業道是屬於積極面的行善。所以在持戒的消極面，身三業的殺、盜、邪淫，要反過來不殺、不盜、不邪淫，並且要勸化眾生不殺、不盜、不邪淫。十善業道中還有口四業，就是不妄語、不綺語、不惡口、不兩舌，除了自己要守持以外，還要反過來勸化眾生也持四個口業善法。此外還有意三業的貪、瞋、癡，除了自己不要墮於貪瞋癡之中，也要教導眾生遠離貪瞋癡，這是屬於意三業，也就是心三業；合起來總共是十種善業。受持五戒不犯以外，還要加修十善業道，才能往生欲界六天之中，這就是天乘中的一部分。

這個十善業道不僅是佛教中修學天乘的人要修，二地菩薩也要更精進加修十善業道。二地菩薩並不是只有二地的無生法忍必須修，二地的住地心菩薩們，除了二地的無生法忍以外，一樣要再精修十善業道；但這目的是在成就地上菩薩的可愛異熟果，與天乘中的佛弟子修學十善業不同。有些佛弟子是不修三乘菩提的，就是那些專修十善業道而求生欲界六天的人們。如果想要求生色界天中，除五戒十善以外，必須加修初禪到四禪的境界；加修禪定的境界以後，有成績了，就看他所修禪定證量的高低而分別往生於初禪三天、二禪三天、三禪三天乃至四禪四天之中，但都無法成爲梵王身。至於四禪天中的五淨居天，不是證得第四禪的天人、天主所能知道的；他們生到四禪天以後連聽聞都不曾聽過，就不必討論它，因爲是三果或諸地菩薩所往生的境界，也因爲這段經文講的都是凡夫求有爲法的境界。

這一段講的是示現梵王身，也就是說，眾生是想要求得梵王身，那就是說要生到色界天去當梵天中的天王，梵天就是色界天。初禪三天之中，是生在哪一天可以成爲梵天王呢？是初禪的第三天；二禪有三天，也是由第三天來當二禪天的天王；三禪也有三天，也是由第三天來當三禪天的天王。四禪則有四天，是由第三天來當四禪天的天王；至於第四天是無想天，只有無想天人的天身存在，大家都入住無想定中，所有人的意識都不現起，都沒有人在活動，因此不需要誰來治理無想天，所以沒有天王。從初禪天的天王到四禪天的天王，都叫作梵天王；顯示在外的梵天王的王身，就是梵王身。持五戒十善加修禪定，求生色界天是很容易的，只要發起初禪或四禪定境就行了！但是如果想要去那邊當梵天的天王，保有梵王身，可得要先在人間修集很多的福德，首先要做很多布施的福業，並且還要加修四無量心，而且所發起的禪定都是具足圓滿發起；這些全部具足了，才能成就梵王身。如果五戒、十善都有了，而且初禪善根發是遍身具足的，然後加修四無量心的慈無量心成就，才能到初禪第三天去當初禪天的梵天王；加修悲無量心具足圓滿時，可以到二禪天的第三天去當梵王；加修喜無量心圓滿具足時，可以到三禪天的第三天去當梵天王；加修捨無量心圓滿具足時，才能到四禪天的第三天去當梵天王。

但是醜話說在前頭，如果不是以菩薩世世可愛異熟果的果報而修四無量心，而是以想要當梵天王之目的來修證四禪及四無量心以及大福德，你在修證禪定時將會有很多障礙；因爲當你在修四無量心時，現任梵天天王的宮殿都會震動，他們就會尋找是誰在修四無量心，想要他的寶座；他們隨即會找到而來障礙你。所以請諸位將來修學枯木禪時，假使證得禪定了，可別因爲初禪、二禪成就了，就想：「我初禪成就了，可以修慈無量心，那我還是修慈無量心以後去當梵天王吧！」千萬別起這種心，因爲那是世間有漏有爲法，不是我們所要的出世間法。而且，以這樣的心態修證無量心時，初禪天的天王會觀察你的福德，如果你的福德已經超過他了，你修成以後就可以搶到他的寶座，他將會很生氣，一定會來障礙你，你將很難修成，所以我在這裡預先對諸位說明。

這就是說，若是想要證得梵王身，當然要先知道修習什麼法；也就是要持五戒、修十善（十善業得要很努力才能修集到擔任梵天王所需要的大福德），再加修四禪定力，然後依四禪所能分修的慈悲喜捨四無量心去修。這個就是示現梵王身時的觀世音菩薩會爲眾生開示的法義。這就是說，想要明悟如何是不會淪墮於欲界中的法，所以是「不犯欲塵」；因爲如果想要當梵天的天王，至少是初禪善根發具足的色界天境界，不在欲界中，所以一定要先斷除對欲界五塵的貪著，其中最主要的是斷除欲界的男女細滑觸，這叫作「不犯欲塵，欲身清淨」。如果有這樣的人向觀世音菩薩祈求，菩薩就示現梵王身，告訴他成就梵王身而解脫於欲界痛苦和不淨的法門；如法修習以後便解脫於欲界輪迴，不會再受生於人間或欲界六天，更不受生於三惡道中；這是解脫於欲界，但不是三乘菩提中所說的解脫。

「若諸眾生欲為天主統領諸天，我於彼前現帝釋身而為說法，令其成就。」「天主」講的是欲界天的天主，欲界天為什麼要設天主呢？因為欲界天共有六天，當然各天都要有天主；而且第二天的忉利天又分為三十三天，在三十三天裡面當然也要設一位最高的天主來率領其餘三十二天，並且要管轄四王天的四大天王，所以也要有天主之位。如果有人想要在欲界忉利天當天主，觀世音菩薩就示現帝釋身，也就是示現忉利天天主的天身之色相為他說法，教他怎麼修行，可以將來捨報成為忉利天的天主。

想成為忉利天的天主，主要是修什麼？除了修五戒十善以及種種利益眾生的福德資糧的修集以外，主要就是護持正法，如果有菩薩在人間出現，努力弘揚宗門了義正法時就要去護持；這個護持二字，主要是在宗門正法的弘傳上面去消除種種橫逆與障緣。這當然是說還沒有證悟的佛弟子，祈求成就釋提桓因的天主身分。如果有菩薩在人間弘法，他就必須去護持正法，並且要去勸請菩薩久住人間。如果菩薩有一天說：「這些五濁眾生太差了，我不想度了。」這時他就要去勸請菩薩久住人間。就好像　佛在人間示現成佛說：「眾生難度，不如入涅槃。」那他就要效法大梵天王一樣，也去請　佛住世、轉法輪。

所以平常要努力護持菩薩弘揚正法，這就是釋提桓因的主要任務。但是帝釋天釋提桓因所做的請轉法輪、護持正法的工作，有時卻是由二地菩薩來做；也就是說，若是沒有人有資格當忉利天天主時，二地菩薩就發願：「既然沒有人做，我就去做吧！」在沒有人願意去擔任天主職務時，也會有更高位的菩薩發願擔任，所以現在有這麼一位菩薩是誰呢？是韋陀菩薩，據說他是賢劫千佛中的最後一佛，專門來護持賢劫中一切佛的正法。不要把韋陀菩薩當作是一般的釋提桓因，所以他在善法堂中也能為大眾解說無生法忍妙法。這是說，如果有人想要當釋提桓因——忉利天的天主，觀世音菩薩就示現帝釋身而為他說法，讓他去修行，漸漸成就忉利天天主所應該具有的功德，捨報之後生到忉利天去當天主，可以統領諸天。

「若諸眾生欲身自在遊行十方，我於彼前現自在天身而為說法，令其成就。」如果有眾生希望捨報之後不要再生而為人，未來世重新受生以後，可以自在地遊行十方；意思是要成為自在天的天人，來世要往生到欲界第五天的化樂天，也就是自在天。當他禱求觀世音菩薩以後，如果有緣，菩薩就在他面前示現自在天身而為他說法，教導他如何能夠在捨報後成為自在天的天人。未來世生到化樂天去，就可以具足遊行十方的自在功德。

「若諸眾生欲身自在飛行虛空，我於彼前現大自在天身而為說法，令其成就。」如果有人希望未來世可以飛行在虛空中，也就是獲得他化自在天的天身，可以隨意在欲界六天中到處飛行自在；當他禱求　觀世音菩薩以後，菩薩就在他的面前示現為大自在天身，為他解說如何往生他化自在天的修行法門。為什麼欲界的第六天會叫作他化自在天呢？是因第五天的化樂天人自己可以隨意變化，當他需要什麼享樂的事物時，心中作意變化就會出現；可是他化自在天人懶得自己變化，所以往往化樂天人變化了某些物資時，他看見了若喜歡，就拿來自己受用；是由別人變化而由他取來使用，是於他所化而得自在，所以叫作他化自在天。他化自在天的天主就稱為大自在天，目前大自在天的天主是天魔波旬，所以大家目前都別求生他化自在天。

「若諸眾生愛統鬼神救護國土，我於彼前現天大將軍身而為說法，令其成就。」這就是說，有些人希望生到四王天去，成為四大天王的眷屬而擔任四王天中的大將軍，就可以統領一切的鬼神，就能驅使鬼神們來救護人間國土。那麼請問：土地公在不在天大將軍的管轄之下？在嘛！因為土地公也屬於鬼神，但是他跟鬼神有什麼不一樣呢？為什麼會被稱為福德正神呢？因為他也修集了很多福德，但是不想當人，或者有某些缺陷而無法再當人，於是成爲有福鬼；可是他又無法生到四王天中，只能在人間成爲有福鬼；既是有福的鬼，爲什麼又稱爲正神？因爲他是由四王天的天王向忉利天主呈報後所任命的，歸四大天王座下的大將軍所管；但因爲他的心地正直，在世時也曾或多或少修集了福德，又是由天界所任命而與一般鬼神不同，所以就稱爲福德正神。

四王天有四位天王，每一位天王手下都有幾名大將軍，各自統領人間所有鬼神，人間所有福德正神，都歸他所管。不但如此，山域、曠野等城隍，以及鄉城隍、鎭城隍、縣城隍、府城隍乃至京畿城隍，全都歸四王天手下的大將軍們所管，所以天大將軍可以統領一切鬼神。福德正神與各級城隍都是由四大天王代向忉利天主（台灣俗語稱爲「天公」），也就是向釋提桓因（玉皇上帝）求得誥封，所以福德正神是有誥封、有派令的，不同於鬼神，因此稱爲正神，其實本質還是屬於鬼神。人間所有鬼神都歸四王天手下的許多位天大將軍所管轄；天大將軍則歸四大天王管轄，四大天王又歸忉利天的天主釋提桓因（玉皇上帝）所管轄。這是說，如果有人喜歡統領鬼神，覺得這樣很威風，他願意統領鬼神來救護人間國土，保護人類不被惡鬼邪神所殘害；所以他喜歡當四大天王手下的天大將軍，當他禱求觀世音菩薩以後，菩薩就示現四大天王手下的天大將軍模樣，爲他教導一些方法去實行，捨報後就可以往生四王天而成爲天大將軍，如願統率鬼神來保護人間眾生。

「若諸眾生愛統世界保護眾生，我於彼前現四天王身而爲說法，令其成就。」如果有某一些眾生喜愛統治世界而保護眾生（因爲人間是由四王天的四大天王來保護的），那麼他就得求生四王天中，而且得要成爲四王天中四大天王之一，才能率領天大將軍來保護人間的眾生；於是他向觀世音菩薩禱求，菩薩就在他的面前示現四天王的模樣而爲他說法，使他依法修行而在來世成爲四王天中的天王。

「若諸眾生愛生天宮驅使鬼神，我於彼前現四天王國太子身而爲說法，令其成就。」如果有某一些眾生喜歡生在四王天的宮殿中，成爲四大天王的太子，可以驅使鬼神做種種事；當他們向觀世音菩薩禱求以後，菩薩就在他們面前示現爲四大天王天宮中的太子模樣來爲他說法，使他如法修習，在未來世就成爲四大天王的太子。四大天王有多少兒子呢？或許有幾十人、幾百人或一千人。人間的轉輪聖王都能有一千個兒子，四王天的天王也許不止一千個兒子吧！他們當然要在這些兒子中選出一個人當太子，成爲所有兒子中的爲首者，那當然要修集足夠的福德，還得是最有智慧、最雄壯威武。這當然必須先在人間修集足夠的福德，才能出生於天宮中成爲太子。如果生爲四大天王的兒子或是太子，當然可以驅使欲界的四王天和人間的鬼神來做各種事情。有的人很喜歡這樣，所以觀世音菩薩就示現四大天王的太子模樣而爲他說法，讓他們來世可以成就。

「若諸眾生樂爲人主，我於彼前現人王身而爲說法，令其成就。」如果有的人喜歡在人間當國王，擁有賞罰和生殺予奪的大權；而且國王可以擁有很多女人，享盡人間的五欲。如果有人想要當國王，觀世音菩薩就在那種人禱求以後，在他面前示現人王之身，爲他開示如何在未來世成爲國王的法門，讓他修習而在未來世成爲國王。

「若諸眾生愛主族姓世間推讓，我於彼前現長者身而爲說法，令其成就。」如果有眾生喜歡在人間處處作主、站在高位爲人調停，當然就必須出生在有名望的大家族中，而且是不久便可以成爲大家長；當他成爲大族姓的大家長以後，大眾都願意聽信他的話，所以凡是有糾紛時，大眾就會來找他當調停人，請他來幫忙推斷事情。或者當人間有某些事情需要有人來擔當主持者的角色時，由於他是有名望的長者，往往會被人推爲首領；在這種過程中總是需要推讓一番的，正在推讓的過程中可就面子十足了，這就是「世間推讓」。如果有人喜歡這樣，因此而禱求 觀世音菩薩滿他的願，觀世音菩薩就會在他面前示現長者身爲他說法，告訴他怎麼樣能夠成爲大族姓大家庭的繼承人，將來就可以成爲「族姓世間推讓」的長者。

「若諸衆生愛談名言、清淨其居，我於彼前現居士身而爲說法，令其成就。」如果有人喜歡名言、談論，譬如中國儒家有一派清談之士，或者喜歡當隱者，他們藉此獲得高貴的名聲，可以影響當地人士，產生文人雅士或隱居高士的風俗，這就是「愛談名言、清淨其居」。如果有人向 觀世音菩薩祈求這樣的來世，觀世音菩薩就在他面前示現居士身，爲他說法令他此世或未來世可以成就。

「若諸衆生愛治國土、剖斷邦邑，我於彼前現宰官身而爲說法，令其成就。」如果有衆生喜歡治理國土、剖斷邦邑，譬如擔任宰相、巡撫、縣官等職務，治理國家或一方之地以及人民；當他如此祈求於 觀世音菩薩時，觀世音菩薩就在他面前示現爲宰相或大官的身相，爲他說法，讓他如法實修，下一輩子乃至此世便可以完成這個功業。

「若諸衆生愛諸數術、攝衛自居，我於彼前現婆羅門身而爲說法，令其成就。」如果有人喜歡數術，譬如我們中國還有一個名稱叫作「五術」——五種的數術，所謂山、醫、命、卜、相。山就是看風水，醫是醫術，命是以出生時辰來爲人相命，卜是卜卦事情的吉凶，相就是從面相、手相、骨相等各種方法爲人算命。這些世間的有爲法，往往都需要以天干地支、五行八卦來計數而作判斷，所以稱爲數術。有人喜歡利用數術來「攝衛自居」，所以有些人住家庭院及房子等，所有植栽與擺設都大有文章，這種人就是「愛諸數術、攝衛自居」的人。不但中國有許多這種人，古印度也有很多這種人，就是婆羅門教中的修行人。假使有這種人祈求觀世音菩薩時，菩薩就爲他示現婆羅門身，爲他解說一些方法，讓他可以漸漸成就婆羅門法。

觀世音菩薩眞是有教無類，所以在佛教中有 觀世音菩薩聖像，在道教也有，在其他的外道中也往往可以看見，就是因爲三十二應身利樂眾生的緣故。所以道教中，觀世音菩薩也藉世間法接引一些人成就天道，因爲他們的根性還不宜修學佛法，就讓他們學世間法，至少知道有神、有鬼、有菩薩、有佛，懂得善惡報應的因果而不會胡作非爲，先保住人身，等以後緣熟了，再漸漸度他們入佛門修行，這是有大悲心才做得到的。

若是沒有大悲心的人，往往會這麼說：「那種人要度到什麼時候才能進佛門？」確實是不好度，譬如我現在就沒有想要度那種人。所以說，像觀世音菩薩這樣利樂眾生，眞的要有大悲才能做得到；因爲這得要照顧很廣泛的眾生，而且這些種類很廣泛的眾生，一定需要長期的照顧以後才能漸漸引入佛門中，很不容易的。譬如「愛諸數術、攝衛自居」的人，得要很多世以後才有可能來學佛法的，但 觀世音菩薩就是有這個願，不論多長遠的劫數，都願意長期攝受；所以往往是十劫或整整一劫之中，先建立眾生的信心，願意聽菩薩所講的話；等將來因緣漸漸成熟了，才爲他們說一點點佛法，他們才會信受；總是要慢慢地、很有耐心而不著痕跡地教導，這個眞是要有大慈、大悲心才行。想要度這些人，就不能示現純屬佛教菩薩的模樣了，否則就度不了這些人了。

「若有男子好學出家、持諸戒律，我於彼前現比丘身而爲說法，令其成就。」接著談到佛法中的出家以及修行事相了。如果有男子想要學出家法，他不想過在家的生活，想要受持出家戒律而出家過著清淨的生活，以便修學佛法，觀世音菩薩就在他面前示現爲比丘身，也就是示現爲男眾出家法師來爲他說法，教導他如何出家成爲比丘，就可以出家清淨修行。

「若有女子好學出家、持諸禁戒，我於彼前現比丘尼身而爲說法，令其成就。」如果有女子希望出家清淨生活，願意受持比丘尼戒以及各種禁制法，出家過著清淨的生活而修學佛法，觀世音菩薩就在她面前示現比丘尼身而爲她說法，使她可以成就出家的淨業。

「若有男子樂持五戒，我於彼前現優婆塞身而爲說法，令其成就。」如果有男子愛樂受持五戒，不想出家而希望成爲在家修學佛法的優婆塞，觀世音菩薩就在他面前示現爲在家相的優婆塞身，以在家佛弟子的身相來爲他說法，教導他如何受持五戒、修學佛法，他便可以如法實行而成就優婆塞身。

「若復女子五戒自居，我於彼前現優婆夷身而爲說法，令其成就。」如果有女人沒辦法出家，但她希望以在家身修學佛法，願意以五戒自守而在家修行，觀世音菩薩就示現爲優婆夷的色身來爲她說法，使她可以依法而行，成爲眞正的優婆夷。以下是世間的修身、齊家、治國等世間法。

「若有女人內政立身以修家國，我於彼前現女主身及國夫人命婦大家，而爲說法，令其成就。」「女主」是一國之主，譬如女王；若是有國王的國家，女主是指王后；如果是皇帝主政，女主即是皇后；如果是民主國家的總統，女主則是第一夫人。這些人都是「女主身」或「國夫人」。譬如大國王分封好幾個小國時，這些小國王的王后就是國夫人。「命婦」是大官的妻子。

假使有一個很大的家族，五代、六代同堂，而她是這個大家族裡大家長的妻子，是這個有幾百人大家族中輩分最高的女人，整個大家庭裡的大小事都歸她管，她就是「大家」。這些女人全都主掌國內或州、府、縣、家庭中的內務事相，就是「內政立身以修家國」。「內政」是指國家內宮或州、縣、家庭裡的內部事務，是輔佐丈夫治理家、國。如果有女人想要這樣來建立自己的身分地位，幫助丈夫修整家國時，當她們祈求 觀世音菩薩，菩薩就在她們面前示現爲女主身、國夫人身、命婦身、大家身，爲她們說法，使她們可以成就所願。

「若有眾生不壞男根，我於彼前現童男身而爲說法，令其成就。」如果有眾生發願未來生生世世都要保持童男身而修清淨行，不想結婚而破壞童貞之身，當他們這樣祈求 觀世音菩薩時，菩薩就爲他們示現童男之身而爲他們說法，使他們生生世世都可以不壞男根而修梵行。古印度外道法中就有許多保持童貞之身的男子或女人出家修行。

「若有處女愛樂處身，不求侵暴，我於彼前現童女身而爲說法，令其成就。」有的女人想要未來生生世世都保持童女身，想要清淨處身而修清淨梵行；「不求侵暴」是說不想被男根侵入身中，也不想被心性不良的男人強暴。

當她們這樣祈求　觀世音菩薩時，觀世音菩薩就在她們面前示現童女身，爲她們開示，使她們能夠修行成就。

這兩種都是爲所有想要以在家相來出家的外道修梵行者，或是爲大乘菩薩們而說的。佛教中有很多菩薩（特別是到八地、九地開始）是示現童男身、童女身的；譬如《法華經》與《維摩詰經》中的童女、天女，又譬如文殊師利、普賢菩薩，在經典中往往被稱爲「文殊師利童子」等。所以童子二字並不是指稱小孩子，而是終身保持童子身，又叫作童男身，也就是處男的意思。

「若有諸天樂出天倫，我現天身而爲說法，令其成就。」如果有天人覺得厭膩而不想再當天人了，希望離開天道；可是離開天道以後要到哪裡去？三界中總沒有比天道更好的吧？當然是要去修學佛法，所以想要脫離天道。如果有人「**樂出天倫**」，也就是離開天人的倫理，就是想要下生人間修學佛法了；當他祈求　觀世音菩薩時，菩薩就示現天身來爲他說法，使他可以離開天倫而生到人間來修學佛法。想要爲天人說法，總得要示現天身，對方才能看得見，也才會瞧得起呀！這樣才會聽進心裡面去。觀世音菩薩示現爲天人身而爲他們說法，使他們可以如願脫離天人的身分。

「若有諸龍樂出龍倫，我現龍身而爲說法，令其成就。」如果有天龍等四種龍，當牠們厭膩龍身時，也可求 觀世音菩薩幫忙改生到別的眾生類中。並不是所有的龍都能過好日子，因爲龍也有很多種類，譬如卵生、胎生、濕生、化生等四種；化生龍是最高層次，卵生龍是最低層次。龍的生活也是要很小心的，否則就有可能被金翅鳥吃掉。金翅鳥也有四種：卵、胎、濕、化，化生金翅鳥可以吃一切龍，濕生金翅鳥就吃不了化生龍，只能抓濕生、胎生、卵生三類的龍來吃。所有金翅鳥都可以吃同一層次和下層次的龍，可是吃不了上一層次的龍；所以天龍是最高層次的龍，威力很大，似乎沒什麼不好；可是一物剋一物，天金翅鳥就可以吃牠。如果當龍而不想被金翅鳥吃掉，只有一個辦法，就是受持菩薩戒成爲菩薩，因爲成爲佛子而奉事諸佛的緣故；或者受持八關齋戒，那麼一切金翅鳥可就吃不了牠，因爲牠受了八關齋戒以後已經種下了出家的因緣，也種下了未來世出離三界的因緣，所以一切金翅鳥就吃不了牠；這是由戒德力，使金翅鳥無法吃牠。

在天法界中，各有各的威德力，都是一見之下就知道的。人間法界中，凡夫濁眼卻根本看不出菩薩、阿羅漢的威德力，所以凡夫可以冒充菩薩或阿羅漢來籠罩人；而那些冒充證悟菩薩或阿羅漢的凡夫們，也因此而敢肆無忌憚無根誹謗或隨意否定菩薩與阿羅漢，都因爲人間大眾的濁眼看不出各人的證境與智慧。但是在天法界中，都因爲生來就具有報得天眼，都是一見之下就知道對方的威德。同理，受菩薩戒者就有菩薩戒的威德力，受聲聞戒中的比丘或比丘尼戒，也各有不同的威德力；受五戒或八關齋戒者，也各有五戒或八關齋戒的威德力，層次各不相同，天倫中人都是一見就知道的，只有人間凡夫濁眼看不出來，才敢恣意造惡、無根誹謗。

龍既然也有各種不同的恐怖境界，所以如果有龍不想再繼續生在龍類當中，希望脫離龍倫，不論是去當人間的佛弟子或生爲天人等等，總之就是「樂出龍倫」，當牠們祈求觀世音菩薩時，菩薩就示現爲龍身同類而爲牠說法，牠就知道如何可以捨離龍身果報。聽完以後老實修行，未來世就不再受生於龍倫之中。

「若有藥叉樂度本倫，我於彼前現藥叉身而爲說法，令其成就。」藥叉有時譯爲夜叉或悅叉，夜叉是兇狠的眾生種類，但也不是所有夜叉都兇狠，因爲有的夜叉是有生天之德的，所以才能生在四王天中。有的夜叉則是被佛度了，成爲佛弟子，所以歸依三寶之後不再吃眾生肉。譬如鬼子母也是藥叉，本來是專門依賴眾生肉過活的，但是後來被佛度了，不再吃嬰兒了，改爲素食而由佛寺出家人每夜施食給鬼子母；這亦是要給學佛的藥叉們吃的，這種施食當然要藉重佛菩薩的威德力變生很多出來，讓他們可以吃得飽滿。有的藥叉或許因為眾生肉吃膩了，或許因為覺得持有人身比較好修行，或許覺得藥叉的生活過得沒意義，因此想要離開藥叉一類的生活；當他們祈求觀世音菩薩以後，菩薩就示現為藥叉身相為他們說法，告訴他們離開藥叉身的法門，就可捨身以後不再生為藥叉。至於藥叉眾，在人間宗教裡面，哪一個宗教中最多呢？就是藏傳「佛教」密宗。並且他們的護法神中，還不單單只有藥叉，更多的是山精鬼魅。這是有根據的，你們只要看密宗修息增懷誅時，那時供品中一定要有五肉，並且那五肉必須是生鮮的，最好是要帶血，要血淋淋的；那表示他們修誅法等四法時，所派遣的所謂護法神，雖然他們美其名為金剛部族，其實全都是夜叉、羅剎、山精鬼魅。

如果是真正佛門中的護法神，他們都是清淨修行來護法的，最少是受三歸五戒的，怎麼可能還願意受用血淋淋的生鮮血食呢？大家只要從這裡想一想也就知道了！有世間智慧的人只看他們所供奉的供品，就知道密宗所謂的金剛部族全都是夜叉、羅剎、山精鬼魅；就只是他們密宗自己的上師與信徒們不懂，還要大力供養，還自誇他們的金剛部族威力有多大，其實都是層次很低的鬼神，否則爲什麼還會喜歡那麼污穢的血食呢！

如果不是層次很低的鬼神，密宗好多法王喇嘛們在修誅法想要誅殺我，怎麼至今一點點動靜都沒有？因爲大老遠看見正法中的護法神那麼高大威武，他們所謂的金剛部族等鬼神，逃跑都來不及了，還能靠近？還能做什麼呢？凡是喜愛生鮮血食的所謂金剛部族，他們身上穿的、披掛的，全都是虎皮裙、人頭骨、血淋淋的眾生肚腸，而且還一手拿著顱器，也就是頭蓋骨，裡面盛著眾生的鮮血；有世間智慧的人一瞧就知道那根本就是層次很低的山精鬼魅，還說是什麼佛教的護法神，他們還眞以爲學佛人會像他們那樣沒智慧呢！

我們印的《三乘唯識》中不是有一篇講述十二因緣觀的〈無明羅刹集〉嗎？專以譬喻來講無明、行、識等等，其中也有敘述無明羅刹鬼；那裡面也說明羅刹與藥叉同樣都是喜愛生鮮血食的，那其實都是心性低劣而愛好不淨血食的。密宗所謂的護法神中，更有許多是愛好屎尿的鬼神，那樣的鬼神根本就是層次很低的山精鬼魅，所以無法受用比較好的食物；那種無福無德的小鬼神，密宗爲什麼要把他們捧得老高呢？還有一項證據，你們看西藏密宗每一年過新年節慶，都是要跳什麼金剛舞的；而他們所謂的金剛舞，都是什麼形像呢？全都是鬼神嘛！哪裡有正神呢？更別說是菩薩了。有世間智慧的人一看就知道了，哪裡還會迷信密宗呢？所以西藏密宗那些東西全都不能相信，乃至他們所說的中觀般若，也都是自己變造出來而不是佛教中的般若，大家都要有智慧自己判斷。那麼這一段經文是說如果有藥叉想要脫離藥叉的身分，觀世音菩薩也會開示他們脫離藥叉身分的法門。

「若乾闥婆樂脫其倫，我於彼前現乾闥婆身而為說法，令其成就。」乾闥婆是忉利天天主玉皇上帝的手下，是食香之神，以香氣為食；由於他們也通音樂，所以有時也被看作音樂之神，也就是會唱歌跳舞、彈奏樂器來娛樂釋提桓因的天人。如果有乾闥婆希望脫離忉利天中的食香神、音樂神的身分，所以祈求 觀世音菩薩幫忙，觀世音菩薩就示現為乾闥婆身而為他說法，使他可以脫離乾闥婆的身分。

「若阿修羅樂脫其倫，我於彼前現阿修羅身而為說法，令其成就。」如果有阿修羅想要脫離阿修羅的身分，他們祈求 觀世音菩薩以後，菩薩就在他們面前示現阿修羅的身相而為他們說法，使他們能夠脫離阿修羅身，未來世不再生於阿修羅中。阿修羅遍布於五趣之中，所以經中常常只說離五趣、捨五趣，是因為阿修羅遍布於五道眾生之中，所以並不是只在欲界天中才有阿修羅。欲界天有阿修羅，人間也有阿修羅，畜生界、餓鬼界、地獄界中，全都有阿修羅。天界的阿修羅常常與玉皇上帝打仗，人間的阿修羅則是常常喜歡殺人，畜生道的阿修羅是喜歡咬人、咬動物，不是因爲肚子餓而咬死有情，而是因爲喜歡殺害有情，這都是阿修羅。而且阿修羅也有四生的差別，所以有化生的阿修羅、濕生的阿修羅、卵生的阿修羅、胎生的阿修羅。

所以鬼道中也有阿修羅，因爲常常有人捨報之後生在鬼道中，日子很不好過，因爲有阿修羅每天都逼迫他，他就只好來向生前的孩子們託夢：「請你要焚燒很多庫錢給我。」因爲他需要巴結阿修羅們，否則日子就很難過，這也證明鬼道中確實有阿修羅。地獄道中當然也有阿修羅，專門在地獄中殘害眾生；所以五趣中都有阿修羅，不是只在欲界忉利天中才有。但是總會有人不想當阿修羅，也許良心發現，覺得自己的心性老是善惡不定，對自己將來不好，於是祈求 觀世音菩薩幫忙，想要脫離阿修羅的身分，觀世音菩薩就示現阿修羅身，來告訴他脫離阿修羅道的法門，使他成就。

「若緊陀羅樂脱其倫，我於彼前現緊陀羅身而爲説法，令其成就。」緊陀羅才是眞正的樂神，不但懂樂器，而且很會唱歌；乾闥婆雖然也通音樂，卻沒有緊陀羅那麼精通，也不太會唱歌，所以眞正懂音樂的神祇是緊陀羅。

緊陀羅是歌神，最擅長唱歌；他們大多也愛修學佛法，所以每當人間有應身佛住世時，常常會有天神下來人間唱頌歌偈來讚佛，那就是緊陀羅。如果有人想要脫離緊陀羅的身分，當他們向　觀世音菩薩祈求以後，觀世音菩薩就示現緊陀羅身來爲他們說法，開示他們脫離緊陀羅身分的法門，讓他們實行而可以脫離。

「若摩呼羅伽樂脱其倫，我於彼前現摩呼羅伽身而爲説法，令其成就。」摩呼羅伽就是大蟒神，也就是大蛇神或蛇精；大蛇避世隱居而不被人類發現，修行久了以後有了神通而成神了，大多屬於天龍八部所攝，梵音名爲摩呼羅伽，有時譯作摩睺羅伽，也就是大蟒神。如果有大蟒神想要脫離蛇身，祈求　觀世音菩薩加持，菩薩就示現爲大蟒神的身分來爲牠們說法，教導牠們離開大蟒神業道的法門，讓牠們可以離開大蟒神的身分。

「若諸眾生樂人修人，我現人身而爲説法，令其成就。」有的人很喜歡修人間善法，譬如儒家所講的法義：中庸、論語、四書、五經等等，平常也奉祀「天地君親師」，要敬天愛地、照顧家庭、關心人們，這就是人倫。如果有各類有情希望將來可以生而爲人，因此而祈求　觀世音菩薩加持，那麼觀世音菩薩就化現爲人身而爲他們說法，教導他們修習人間的善法，讓這些有情來世可以轉生爲人，或者本來是人身而可以繼續保住人身。

「若諸非人、有形、無形、有想、無想樂度其倫，我於彼前皆現其身而爲說法，令其成就。」非人，譬如緊陀羅或天龍八部一類護法神，都屬於非人。有形，譬如欲界、色界的眾生；無形，譬如無色界眾生。

有想的範圍比較廣泛，我們先說「無想」，說完了，大家就知道「有想」了！無想，對久修佛法的人而言，是講四禪後的無想定或四禪第三天以上的無想天。無想天爲什麼說是無想呢？是因爲沒有了知、沒有覺知，因爲意識中斷了。生到無想天時，是第一剎那生到無想天，這時自己是知道的，第二剎那稍微知道，第三剎那就不知道啦！因爲生到無想天之後，有了無想天的天身，然後就把意識滅了，誤以爲是無餘涅槃境界。必須把意識滅了才能住在無想天，在無想天中還有色身、也有意根、當然更有如來藏，但是沒有前六識啦！無想天人的天壽最長可以有五百大劫，但常常有人中夭，所以有的人只有兩百五十劫壽命，有的人乃至只有一劫不等。

生在無想天以後，如果是最長壽的人，五百大劫中都不起一念，因爲五百大劫中都沒有意識存在，很類似睡著無夢時，但是意根不亂攀緣而無夢，身根都不動而且不呼吸，這就是無想天人的境界。然後五百大劫即將滿足而壽終時，突然間生起一念，知道自己正在無想天中，再經過第二念、第三念以後就下墮啦！所以生在無想天中的天人色身在五百大劫中都沒有意識、沒有覺知，才會叫作無想。外道很想要去無想天，是因爲知見錯了，誤以爲那就是無餘涅槃的境界，不知道只是無想天。那你們要不要去呢？去到無想天的五百大劫中都跟木頭一樣，或者都跟眠熟一樣，都沒有意識、沒有覺知，也沒有作用，對道業完全沒有增進，只是享受定福。當這個定福享盡之後只剩下惡業時，下墮人間時就只好去當毛毛蟲了。

如果生天以前曾經造了一些小惡業，因爲重業、大業先報；生天以前證得無想定，是善業大、福德大，所以先受大報而生天；天福享盡了，剩下生天前所造的小惡業，當然在天福享盡而下來人間時就是要受惡報了。如果生天前所造的業是畜生業，下來人間就去當畜生。所以生到無想天下來以後的果報大部分都不好，還是少去爲妙。因此，如果修得第四禪以後，千萬不要轉入無想定；如果眞的很喜歡定境，最好是進修四空定去證滅盡定，否則就修四無量心，乃至轉修五神通，都比修證無想定好，所以千萬別修無想定。證得無想定而常常進入無想定的人，以後捨報時由於常常入無想定的習氣，捨報之後會不小心進入無想定境而出生到無想天去，那就不妙了。這個就是無想，也就是沒有見聞覺知、沒有了知性。

可是「無想」，還有一個地方也很類似無想，就是四空定的最後一個——非想非非想定。但這仍然不是眞正的無想，因爲定中還有覺知，只是那個覺知很微細，是三界中最微細的意識境界，也就是細意識所住的境界。印順法師認爲細意識是不可知、不可證的，那是錯誤的說法。三界中最細的意識就是非想非非想定中的覺知心，再也沒有更細的意識了。爲什麼最細呢？因爲看來好像無想—似乎是沒有意識存在—似乎是沒有覺知，因爲進入非非想定時已不了知自己，那時不但證自證分不出現，連自證分也不出現了！由於都不了知自己是否存在，所以就以爲那裡面沒有想——沒有知。其實定中的意識還是存在啊！還是有微細的覺知，所以這個非想之定又叫作非非想，把非想與非非想合起來就成爲非想非非想定。但這不是眞正的沒有想，所以不是純粹的無想，只是類似無想。那麼這兩個「無想」或類似無想的境界知道以後，其他的所有境界就全部都是有想的境界了！這樣諸位就知道有想與無想的意思了。

如果非人、有形、無形、有想、無想等眾生，想要離開各自所住的境界與身分，也就是想要轉換原有的身分與境界，只要向 觀世音菩薩祈求，菩薩都會來說法，讓想要轉換身分境界的有情，下一輩子不會繼續住在原來的身分與境界中，一定會使祈求的有情成就所求。

「是名妙淨三十二應，入國土身，皆以三昧聞熏聞修無作妙力，自在成就。」這就是觀世音菩薩的三十二應身，三十二應身的示現，其實是四攝法中「同事」的意思，藉各種不同的應身取得眾生的認同，才好為眾生說法。這三十二種應身，其實不只三十二，因為最後的一個應身，是包括很多種類都可以化現的，三界中一切有情的身分都函蓋在裡面了！所以是變化萬千的，這就是 觀世音菩薩的「妙淨三十二應」，可以隨意化入諸國土中而顯現色身。為什麼是「入國土身」呢？是說，不論什麼樣的國土：欲界、色界、無色界，十方諸佛的淨土或淨穢土，觀世音菩薩都可以感應而在那些國土中示現受生或示現化身等身相，無所限制地利益眾生。觀世音菩薩又說：這些功德的成就，都是由於當初 觀世音如來教給他這個金剛三昧，也就是證悟明心的決定智慧，再經由長時間深入聞熏、聞修而產生的「無作妙力」，才能自在成就。

關於金剛三昧，不要把它想得太遠；金剛三昧就是講開悟明心而決定不退的智慧境界；開悟明心時就是證得金剛法，心得決定而不退轉就是發起三昧，名爲「入三摩地」。再說明一遍：「金剛」是指金剛性的如來藏心，「三昧」又譯爲「三摩」，是指心得決定而不退轉，「地」是指境界；所以證得金剛心而且決定不退轉時，就是證得「金剛三昧」的「入三摩地」者，就是進入金剛三昧智慧境界而心得決定的人。因爲世出世間沒有一法具有金剛性，只有眞如心如來藏具有金剛性，就是各人都有的第八識如來藏；所以耳根圓通法門的初步實證，就是證得第八識如來藏而且心得決定，從此住於金剛法的智慧境界中，才是證得「金剛三昧」而「入三摩地」的人。

無數恆河沙劫以前，觀世音菩薩就是因爲　觀世音如來教授給祂「如幻聞熏聞修金剛三昧」，又長久不斷地聽聞熏習，經過「聞、思、修」的次第而一再聽聞進修之道，接著悟後起修而不斷深入觀行才能產生這樣的「無作妙力」；所以「入三摩地」以後的「入流亡所、所入既寂、聞所聞盡、盡聞不住、覺所覺空、空所空滅、寂滅現前、超越世出世間」的悟後進修，全都基於因地在　觀世音如來座下所修的「如幻聞熏聞修金剛三昧」爲基礎，才能悟後進修完成的。也就是先以耳根的多聞多熏習，經由「聞、思、修」的次第重複修習，先觀察蘊處界如幻，才轉修「金剛三昧」，所以「入三摩地」—明心後決定不退而住於實相智慧境界中—才能悟後進修而達成的。

而其中悟後進修的過程，有一些是必須配合眼見佛性的證境，才會了知其中的實修關鍵，絕對不是未斷我見、亦未明心的凡夫大法師們所能稍知；所以凡夫大法師們對耳根圓通法門的解釋，凡有所說，莫非臆想、戲論，讀之無益，只是徒然浪費大眾的光陰罷了。由此可知，以下三種人都是無法理解、更無法修習觀音耳根圓通法門的凡夫：第一、認定意識常住不滅的人，第二、否定如來藏的人，第三、否定眼見佛性境界的人。而這個佛地的究竟三昧為什麼是無作的功德呢？因為都是從如來藏中自然而然現行，不必由前七識造作就能夠直接成就。即使有為有作的世間法，如果沒有如來藏在背後配合，誰都作不成，更別說三十二應身全都是親證如來藏而獲得金剛三昧，再經由對金剛三昧的持續「聞熏聞修」而產生的「無作妙力」，當然更是由如來藏來直接運作的了！因為如來藏不用作意，就可以配合完成，所以叫作「自在成就」。

【「世尊！我復以此聞熏聞修金剛三昧無作妙力，與諸十方三世六道一切眾生同悲仰故，令諸眾生於我身心獲十四種無畏功德：一者由我不自觀音以觀觀者，令彼十方苦惱眾生觀其音聲，即得解脫。二者知見旋復，令諸眾生設入大火，火不能燒。三者觀聽旋復，令諸眾生大水所漂，水不能溺。四者斷滅妄想，心無殺害；令諸眾生入諸鬼國，鬼不能害。五者熏聞成聞，六根銷復，同於聲聽；能令眾生臨當被害，刀段段壞，使其兵戈猶如割水，亦如吹光，性無搖動。六者聞熏精明，明遍法界；則諸幽暗，性不能全；能令眾生、藥叉、羅刹、鳩槃茶鬼及毘舍遮、富單那等雖近其傍，目不能視。七者音性圓銷，觀聽返入，離諸塵妄，能令眾生禁繫枷鎖所不能著。八者滅音圓聞，遍生慈力，能令眾生經過嶮路，賊不能劫。九者熏聞離塵，色所不劫，能令一切多婬眾生遠離貪欲。十者純音無塵，根境圓融，無對所對，能令一切忿恨眾生離諸瞋恚。十一者銷塵旋明，法界身心猶如琉璃，朗徹無礙；能令一切昏鈍性障離阿顛迦，永離癡暗。十二者融形復聞，不動道場涉入世間不壞世界，能遍十方供養微塵諸佛如來，各各佛邊為法王子，能令法界無子眾生欲求男者，誕生福德智慧之男。十三者六根圓通，明照無二，含十方界；立大圓鏡空如來藏，承順十方微塵如來祕密法門，受領無失；能令法界無子眾生欲求女者，誕生端正福德柔順眾人愛敬有相之女。十四者此三千大千世界百億日月現住世間諸法王子，有六十二恒河沙數，修法垂範教化眾生，隨順眾生方便智慧各各不同。由我所得圓通本根，發妙耳門，然後身心微妙含容遍周法界；能令眾生持我名號，與彼共持六十二恒河沙諸法王子，二人福德，正等無異。世尊！我一號名，與彼眾多名號無異，由我修習得眞圓通，是名十四施無畏力，福備眾生。」】

講記：「世尊！我又以這個耳根圓通法門，繼續聞熏聞修原來所證得的金剛三昧，發起如來藏金剛心的無作微妙神力，能夠與十方三世六道一切眾生同一種悲仰的緣故，使十方三世一切六道眾生都經由我觀世音菩薩的微妙身心而獲得十四種無畏功德：第一種無畏功德，由於我觀世音菩薩不是經由觀聽六塵中的聲音來觀察能觀的心，所以我能使十方世界的苦惱眾生，由於我直接觀聽他們心中祈求的心聲，就滿足他們的所求而獲得解脫。第二種無畏功德，是由於我在因地時將能知能見旋轉而復歸於諸法本源的如來藏心，不是依止於在六塵境界中運作的六根，所以我能使眾生證悟以後假設不愼墮入於大火之中，大火也不能燒壞他們。第三種無畏功德，是我在因地時由於觀察能觀能聽的覺知心，迴旋覺知心的功能復歸於如來藏妙眞如性中，因此能令眾生被大水所漂時，大水都不能漂溺眾生的眞實本際。第四種無畏功德，是由於我在因地修行過程中斷滅了種種虛妄想，心中都無殺害之心；因此而能使所有眾生假使不愼誤入各類鬼國時，眾鬼都不能加害他們。」

「第五種無畏功德，是由於我在因地時了知熏聞成聞的道理，所以六根的侷限已經銷亡而復歸如來藏妙眞如性中，使妙眞如性同於聲塵中的能聽功能一樣發揮而不受限制；由這種功德力，能使眾生面臨即將被殺害時，煩惱之刀自然毀壞成一段又一段，或者使殺害者刀子等害人的兵器，在殺害眾生時猶如割水，亦如吹光一般，對於眞實眾生的自性是全然無法搖動絲毫的。第六種無畏功德，是由於我觀世音繼續進修而使能聞能熏的功德，因爲回歸如來藏而與妙眞如性的功德直接相應，於是越來越精細而光明，由這種光明而遍照一切法界；那麼諸法的功能差別中的幽隱暗鈍等遮障的體性，就無法具足或存在了；由此緣故，我觀世音能使一切修習這個耳根圓通法門的佛弟子，都如我一樣如法實證；這個實證者在面對所有眾生時，譬如面對藥叉、羅刹、鳩槃茶鬼及毘舍遮、富單那等心性強悍的眾生時，那些眾生雖然靠近他的身旁，也無法以眼睛直接瞪視他。」

「第七種無畏功德，是由於我觀世音在因地時，悟後進修而使音性圓銷，並且將能觀能聽的覺知心返旋而迴入如來藏妙眞如性中，遠離種種六塵中的虛妄性；我也這樣教導一切與我有緣的眾生，幫助他們同樣實證，因此而使這些如法實修的眾生們，遇到被囚禁繫執或枷鎖執身時，都無法眞實繫著他們。第八種無畏功德，是由於我繼續進修而銷滅六塵中的聲音生滅法性，回歸於妙眞如性而圓滿了聞性的功德，再由此深入觀行而普遍生起大慈之力；由於這樣的大慈神力，當眾生也如法修習而發起了這種大慈神力時，便能使這些眾生在經過險路時，一切賊人都不能強劫於他們。」

「第九種無畏功德，是這些被我教導的眾生們繼續深入修習，熏習他們的聞性，到了聞性已經能夠遠離六塵時，可以直接與佛性相應來運作了，這時一切色塵已經不能劫奪這些學法者的法財了，因此而能夠使一切多婬的眾生遠離五塵的貪欲。第十種無畏功德，是由於繼續聞熏正法而深入進修以後，聞性已經是純粹經由心音來相應而不再經由聲塵來了知，這時六根面對各種六塵境界時已經可以互相圓滿融入，不再有根塵相對的限制了，因此而能使一切忿恨眾生不再落入六塵境界而遠離各種瞋恚。第十一種無畏功德，是因爲繼續經由耳根圓通而深入聞熏聞修，於是將覺知心本來相應的世間六塵全部銷亡而旋歸如來藏妙眞如性的光明之中，於是諸法功能差別中的身心已經全部清淨而如同琉璃一般的透明，內外明朗透徹而沒有障礙；這時便有智慧能喻令一切昏暗愚鈍性障者，遠離斷盡善根的惡劣心性，永遠離開愚癡與暗鈍的恐怖心境。」

「第十二種無畏，是由於繼續以耳根聞熏聞修，次第進修而消融了三界六道有情的身形侷限，復歸於如來藏妙眞如性的心聞神妙功德中，於是這些如法修習的佛弟子，藉著我所說的耳根圓通法門次第進修，後來就能使他們各自的不動道場如來藏心，化身無量而一一涉入十方世間的不壞世界中，於是就能普遍到達十方世界供養微塵諸佛如來，並且也能在一一佛的身邊都成爲法王子；由於這樣的功德，就能使十方法界中一切無子衆生想要求得男兒時，都能誕生具有福德與智慧的男兒。第十三種無畏功德，是由於以耳根圓通法門繼續聞熏聞修之後，所有修習耳根圓通的佛子們，終於修到六根全部圓滿通達了，這時他們已經能夠明了圓照諸法無二，全都攝歸如來藏心的妙眞如性中，於是心中了知十方法界萬法了，心中已經含容十方法界一切法了；這時便能建立大圓鏡空如來藏，能夠承繼及隨順十方微塵數如來所弘宣的所有祕密法門，能夠一一受領而無一法遺失；這時的大威德力已經能使十方法界中凡是沒有子嗣的衆生，當他們欲求誕生女兒時，就能隨願誕生五官色身都端正而且福德具足，心性柔順而使衆人都愛敬的具足福德相的女兒。」

「第十四種無畏功德，是這個娑婆三千大千世界中，百億日月下現住世間的所有法王子，總共有六十二恒河沙數之多，都在繼續進修佛法，並且也都各自垂下菩薩的範式，而以身教繼續在教化眾生；這六十二恆河沙法王子度眾及自修時，他們隨順眾生時的各種方便智慧也都互不相同，他們所有的功德合起來時確實無量無邊。但是由於我觀世音無數恆河沙劫以前，在觀世音如來座下所證得的耳根圓通法門本根，是金剛三昧的根本心如來藏，我由此繼續聞熏聞修而發起微妙的耳門功德，能夠遍聞眾生的心聲，也使我的身心非常微妙而能夠含容一切法，而我所含容的一切法能夠普遍周至一切法界中；由於這樣的功德，能使眾生執持我的名號時所獲得的功德，和另一個同時執持六十二恆河沙數法王子名號的人，這兩個人所得的福德是完全平等而沒有差異的。世尊！我觀世音菩薩這一名號的福德，與那六十二恆河沙數法王子眾多名號合集起來的福德，是平等而沒有差異的。這都是由於我以前追隨觀世音如來時修習佛法所獲得的眞實圓通，這就是我所說的十四種布施無畏的功德力，我觀世音就以這十四種施無畏的功德力所成就的福德，以備與諸有緣眾生相應。」

「世尊！我復以此聞熏聞修金剛三昧無作妙力，與諸十方三世六道一切眾生同悲仰故，令諸眾生於我身心獲十四種無畏功德：」觀世音菩薩又向 佛稟白說，祂因爲證得金剛三昧之後，又繼續「聞熏聞修」金剛三昧的「無作妙力」；因爲眞如心如來藏的「無作妙力」，並不是剛明心時就能了知的。這個「無作妙力」，我在《楞伽經詳解》中已經寫了七輯，現在還在寫第八輯（在九月底前必須要把十輯寫完，這樣才有辦法分輯，如果不足時我就補一點，湊成十全十美；如果內容太多了，那我就刪掉一點，才能十輯份量平均），全部十輯之中都在講什麼呢？就是講金剛三昧的如來藏心「無作妙力」。可是如來藏心的「無作妙力」只有到達佛地時才能具足了知；你們禪三明心回來以後應該作的功課，只是基本的整理。雖然古時候禪師們大多沒有給徒弟們這些整理題目，所以你們禪三下山回來時就比古時一般禪師被師父印證爲悟的時候更深妙了；但是如果從諸地所修證的一切種智來說，其實都還是很粗淺的，都只是剛入門而已。

所以，證得金剛三昧—明心了—還要繼續「聞熏聞修」，還要一面再聽聞悟後起修之道而繼續用功修習；因爲如來藏有無作的妙力，得要悟後進修到佛地時才能具足相應。「無作」就是說，祂不是從有漏法上面起心作意，如來藏的心性是純粹無漏的，有漏的心性都是七轉識自己；但是在因地時是有漏法與無漏法和合運作——眞心妄心和合運作。有一些大法師與居士們都弄不清楚，反而誹謗我們所說「眞心妄心和合運作」的正理說：「你們正覺說心有眞妄二心，那就是兩個心，可是衆生明明就只有一個心，怎麼會有兩個？」前幾年與我們正覺同在台北的那位鄰居大法師，他私底下也是這麼講的，因爲他所知道的眞心是放下世俗煩惱的覺知心；他認爲衆生都只有一個覺知心，哪來的眞心如來藏？可是我們卻說，妄心其實有七個識，我們把七個識合說爲一個妄心，其實心豈只眞妄二心而已？可是他們連眞妄二心都不能接受，只能接受有一個覺知心，不接受第八識如來藏眞心。

不但那位大法師如此，別的小法師也是如此啊！這種誹謗的言句很多，我們在《楞伽經詳解》第十輯後面會稍作辨正。而且他們對《楞伽經》的所謂考證，都是誤會後的說法，也是食人涎唾的不實之言，我要把他們推翻掉；因爲他們所謂的考證都是臆想思惟來的，也沒有在文獻上面作正確取材，全都違背事實也違背佛說，不值得採信。他們所承認的就是考證，但是他們考證時又故意取材偏頗，那樣考證的結果會正確嗎？當然不正確，所以我要證明他們的考證不正確。在《楞伽經》中講了許多如來藏的無作妙力，都因爲祂是純無漏的，所以能示現無漏無爲法；然而卻能從無漏法性中出生無漏有爲法，也可以出生有漏有爲法；但祂本身還是無作性的，在無作之中非作非無作，所以契合中道，然而當代所有大法師們都弄不懂。

他們完全不懂：如來藏非淨非垢，所以是中道。爲什麼是中道呢？因爲如來藏自體是清淨性，永遠不貪不厭不染；可是如來藏自心住在不貪厭、不染污的體性當中，卻含藏了七轉識眾生的種種染污種子，所以是在非垢之中又有非淨，仍然是中道；只要證悟而能現觀如來藏了，不論怎麼說，都是中道。當代的所有大法師們都不懂，因爲他們都沒有證得如來藏，所以他們都不瞭解，就指責說：「既是清淨心，怎麼可能又是染污的呢？這個道理說不通。」所以他們說《楞伽經》中的說法前後互相違背，還舉出來講。但我會證明他們的舉證錯誤，是他們自己誤會了經中的佛法。

言歸正傳，「無作妙力」是透過五法、三自性、七種性自性而能夠產生種種無作性的微妙功德；如果沒有如來藏的「無作妙力」，眾生簡直是一天都沒辦法生活，可是眾生卻都日用而不知，連當代的所有大法師們都不知道。這只有證悟之後再進修種智以後才能了知，因此獲得金剛三昧之後還要繼續「聞熏、聞修」；所以不是明心開悟就都沒事了，反而是明心開悟後還有更多的佛法要「聞熏聞修」，否則永遠都會距離佛地還遙遠。

因此，觀世音菩薩說：證悟後再深入「聞熏聞修金剛三昧」所獲得的「無作妙力」，與諸十方三世六道一切眾生同一悲仰。由於同一悲仰的緣故，所以隨時隨地都能與眾生心感應，使眾生面對觀世音菩薩時，於身於心都能獲得十四種無畏的功德，所以觀世音菩薩又叫作施無畏者，因爲祂能布施無畏給任何眾生。

「一者由我不自觀音以觀觀者，令彼十方苦惱眾生觀其音聲，即得解脫。」第一種無畏功德，是因爲「觀世音」並不是從觀聽音聲來觀察能觀的人。「由我不自觀音」，這個「自」就是「從」的意思，也就是不從觀聽音聲來觀察能觀的人。在觀音法門的第一段經文中，我已經講過不是由觀聽音聲而「入流亡所」的，而是由觀聽音聲來理解蘊處界的虛妄，在理上將所入的十八界法全都流失而滅亡了生滅法的所在——「入流亡所」。所以是才剛開始聽聞法義以後，接著就將十八界法的一切所入全都流失，流失到最後時，所有生滅法就全部「亡所」了。那麼這個觀音法門的修習是在聽聞音聲上面用功的嗎？當然不是把重點放在聽聞聲音上面嘛！所以「不自觀音以觀觀者」，是觀察能觀的自己虛妄而加以「入流亡所」，不是只在音聲上面來觀察蘊處界自己虛妄，更不是聽聞音聲而進入類似禪定的境界中。

當你經由音聲聞熏正法而了知自己蘊處界全部虛妄，觀察能知能覺的自己以及所知所覺的諸法都虛妄，因此而空掉十八界全部了，最後剩下如來藏，而如來藏也不了知六塵中的任何一法，這時既無能知的自我，也無所知的六塵諸法，就是「入流亡所」了，這顯然不是只在音聲上面聽聞而流掉聲塵。所以觀察音聲只是一個所緣境的入手方便，不在聽聞音聲上面用功，而是聽聞音聲中所說的法義，瞭解一切生滅法都應該流失，才能滅掉所有生滅法，然後開始流掉一切生滅法。這道理，後面還會講到；因爲二十五圓通其實並沒有高下之分，從諸地菩薩來說，每一個法都可以入流亡所而證得金剛三昧，只是知見不同而導致所證有三乘菩提圓通的差別；但這個世界眾生愛攀緣，也對聲音特別敏感，所以用說法的聲音給眾生作爲所緣境，方便下手「入流亡所」。

以此緣故，觀世音菩薩特地在這裡點出來：「由我不自觀音以觀觀者。」因爲不是從觀聽音聲來觀察能觀的我，而是把觀聽音聲作爲一個手段與方便，藉著音聲聞法而觀聽能觀與所觀全都虛妄，把所有生滅法全都空掉（入流）以後，只剩下所證的如來藏而認定不移，心得決定了，就是證得金剛三昧。觀世音菩薩說，由於這樣的修行方法，能夠使十方苦惱眾生同樣經由這樣的法門，各自「觀其音聲」之後隨即瞭解自己蘊處界全都是生滅法，繼續深入觀聽及實地觀察修習，也就是繼續「聞熏聞修」以後，自然可以斷除我見，也能證得金剛三昧，於是立即解脫於我見與現象界的繫縛，所以說「即得解脫」。

證得金剛心如來藏而且心得決定了，就是證得金剛三昧，此時就證得本來自性清淨涅槃，也分證二乘菩提中的無餘涅槃解脫；因爲實證金剛三昧時，所證的是菩薩的不可思議解脫境界，不迴心的二乘阿羅漢們都證不到。所以明心以後你說：「原來無餘涅槃是依如來藏的不生不死來施設的。」原來就是把十八界自我全部滅掉，剩下唯一的如來藏還是不生不死，就是定性阿羅漢捨報後所入的無餘涅槃；而如來藏的涅槃境界，是本來就這樣、本來就涅槃，並不是修行以後才不生不死啊！所以有的經中說：「一切眾生本來常住涅槃。」

爲什麼「眾生本來常住涅槃」？因爲眾生七識心不斷地流轉生死時，正是五蘊、十八界在流轉生死，可是一切眾生的自心如來藏卻是本來就在不生不死的涅槃中，何曾有輪迴與生死？這個如來藏的自性本來就是無生無死的，所以叫作本來自性清淨涅槃。這個金剛三昧的本來涅槃，定性阿羅漢們可就弄不懂啦！從聲聞阿羅漢而言：涅槃是修證來的，不修解脫道的眾生都是在生死中流轉的。但菩薩不是這樣，菩薩說：「涅槃是本來就有的，你們阿羅漢修證所得的涅槃，只是把你們自己的我見我執滅掉，捨報後滅掉自己全部，剩下的全無蘊處界的無餘涅槃中，還是你們各自的如來藏常住不變而成爲無餘涅槃。」法界中的眞相也確實是這樣的啊！

這樣看來，凡夫眾生們有沒有本來解脫呢？而你們證得如來藏時，有沒有證得解脫？當然都有，只是凡夫們自己不知道罷了。而你們至少是把聲聞解脫果的初果放在自己口袋中了，初果的證境與解脫功德都掌握在手裡了。所以菩薩的不可思議解脫，就是講本來自性清淨涅槃，是說一切眾生都有如來藏，而一切眾生的如來藏都是本來解脫的；所以從明心者來看，沒有一個眾生不是解脫的，都是在輪迴當中本已解脫、當下解脫，所以叫作不可思議解脫，而《維摩詰經》講的不可思議解脫，就是這個道理。這種大乘菩薩所證的不可思議解脫，凡夫與愚人是無法想像的；唯有找到如來藏而明心了，才會知道說：所有眾生果然是本來就解脫，不是修學來的解脫。如果不生不死的涅槃是修來的，那這個涅槃就是本無今有的有生之法，將來修緣散壞時就一定會再壞滅。然而涅槃不是修得，而是本有的，所以涅槃是常住不壞的。

其實二乘無學所證的涅槃，也是本來就有、本來就解脫，只是他們不能理解。如果是聲聞種性的凡夫，當他聽到我現在講的本來解脫，他就會起身離開了；因為他一定會生起煩惱：「你蕭平實這個說法實在太狂傲了。」其實一點點狂傲都沒有，因為我講的都是事實。你們已經明心的人，大家現前檢查一下，看是不是我說的這樣？當然是啊！因為這個緣故，所以十方世界的所有苦惱眾生，假使有善知識指導，把觀聽音聲作為方便而確實理解佛菩提的見道方便，開始「入流亡所」以後，最後當然是「不自觀音以觀觀者」，再也不會以能觀聽音聲的覺知心作為究竟常住的眞實能觀者，而是認定如來藏的妙眞如性—佛性—才是眞正的能觀者；這時返身重新詳細觀察自己十八界中的六根、六塵、六識全都虛妄，既然全都虛妄，不再把覺知心住於六塵境界中來觀一切法；而是把覺知心修行鍛鍊到可以直接藉如來藏流注出來的佛性—妙眞如性—來直接與眾生心感應，才能成就觀世音菩薩的三十二應身，完成佛地解脫功德。如今我們也可以再藉所找到的如來藏心，來觀察涅槃、解脫，你也必定會發覺如來藏心是本來就解脫的，是本來就住在涅槃中；既然如此，便證明生也是在如來藏中生，死也是在如來藏中死，原來輪轉生死中的一切大小事，全都是在如來藏中的一場人生大夢；當你能夠教導眾生如此實證的時候，教導十方眾生同樣觀其音聲時，眾生不也一樣「即得解脫」了嗎？

「二者知見旋復，令諸眾生設入大火，火不能燒。」今天我們有兩張般若信箱的問題：第一張：「請老師慈悲開示：第一、……。（講經前的當場答問，因與本經法義無關，故移轉到《正覺電子報》〈般若信箱〉，以廣利學人，此處容略。）好！我們繼續講《楞嚴經》一〇四頁倒數第四行：「二者知見旋復，令諸眾生設入大火，火不能燒。」這是說，由於觀世音菩薩當時的證悟，是把能知和能見都加以旋轉回歸—旋復—全都旋轉回歸到本心的妙眞如性來。末法時代的大法師和一般人，全都是想要把能知與能見的識陰六識生滅心，修行清淨變成常住的眞如；或者是把六識生滅心能夠見聞嗅嚐覺知等六種自性，修行清淨變成常住的妙眞如性——佛性。這是當代所有大法師與一般學佛人的想法。然而這是完全錯誤的知見，因爲這就是我見未斷，或者落入外道自性見中。必須要把我見斷了以後—不認六識及六識自性爲常住法—才有辦法去證得如來藏，乃至進而眼見佛性。

如果我見不斷，一定會落入意識，或是落入六識的自性中，永遠都會在覺知心上面作文章，都會想要把覺知心修行清淨變成眞實常住心，就自稱證得眞如了！所以在我們禪淨班的課程中，才要安排十八界、五蘊觀行內容的傳授，才會安排四加行的教導與觀行，目的就是讓你們斷我見。我見若是斷了，不會再認覺知心爲常住不壞法，也不再認定處處作主的意根爲常住不壞法；已經把七識心自我全都否定了，然後去參加禪三精進共修時，在我的機鋒下，才會有可能觸著如來藏，否則始終會在知覺性上面用心，永遠住在凡夫位中，想要找到如來藏就一定很困難。

所以修學 觀世音菩薩這一個耳根圓通法門時，所證的一定是金剛三昧；而求證金剛三昧之前，一定要先「知見旋復」歸於本心如來藏。就是要先把原來錯誤的見解（認爲能見、能覺、能知的心就是眞如心），加以旋轉復歸到本心如來藏。假使眞的能夠「知見旋復」而把能知能見旋復到本心來，請問：那時你縱使入了大火，色身被燒了，而眞實的你有被燒了嗎？根本就沒有被燒掉，因爲你的如來藏還是繼續存在不滅，火根本不能燒你。所以你即使入了大火，五蘊被燒死了，背後的眞實你還是沒有被燒死，這不就是「火不能燒」嗎？這眞是死而不死。

或許有人不懂，聽了我的話就說：「你講的都是廢話嘛！死就死了，還有什麼死而不死？」但我說的是色身雖然死了，而你的意根與如來藏並沒有死，於是意根又跟如來藏像往世一樣繼續去投胎，而意根與如來藏依舊不受苦樂。那時五色根壞了，人間的意識就跟著中斷了，那時還有誰知道苦樂呢？

而意根對苦樂的領受，也是要依附在意識上面才能領受苦樂啊！所以你即使進入了大火中，只是五色根被燒死，而你的意根與如來藏全都燒不掉啊！至於意根末那識，是從無始劫以來就燒不掉、死不掉的，也是打從無始劫以來就不曾中斷過；這個意根，只有在定性聲聞人入無餘涅槃時才會中斷，否則是永遠不會中斷的。然而意根既然在入無餘涅槃時可以永斷，也是必須永斷的心，當然就不是眞實法囉！所以只剩下如來藏是金剛性的常住不壞眞實法。這意思是說，把知見旋復到金剛心如來藏，而以如來藏爲自體時，不管是哪個眾生，入了大火以後還是燒不掉的；正因爲如來藏是這樣的金剛自性，所以才叫作金剛。所以實證非心心如來藏而心得決定、絕不懷疑動搖時，就說你證得金剛三昧而以金剛心如來藏爲眞實自我，這時縱使入於大火之中也可以證實大火燒不了自己的如來藏，這就是「火不能燒」，這就是　觀世音菩薩布施給眾生的第二種無畏。

「三者觀聽旋復，令諸眾生大水所漂，水不能溺。」第三種無畏施，是把能觀與能聽也旋復到如來藏眞我來。第二種無畏施說的知與見，能見是在眼識上說，能知是在意識上說。這第三種無畏施中所說的是能觀與能聽：能聽是耳識的作用，在能聽之中廣作詳細分別的，是意識與耳識並行運作；至於在聽與觀之中的觀，就全屬意識的作用了！能觀，表示有了別境界的五種心所有法—欲、勝解、念、定、慧—才能夠了別六塵境界。因爲能聽與能觀的耳識與意識，有對六塵分析、思惟的能力，所以有能聽與能觀的體性。證得如來藏以後，把能觀與能聽的功能同樣旋轉回來，復歸於本心如來藏的妙眞如性中來；這時從如來藏與祂所流注出來的佛性來觀察，一切眾生入於大水中、被大水所漂流時，大水一樣是溺不死眾生的；因爲當眾生的色身被溺死了，他們的如來藏還是繼續功德具足而不曾死亡，所以說是「水不能溺」。

如果悟後進修而能夠將「觀聽旋復」於如來藏的妙眞如性中，那麼將來死亡時不管色身是多麼痛苦，即使是重病而死，心中也是沒什麼罣礙的；因爲知道自己可以把自己給滅了，可以進入涅槃中，所以對自己此世的五蘊就沒有執著啊！那就入無餘涅槃啦！除非是我執還沒有斷盡。如果來到正覺同修會中，四加行完成以後還沒有破參明心，這時還只是聲聞初果，那麼死時也知道自己的我見斷了以後，縱使一生都沒有努力修行，也沒有破參明心而懶懶散散過日子；可是這一世死了以後，最多就只是經歷七次的人天往還，一樣可以成爲阿羅漢而入無餘涅槃的。所以只要斷了我見，確實在所知所見上面把蘊處界諸法全都「入流亡所」了，就是初果人了！就會知道自己正在一分又一分邁向無餘涅槃。

這樣子分證解脫，都還沒有明心證得不生不死的實相法界；單單「入流亡所」時，也能分證解脫，也知道自己還有一個常住的金剛心如來藏是「入水不溺」的。所以即使大水災來的時候，一切眾生都該死亡時，心想：「也不差我一個。」也就願意跟著死了。可是心中很清楚了知：「我死了以後，眞我還是沒死。我大不了往生天上去，那大水還漂得了我嗎？當然漂不了我。」這也是「水不能溺」啊！但，如果是惟覺法師的想法，諸位可以把他的說法拿來對照這一段經文，惟覺法師說：「什麼是眞如呢？就是師父我在這裡說法，你們在那邊聽法，這能說法的一念心，能聽法的一念心，就是眞如。」請問：這段經文中說，要把「觀聽旋復」而回歸金剛心如來藏，而惟覺是以能觀、能聽的覺知心當作是眞如心，那他的說法對或不對呢？顯然是錯了，分明違背經中聖教了嘛！

從這裡就可以知道：十八界法全都應該要旋復而回歸於金剛心如來藏。你如果無法如實觀行十八界法，無法把五蘊全部否定，我見就始終都會存在，這時想要開悟破參明心，門兒都沒有。我見已經斷除的人，不會再落入十八界法中，已經知道必須要找到如來藏才行；這樣的人是找到了禪宗的門，只是還不知道門把的所在，所以還無法轉開門鎖進入佛菩提的內門中；那惟覺法師卻還落在我見之中，五陰具足分明存在，也不知道應該尋找如來藏，那是連禪門都還沒有找到，何況能夠開始尋找門把呢？所以中台山的信眾們（其實不單中台山，台灣四大山頭都一樣），都必須先把我見斷除，別再落入我見中，否則是連聲聞見道的初果見地功德都不可能證得，更何況是必須明心親證如來藏的大乘見道功德呢？

如果能夠把能觀能聽的心旋轉回來而復歸本心如來藏，未來的無量世中，生死海的大水也就不能漂溺於你，這時根本不必作主而能自己作主。因爲實證無我而不想作主的人，是有解脫功德的，所以在中陰境界時是可以隨意選擇諸佛國土而往生的。正因爲落在識陰或意根自我之中，未斷我見而想要起心動念處處作主，於是落在我見中而同於凡夫，甚至於因此而成就大妄語業，不但無法獲得聲聞法中的見道功德，更無法獲得大乘法中的見道功德，當然死後在中陰境界中就全無功德可以讓他處處作主了，那他們當然只能永遠輪轉生死囉！因爲作主的心是意根末那識，落在意根裡面就是未斷我見，就沒有解脫功德可以讓他在中陰階段時作主，那時還能作什麼主呢？當然是要隨業流轉生死了！

當你什麼都不作主時，十八界自我全部滅失也沒有關係，願意把處處作主的意根自我斷滅了，那就是有能力取證無餘涅槃的聖者，正當死亡來臨時，就能入無餘涅槃了！如果那時迴心大乘而留惑潤生，卻可以在中陰境界中隨意作主往生自己想去的地方。因爲你已經超脫於三界境界了，當然三界中的任何處所你都可以自己選擇了嘛！就好像有人入了監獄以後不斷懺悔，刑期都還沒有服完，可能只服完三分之一刑期，由於不斷懺悔的善行，也開始誠心造作無量善行了，當然會被允准提前出獄。可是出獄以後，還得要常常再進獄中來，因爲還有好多人不懂提早出獄的方法，所以還在三界監獄中繼續犯法，只會使三界監獄中的刑期加長啊！於是菩薩們就發願繼續住在監獄中，幫忙獄方教導三界中的受刑人，教導他們如何修行而提早出離三界監獄。於是菩薩乾脆住在監獄中當教化師，永遠都不離開三界監獄。這也可以啊！

菩薩就像是這樣，能夠出三界卻不出三界，繼續和三界眾生一起同事利行，方便教化眾生，原因正是因爲斷我見、斷我執而完全不落入蘊處界中；所以了了分明的覺知心不該錯認爲眞實自我，處處作主的心也不可以認定爲眞實自我；要這樣實地觀察而自己知道爲什麼不許認定爲常住不壞我，把理由找出來而自己證明確實是如此的，才能確實斷除我見——首度「入流亡所」。當你沒有了我見而不再想要處處作主時，表示是斷除我見了，那麼你到了中陰身的階段時，卻能夠自己作主，隨意所之、無所障礙，這表示你已經分證解脫果了嘛！像這樣分證解脫的初果人，隨便想要往生任何佛世界，還會被拒絕嗎？如果能再加上明心開悟，那又更受歡迎了。

這時如果你說：「**諸佛淨土都可以隨意選擇，不稀奇！那我不去了，我還是去兜率天覲見彌勒菩薩學法。**」那也可以去啊！只要你起這麼一念，也就相應而感召那個境界相，於是就往生去了。就好像說，參加大學聯考，你的成績是最高標準，那時你想要去台灣大學讀書，或者想要到海拔最高的文化大學就讀，或者臨時想改讀五年制專科學校，大家都歡迎，還會有誰不歡迎呢？所以，一定是否定覺知心而不想了了分明了，也否定意根而不想作主了，這樣子至少證得解脫果中的初果了，當然十方世界隨意往生，任何世界都歡迎你這一號人物。

如果進而斷除了我執，解脫境界也就超越了三界，那時絕對不會作主的，絲毫作主的心都不存在了，有能力證無餘涅槃了；如果死前迴心菩薩道時，不論想要往生何處，沒有一個佛土是不歡迎的。這時不管怎麼樣惡劣的環境，未來果報怎麼樣的艱難，都願意爲苦難眾生而隨順因緣去弘法，那更有隨處作主的功德，你就更可以作主啦！那時隨意往生，沒有一個佛土會限制你去，所有諸佛世界都歡迎你。那土地公廟的橫匾寫的是「有求必應」，出世間法的解脫果卻是「無求而應」的。求處處作主的人就一定落入我見中，沒有絲毫解脫功德，那麼死後想要作主時就必定不能作主，當然是「有求不應」的，所以我說惟覺法師心行顚倒。

在聲聞解脫法上的修證，是要把一分分的煩惱不斷消除掉；這些應該消除的煩惱卻不是講世間法上的煩惱，而是一念無明煩惱，也就是我見與思惑等煩惱。在佛法上的修證，則是要進而斷除無始無明上煩惱。凡是斷除這些煩惱的人，都不會教人要處處作主的，因爲那是我見與我執的煩惱；不斷我見與我執的煩惱，而想要在生死上作主，可就是癡人說夢了。因此，如果有智慧把能觀能聽的心旋復而回歸本心如來藏，這時生死大海的水當然無法把你漂流，何況能夠溺死你呢？所以說，觀世音菩薩教導眾生將「觀聽旋復」以後，當然可以「令諸眾生大水所漂，水不能溺」。

「四者斷滅妄想，心無殺害；令諸眾生入諸鬼國，鬼不能害。」這是第四種無畏施。觀世音菩薩教導眾生「斷滅妄想，心無殺害」了，那麼被教導的眾生設使不愼「入諸鬼國」時，也是「鬼不能害」的，這是第四種無畏施。「斷滅妄想」是說，心中起了錯誤的觀念與想法，或者猶如學佛人的心中建立了錯誤知見；後來把這些錯誤知見斷除了，就是「斷滅妄想」，因爲這些錯誤知見都屬於虛妄想。錯誤的觀念或想法，譬如有很多父母認爲必須吃魚吃肉才有營養，吃素沒有營養。然而事實上是這樣嗎？（當然現在的米是不太營養，因爲現在的米都是精碾到只剩下澱粉，米中的胚芽與薄膜裡的碳水化合物都被磨掉了，所以不太有營養了）其實糙米很營養，不遜於魚肉。

事實上，不論是世間法中或在出世間法中，很多人都是落在虛妄想之中，始終不離妄想。譬如有些人一直對有情存有殺害之心，而他們的殺害之心是源於貪肉而不一定是因爲殺心。譬如有人每天都喜歡吃雞鴨魚肉，不論去到哪裡都會想到要吃眾生肉；所以有一天出門遊玩時，看到湖景好美，湖上有好多天鵝悠哉遊哉，才剛看到天鵝時就想到：「那天鵝肉一定很好吃。」立刻想到牠們的肉好吃。如果在野外突然看見一條毒蛇在爬，他立刻想到毒蛇肉很貴，吃了一定對身體很有幫助。不論見到什麼眾生，他立刻聯想到牠們身上的肉。這就是一種代表性的妄想，他的心中始終都有貪肉殺害之想。

那麼如果有眾生因爲聽聞 觀世音菩薩的開示，把識蘊常住不壞等妄想斷滅了，又了知眾生法界的實相，知道自己是有金剛心常住不死的；從此以後不再妄認蘊處界我爲眞實我、常住我，於是淪墮三界生死的妄想便斷除了。這樣的人即使是死後因爲往世的惡業現前，使他不愼淪墮於鬼道中，或者漂墮到黑山鬼國去，所有的惡鬼都不能殺害他；因爲他沒有殺業，就不能殺害他，也因爲他已經斷我見而有解脫功德了。譬如阿含中的記載：鴦掘魔羅殺害九百九十九人以後，由於世尊的度化而悟得如來藏了，世尊卻教他去市鎭中告訴難產的女人：「**我自從在賢聖法中出家以來，不曾見到殺害任何眾生。**」那個難產的女人就順利生產了，母子均安，是與這個道理一樣的，這就是 觀世音菩薩所說的第四種無畏施的功德。

「**五者熏聞成聞，六根銷復，同於聲聽；能令眾生臨當被害，刀段段壞，使其兵戈猶如割水，亦如吹光，性無搖動。**」「**熏聞成聞**」，是說由於世世不斷地熏習聽聞諸法的緣故，由於聽聞諸法時固然是以聲音爲主要，但也必須其餘五塵配合的緣故，於是如來藏中妙眞如性的功能就分解爲六種；並且無始劫來不斷熏習的結果，才使六種功能都必須依附於六根而受限於六根之中。如今悟得如來藏了，觀察如來藏有妙眞如性，所以悟後把六根的功能繼續熏鍊而銷融六結，回歸於如來藏的妙眞如性中，六知根的功能不再分散爲六種，全都會歸到如來藏的佛性妙用上面，這就是「六根銷復」；於細加觀察時將會現見六根的功能之中，都同樣是由妙眞如性（佛性）在運作的；再從這裡進修到最後階段完成時，便能六根互通，在六塵上的所有不同功能，都已經同於聲音之中的能聽一般，全都攝歸如來藏妙眞如性了。

那時六知根中的功德全都收歸妙眞如性（佛性）時，已經現證根塵同源了，所以純以佛性直接運作時，已不是單單定果色可以說明的了，所以那時的威神力是在物質上產生大功用的；由此緣故，設使有緣眾生冤枉受害時，觀世音菩薩也能聞聲救苦而令行刑之刀段段毀壞；或者能令兵戈所過猶如割水吹光一般，而受枉眾生的佛性仍然都無搖動。

兵戈的意思，也有人說是煩惱的意思；對於學佛人而言，煩惱猶如兵戈一般，會傷害法身慧命。假使找到本心了，現前觀察六根原來是從本心出生的，原來是本心的一部分；而六根功能也是本心之中的功能，如今「六根銷復」以後，原本屬於如來藏妙眞如性的功能已經不再受六根所限制了；這時運作已經隨心應手而全無障礙了，就好像耳根對於聽聲音一樣自然運作而「同於聲聽」一般了。這時所有煩惱已經不能對行者有絲毫障礙了，當煩惱兵戈斬下來時，就如同割水吹光一般，對學佛者的法身慧命已經全無威脅或作用了，所以說是「性無搖動」。當　觀世音菩薩教導眾生發起法身慧命時，眾生也能在理上這樣觀察而遠離生死中臨當被害時的恐畏之心，這就是　觀世音菩薩的第五種無畏施。

「六者聞熏精明，明遍法界；則諸幽暗，性不能全；能令眾生、藥叉、羅刹、鳩槃茶鬼及毘舍遮、富單那等雖近其傍，目不能視。」「聞熏聞修金剛三昧」而且有了般若慧，並且已經悟後起修一段時期了，性障修除很多了，當然是「**聞熏精明**」了；這時顯發出來的光明，就會跟一般眾生特別不同。悟後若有努力進修，光色一定與一般人截然不同；世俗人雖然看不見，但鬼道眾生們有小五通，他們可都看得見；天人的眼通更好，當然更看得見。這時你的光明遍於十八界法之中，十八界法中不論哪一個法界起心動念而運作的時候，金黃色的光明就會出現。這不像眾生們的陰暗之光，更不是密宗鬼神的純綠光、純藍光、純紅光、純黃光，更不會是黑光，而是金色的光芒；如果有禪定的證量，就會再加上白色的強烈光芒來增強般若智慧的金光，這種金光會遍照於你的十八法界。

這時已經把以前心中所有幽暗的體性漸漸銷滅，使得幽暗體性不能完全了，所以說「**則諸幽暗，性不能全**」。再繼續修行以後，光明很強了，已經使天界報得天眼通的眾生都不敢隨意看輕你；如果是人類之中有天眼通的人，當他看著你的時候，一定會存著恭敬心看待你（以前我曾經遇見有人宣稱他有神通，可是我一見，才看到他在看我的表情，就知道他是騙人的，根本沒有神通。因爲我們所顯發出來的光芒，跟一般眾生完全不一樣，連鬼神都要恭敬的，可是他竟然都沒看到，當然就知道那個人沒有神通，只是裝神弄鬼而已）。先別說我們自己顯發的光明，就算是我們印出來的書也都有光明，一般護法神都會爭相護持。我們的〈正覺總持咒〉也是一樣，如果女眾哪一夜落單了，卻必須經過墳墓時，妳就大聲唸誦總持咒，護法善神就會擁護你，所有的鬼神都不敢來招惹妳。有善根的鬼神就會很歡喜聽，知道你有大修行，因此不但不害你，而且還會照顧你。正覺總持咒是很深妙的法，他們護持你都來不及了，當然不會搗蛋。

所以當你「聞熏精明」，也就是證得金剛三昧以後，繼續「聞熏聞修」，也就是繼續聽聞熏習更微細的深妙法義，使意識離開了暗昧的境界，這就是發起精明了。當精明性越來越強時，幽暗的籠罩就隨之越來越少了；於是藥叉、羅刹、鳩槃茶、毘舍遮、富單那等鬼神看見了，都不敢正視你；因爲你的光彩特盛，如果直接看你，眼睛會覺得很難過。他們的光彩都屬於純綠色、純藍色等光，而且光色都不明亮，是心性不清淨而顯示出來的光色；可是你的光明與別人都不一樣，除非悟後都在原地踏步而沒有在轉依上面用功，也沒有在智慧的增進上面用功，所以跟悟前的光色相差不多。如果有精進用功而使性障微薄、智慧大增，光明將會越來越強而且越清淨明亮，不斷散發出金色光芒，當然他們一見就知道你是值得尊敬的實證者，他們自然不敢正眼瞧你。

藥叉，又稱爲勇健鬼，他們在鬼神道中是威德力很大的鬼神。勇健鬼大約有二種：一般外道稱之爲空行天或地行天（其實都是地行天，因爲都是在須彌山腰來來去去，都還不能到達山頂的忉利天，更不是已超越須彌山頂的夜摩天，所以都是地行天；但因爲屬於天而不屬於人間，所以外道們往往稱之爲空行天，或者有時單稱爲天），其實就是四王天中的藥叉眾生。所以密宗女行者夢中與空行勇父合修雙身法，密宗上師夢中與空行母合修雙身法，就是與四王天來的空行天或地行天交合，其實就是四王天的藥叉。所有四王天的天人就是這種鬼神，都屬於地行天。

這樣說明，諸位就瞭解密宗所謂的天界來的空行勇父或空行母，其實就是藥叉；這些貪愛淫欲而常常來人間與密宗行者交合的藥叉，只是四王天中不入流的下等眾生；心性比較高尚的四王天藥叉，是不會來人間與密宗行者交合的；可是密勒日巴竟然是被鬼神藥叉的空行母授記說他成佛，這是不是很荒唐呢？由此可見密宗古今上師們根本不懂佛法，他們連世間法的欲界天境界都還不懂呢！可以授記密宗上師成佛的空行勇父或空行母，都只是四王天中不入流的藥叉；那麼護持密宗所謂「正法」的護法神層次當然更低，當然是人間山精鬼魅一類的低等鬼神，怪不得要供血淋淋的五肉或屎、尿、淫液等不淨物了！但是話說回來，並不是所有藥叉都很兇狠，因爲大部分藥叉是被四王天的天王和天大將軍收服，成爲護持人間國土的鬼神，都屬於地行天。

羅刹，意譯過來就是捷疾鬼；羅刹一樣很兇狠，但是因爲他往來迅速，所以叫作捷疾鬼。鳩槃茶鬼即是魘魅鬼，這種鬼總是找倒楣的人，就附在那個人身上搗蛋，一般人若是交了霉運時被附身，就是鳩槃茶鬼作祟；如果有陰陽眼（這不必用天眼）就會看見他；如果有人被附身，你以陰陽眼看到的時候，就會看見那附身的鬼，形狀好像甕一樣，身體鼓鼓地，所以又名爲甕形鬼，這就是魘魅鬼。毘舍遮就是密宗所供奉的金剛部主，毘舍遮翻譯爲中國話叫作「**噉精氣鬼**」，他們最喜歡從男女的淫液中吸取精氣；密宗供奉那一些金剛部主，請求他們做事而修息、增、懷、誅時，都一定要用男女的淫液上供，正因爲金剛部主就是毘舍遮，最喜歡噉食精氣。密宗喇嘛們供奉得不亦樂乎，招惹來的卻只是不吉祥的噉精氣鬼，他們自己卻不知道，眞愚癡。富單那就是熱病鬼，又叫作臭餓鬼；因爲這種鬼渾身不淨、散發臭氣，可是他尋找食物時又很不容易得到，所以又叫作臭餓鬼；如果有人被這種鬼附身了，可就從早到晚渾身熱得不得了；把他送進冷氣房，還得加上冰塊把他裹著，剛開始時還喊熱呢！這就是被熱病鬼附身啦！當你把金剛三昧努力進修到「聞熏精明，明遍法界」的時候，這一些鬼就沒有辦法正眼看你，因爲你的光明太強了；他們因此而知道你的功德與福德都超過他們，所以縱使有能力傷害你，將來一定會受極大惡報，所以必須恭敬或敬畏你，這就是　觀世音菩薩對人們的第六種無畏施。

「七者音性圓銷，觀聽返入，離諸塵妄，能令眾生禁繫枷鎖所不能著。」觀世音菩薩的第七種無畏施，是「音性圓銷」；當然是先從說法聲音中理解諸法的虛妄以及如來藏妙眞如性的眞實，所以在理上將蘊處界等法「入流亡所」以後，接著再從觀聽之中入手；就是藉著禪定來用功，訓練覺知心轉依妙眞如性而遠離根塵，能從聲塵與耳根境界剝離，也就是「觀聽返入」；是將覺知心的能聞功能向內收攝而返攝進入如來藏運作時的佛性功能中，這時就「離諸塵妄」了。

當然，這都必須先在根塵上面作觀行，對音聲與耳根的虛妄體性詳細觀察了知，知道外聲塵是心外之法；也知道內聲塵是自心如來藏所生之法，因爲覺知心所聞到的聲音是要由如來藏跟外面的聲塵相聯結才會產生的，否則自己覺知心所觸的內相分聲塵便無法出現。這樣觀察的結果，外聲塵已經與自己無關，所聽到的聲塵卻是自己的如來藏所對現出來的內相分聲塵，是自己心中的法相，那麼自己繼續攀緣外塵作什麼？這時就能「觀聽返入」而回歸到本心的妙眞如性中來，開始離諸塵妄，因爲已經了知覺知心所觸知的一切萬法，無非是自心如來藏的體性。

有時會讀到某些經典說「一切法即如來藏」，可是凡愚所見一切法畢竟不是如來藏啊！然而從如來藏出生萬法的法界眞相來看時，一切法確實就是如來藏。因爲你覺知心所了知的一切法，所接觸到的一切法，都是從自己的如來藏中出生或顯現出來的，所以都是由如來藏出生的覺知心見分，在把玩如來藏出生的六塵相分；說句老實話，根本就是自己玩自己，是住在自己的如來藏世界中玩著如來藏所生的相分，而覺知心自己也是如來藏所生，從來不曾住在如來藏以外；所以氣也是在自己的如來藏心中氣，歡喜也是在自己的如來藏心中歡喜，修菩薩行而修學佛法時也都是在自己的如來藏心中修學；全都是自己心內的法，從來不曾住在如來藏心以外，卻總是藉如來藏心聯結外境而自以爲是在外境中把玩。

這樣觀察清楚以後，開始確確實實「觀聽返入」，已經能離開對外塵的虛妄貪著了；由於能夠離開對外塵的虛妄貪著，所以能令眾生「**禁繫枷鎖所不能著**」。即使過去世造了惡業，冤枉了別人，今天受報而被人家冤枉了，無緣無故卻被人家冤枉了，抓進監獄中「**禁繫枷鎖**」，可是那鎖住你了嗎？其實都只是鎖住你的色身，你的如來藏心何曾被鎖住呢？如果眞悟了，就應該有證悟後的功德受用。如果證悟以後有一天被冤枉了，你就說：「**好啊！我去獄中修禪定啦！**」誰都不會打擾你了！電話、生活瑣事、串門子等等，全都不會再有了，你就可以每天靜坐，那可就太好了！那麼你還是在自心如來藏的境界中遨遊，根本就沒有被枷鎖。因爲你的心是自由的，法樂無窮啊！所以不要從文字的表義去看，不然就變成依語不依義了。而這就是觀世音菩薩對眾生的教導，眾生也就這樣領受了觀世音菩薩的法布施，這就是菩薩第七種施無畏。

「八者滅音圓聞，遍生慈力，能令眾生經過嶮路，賊不能劫。」觀世音菩薩的第八種施無畏，是教導眾生繼續進修「滅音圓聞」及「遍生慈力」。假使能夠圓滿見聞法中的聞性，使聞性遠離六塵中的聲塵而滅除了音聲，不再落入六塵中的聲塵裡；這時是純依佛性而作見聞的，已經迴轉聲塵中的聞性而依佛性（也就是如來藏的妙眞如性）來運作了；覺知心已經不受限於六塵中的聞性了，接著還要「遍生慈力」，要於一切有情產生慈力。慈心的力量是很偉大的，當佛弟子證得初禪以後，修慈無量心的觀行，觀行到最後能夠遍緣十方世界所有眾生的受樂相，因此心生大歡喜。當這個慈無量心觀行完成時，在人間連一點點小惡業都不會造作，又有了初禪的定力，並且已在人間修集了大福德，就具備了生到初禪第三天擔任初禪天主的功德與福德了！當然這個慈心的力量很大。

所以「滅音」而「圓聞」，圓滿了佛性中的聞性時，又修成了慈無量心；這時觀聽十方一切眾生，心中生起了慈悲的大力量，由於有慈無量心的緣故，使你經過險礙之路時，一切賊人都不能來破壞或搶劫。這是因爲慈無量心的成就，使你有廣大威德可以隨宜示現。觀世音菩薩教導佛子們的觀音法門，是藉耳根聞法而實證如來藏證得金剛三昧，再作實修而漸次到達這種境界，這正是菩薩的第八種無畏施功德。如果以別教來說，這是哪一地的境界呢？正是三地滿心境界中的一部分，因為三地滿心菩薩，除了無生法忍以外還要修學四禪八定、四無量心、五神通，這就是其中的一部分境界。你看，觀音法門從基本的開悟明心實證，一直往上推進，已經推到三地住地心來了。

「九者熏聞離塵，色所不劫，能令一切多婬眾生遠離貪欲。」觀世音菩薩的第九種無畏施，是教導眾生修學觀音法門以後，經由金剛三昧的實證以及悟後進修，不斷「聞熏聞修」，與佛性境界相應而能夠離塵直接運作時，也就是遠離人間五塵了！離開人間的五塵時，五塵是哪一界的法呢？（眾答：欲界）是欲界的法。若是到了色界時就沒有人間的五塵了，只剩下色界中的三塵，這三塵是與欲界人間的三塵有所不同的。色界中不但沒有香塵，更沒有味塵，因為色界中沒有摶食。沒有摶食時就少了味塵、舌識、舌根，也少了鼻識、鼻根、香塵，只剩下身根的觸塵（這個觸塵是沒有男女細滑觸的），以及眼識所見的色塵、耳識所聞的聲塵，而這三塵也與人間的三塵不同。所以當他離了欲界五塵時，已經轉變成色界境界了，而色界中的三塵境界也跟欲界的三塵不一樣。既然沒有欲界的五塵了，而色界身雖然還有身根，也有觸塵，卻都沒有男女根，所以全無欲界貪；既然沒有欲界貪，當然是欲界一切色法所不能劫，也就是欲界的污濁色法都不能劫持他，當然就遠離欲界五塵法的貪愛了。當眾生遵循 觀世音菩薩的教導而有了這些修證時，就一定能夠遠離貪欲；所以 觀世音菩薩說「能令一切多婬眾生遠離貪欲」，這就是觀世音菩薩的第九種無畏施功德，也就是能令一切多婬眾生遠離失去欲界法的恐怖。

「十者純音無塵，根境圓融，無對所對，能令一切忿恨眾生離諸瞋恚。」第十種無畏施，是「令一切忿恨眾生離諸瞋恚」，不再恐怖墮入瞋恚痛苦的心境中。這是要再進一步「純音無塵，根境圓融」，達到「無對所對」的境界。觀世音菩薩觀聽十方眾生的音聲，所聞純粹是眾生的心聲，不是經由聲塵來了知眾生的心聲，因此是已經遠離事相上的聲塵。譬如諸位去觀音廟時，有沒有看過誰在跟 觀世音菩薩祈求時大聲呼叫說：「觀世音菩薩！請您賜給我一個好兒子。」從來都沒有啊！祈求者都是手中舉著香，嘴巴裡唸唸有詞，可是你都聽不到他在說什麼。那些祈求的人們都是在心中有聲音，都只在心中對 觀世音菩薩稟告，而 觀世音菩薩也都聽見了！但有所求，祂就有所聽，這就是「純音無塵」；所聞都不是心外的聲塵，當然是「無塵」，這樣才能達到「根境圓融」，是六根與外境已經圓融而不再受到外境六塵的區隔了。

換句話說，觀世音菩薩如果是受生在人間時，祂也可以由自己的勝義根直接和眾生的心音聯繫，可以直接了知眾生心中的祈求；這時已經不在六塵中運作而沒有能對與所對——「無對所對」。爲什麼沒有能對與所對了？因爲是「根境圓融」而直接以佛性運作，不需要透過世間的六塵，所以不必經由聲塵來了知眾生心中的祈求，因此而沒有六塵中的能對與所對了。這就是經由「聞熏聞修」的長期修行過程，使如來藏的妙眞如性可以直接顯現出這種功能性，表示六根與六塵的境界圓融了。而這種境界，是觀世音菩薩在人間有應身時就能作到的境界，不必是住在天界或鬼神界中運用神通才能了知的，當然是講祂的「根境圓融」境界，這其實已經是佛地的境界了。

當「根境圓融」時就沒有六塵中的能對與所對可說了，全都由妙眞如性來直接相應了，根本不需要再藉聲塵與耳根去面對才了知眾生的心聲。由於遠離根塵的緣故，就能直接與眾生心相應，眾生常有感應時自然就會信受了。觀世音菩薩還有大威力，「能令一切忿恨眾生離諸瞋恚」，假使忿恨眾生有得救的因緣，觀世音菩薩就會現身來降伏他，這忿恨眾生的瞋恚心就消掉了。如果有一眾生的瞋恚心是三界中最猛、最盛，觀世音菩薩就以十一面觀音中的後方一面來示現，再兇狠的眾生見了都嚇死了，就被忿怒觀音降伏了！但為什麼菩薩能夠這樣子呢？都是因為心中完全無瞋無恨而具有大慈大悲與無量大福德，才能夠有大忿怒相。

說到這裡，不免又要談到密宗；他們的唐卡畫著憤怒本尊，那並不是由於大慈大悲而產生的，而是基於極大瞋恨心而產生的，根本就是不離瞋恨。他們有很多邪見，譬如教導徒眾說：「你如果遇到對方不信受你而有傲慢心，那你就在心中生起『佛慢』，示現大忿怒相，就可以降伏他。」起什麼佛慢呢？他們全都是未斷我見的凡夫，哪來的佛慢可起？而且，十方諸佛成佛了，瞋心的習氣種子早在第二大阿僧祇劫圓滿時就斷盡了，哪還會有慢？絲毫都沒有了，還會有慢習而能生起「佛慢」？全都是妄想邪見。他們的說法都是很矛盾的，可是他們自己都不知道有矛盾，眞是愚癡啊！諸佛由於「根境圓融」，當然是六根互通而超脫一切世間境界了，哪裡還會有慢心、恨心、瞋心呢？

諸佛都已經遠離根塵了，全然沒有能對與所對了，早就離開能所了，怎麼可能還會有能瞋的種子呢？還有什麼事是可瞋的呢？這完全是無生法忍圓滿的境界。觀世音菩薩正是如此，所以能使眾生離開種種瞋恚境界。觀世音菩薩不但自己如此實修親證，也教導眾生依照祂的法門一一次第修習；當眾生修習到遠離欲界與色界法時，自然會如同觀世音菩薩一樣遠離忿恨、離諸瞋恚了。

「十一者銷塵旋明，法界身心猶如琉璃，朗徹無礙；能令一切昏鈍性障離阿顛迦，永離癡暗。」觀世音菩薩的第十一種無畏施，是「令一切昏鈍性障離阿顛迦，永離癡暗」。觀世音菩薩教導眾生再進一步「銷塵旋明」，使「法界身心猶如琉璃，朗徹無礙」。證得金剛三昧以後，不再像凡夫或二乘聖者愚夫一樣，都只在十八界法中「聞熏聞修」，而是把六塵全部否定，把所有六塵收歸如來藏的妙眞如性中，所以對六塵的執著完全消失了！這時覺知心已經「銷塵」而「旋明」，是不再落入六塵中，旋轉過來歸於佛性的明性來運作了，已經離開了世間人誤以爲六塵實有的無明。

這裡的明性，不是密宗所講的明性，密宗全都自己另外新創一套佛法，跟眞正的佛法完全不一樣，他們是用佛法的名相來弘傳他們自己的外道法。他們所講的明性是覺知心中不生起語言文字而能作了別，也就是離念靈知，這就是密宗的明光大手印中所說的明性；其實是落入我見之中，本質應該叫作「無明性」，因爲落在識陰對六塵的分別中。明性是離開了無明，不落在十八界法中，所以出生了斷我見的智慧，才是明性。或者證得如來藏而產生了法界實相的智慧，不落入二乘菩提的狹小智慧中，才能叫作明性。總之，密宗竊取佛法名相以及僧寶表相，卻都用外道法來取代佛法名相的眞實義，完全用自己取自外道的內容來替代佛法名相原有的眞實義，所以根本就是外道，是附佛法的外道。

那麼佛弟子依照　觀世音菩薩的教導，「銷塵」旋轉覺知心與明性相應；這時十八法界所成的身心，也就是五色根、意根、六塵、六識心，全部清澈而「猶如琉璃」，「朗徹無礙」了。譬如你們剛學會無相念佛時，有沒有覺得自己的心地很明淨呢？以前覺知心中總是妄想一大堆，覺知心中總是塞滿了一堆雜念；後來無相念佛功夫純熟以後，就覺得心中很清明、很空朗，好像什麼雜念都沒有了，於是開始覺得自己心中很清淨。這是有一些類似的，但「銷塵旋明」而使「法界身心猶如琉璃，朗徹無礙」，這種層次當然跟無相念佛不同，差距是很大的，我只是拿來作一個譬喻。

「法界身心猶如琉璃」，琉璃是清淨透明的，可以透過琉璃來看另一面的物品，所以是「朗徹無礙」的。也就是說，證悟如來藏而且眼見佛性以後，轉依佛性的功德神用而「銷塵旋明」時，自己的十八法界身心已經猶如虛空一樣，是清澈透明的境界，不再受限於三界六塵境界了，所以身心朗徹而沒有障礙；這時可以冷眼旁觀一切法，卻又完全不為所動；因為都不落入三界六塵中而常住於佛性的功能中，完全遠離三界六塵的侷限，所以「猶如琉璃，朗徹無礙」。這樣修行的結果，當然可以滅除昏鈍性障，也必然可以「離阿顛迦」，也就是遠離一闡提種性——遠離斷善根的種性，自然而然就滅了愚癡與昏暗無明。觀世音菩薩能夠教導眾生修學金剛三昧，而使一切昏鈍性障的人永離阿顛迦（一闡提、斷善根）的無明境界，這就是第十一種無畏施。

眾生為什麼會成為斷善根人的阿顛迦種性呢？都是因為癡暗愚昧而產生的。癡暗是因為對法界的實相不能瞭解，成為佛法中說的「恆住於漫漫長夜之中」。眾生雖然每天看見太陽，卻總是住在漫漫長夜中，意思是說眾生心總是暗鈍的，對實相法界全然無知，或者對蘊處界的虛妄不能了知，所以智慧暗鈍，住於無明之中；即使善知識詳說了以後，他還是不能理解，所以名為愚癡與暗鈍。

如果能夠「銷塵旋明」了，六塵已經不能拘束你，永離根與塵的境界侷限，於是全無染著而使「法界」與「身心」都如同琉璃一樣清淨明徹；這表示你已經有很好的實相般若慧，也有道種智了。當你有很好的般若慧了，就有能力為眾生開示；你們破參明心的人，心中都應該要有雄心壯志，要發起獅子心：「我將來如果有緣遇到印順法師，一定要告訴他錯在什麼地方，要教他離開愚癡暗鈍。」心中要有這樣的想法，要有這種心量，想要救他。因為印順法師把意根否定了，就只承認有六識心；然後再施設意識細心，又說是不可知、不可證的；然後說第七識意根是因為後來聲聞部派佛教發展開來，再從第六識中發展出來的。這是從根本來破壞佛教正法，屬於一闡提——斷善根人，所以你應該發願：若有因緣與他相遇，願意救他遠離一闡提業。

印順否定第七、八識，說七、八識都是後來聲聞部派佛教發展以後才施設建立的。然而《阿含經》中是這樣講的嗎？完全不是！阿含諸經中都說意識是以意根為藉緣才能夠出生的，意根雖然還不是意識出生的根源，但意識必須依附於意根才能出現；顯然意根是存在於意識出生之前，是意識還沒有出生以前就先存在的心，那麼印順怎麼可以顛倒過來說意根是從意識中再細分出來的？這已經違背四阿含諸經所說的至教了！那你們且說說看：印順這樣的顛倒思想，是不是暗鈍呢？當然是暗鈍啊！而且是全然不符合世間邏輯的暗鈍，更別想符合佛法中的至教量與諸菩薩的聖教量了，所以印順是非常愚癡與暗鈍的人。

所以你們已經明心的人，你要有這個心態：「如果我有緣遇見了印順，一定要教他離開暗鈍與愚癡。」你就把這些道理告訴他：「印順師父呀！你這個想法是顛倒的！」他反問說：「我怎麼顛倒了？」你就告訴他：「你說第七識是從第六意識細分出來的，然後主張第八識又從第七識中細分出來。那我請問：意根是不是心？意根是有色根嗎？」他如果說「是」，你再問他：「請問你身中哪一個是你的意根？」他可就不敢回答了！印順如果說：「頭腦或者腦神經就是我的意根。」你就告訴他：「那你這一世來投胎時有沒有帶著頭腦或腦神經來投胎？」因爲至教量及諸菩薩的聖教中，都說意根是來往三世不曾中斷過的，是「恆審思量」的無色根。印順當然無法主張意根是有色法的腦神經（編案：印順有一本書中說意根是腦神經），他只好說：「那麼意根是心。」「那麼再請問你：六識是心，意根也是心，四阿含中也說意識是依附於意根才能出生的，意識不但要依附意根，還要依附法塵，因爲是『意法因緣生意識』，這在《阿含經》中講得很清楚，那怎麼可能第七識是從第六識心中細分出來的？」印順聽清楚了，知道自己的知見錯了，改正過來了，不就讓他離開暗鈍了嗎？那時印順這一部分的暗鈍也就消除掉了。

所以，當你能夠「銷塵旋明」而回歸明性時，就是離開無明了！這時你就有智慧能幫助昏鈍性障的眾生離開一闡提—離開斷善根—的境界。如果你們有一天遇見了印順法師或者他的徒眾，不管是遇見昭慧法師或別的法師都一樣，你若願意誠懇爲他們說明這些道理，他們從此就不敢再誹謗正法，也不敢再誹謗第七識、第八識了，那你不是就幫他們離開了一闡提種性了嗎？而他們都沒有因緣遇見正法的實證者爲他們釋疑，所以說他們修習正法的福德顯然還不夠，當然無法遇見 觀世音菩薩爲他們點化呀！如果他們福德因緣夠了，觀世音菩薩當然會幫他們點化，就可以離開了阿顛迦（一闡提）的愚癡境界，就可以永離癡暗。可惜的是他們全都否定極樂世界與 阿彌陀佛，也否定 觀世音菩薩，說這些聖者都是後代佛弟子們虛構出來的，當然是沒有福德可以親遇 觀世音菩薩爲他們點化愚癡的。

所以你們已經明心的人要有這個心志，不但對印順法師和他的徒眾們，對你自己以前隨學的老師或師父也都應該這樣子，應該告訴他們這些眞實道理，讓他們不再否定七、八識，這樣他們就能離開阿顛迦種性；否則，當他們否定如來藏時，在大眾之中才一出口，就成爲斷善根人了，就成爲一闡提人。這個道理，在《楞伽經》早就講過了！因爲如來藏就是菩薩藏的根本，所有的菩薩藏諸法都從第八識如來藏中出生的；當他們把如來藏否定了，就沒有佛法、聲聞法與菩薩藏可言啦！所以當他們否定如來藏時，就是否定菩薩藏，就成爲一闡提人而斷盡善根了。那你們有了這些智慧，當然可以救他們離開一闡提種性，更何況是觀世音菩薩的境界，當然更沒有問題了。而觀世音菩薩教導大眾親證金剛三昧，就顯示「能令一切昏鈍性障離阿顚迦，永離癡暗」；你們學了這個法而證得金剛三昧，有智慧可以幫助印順等阿顚迦永離癡暗，當然也是觀世音菩薩的無畏施功德中的一部分。

「十二者融形復聞，不動道場涉入世間不壞世界，能遍十方供養微塵諸佛如來，各各佛邊爲法王子，能令法界無子眾生欲求男者，誕生福德智慧之男。」觀世音菩薩的第十二種無畏施功德，是同時涉入十方三界中的不壞世界去當諸佛的法王子，能夠同時遍於十方三界的不壞世界中，供養十方不壞世界中的所有諸佛；這時就能藉此因緣幫助十方世界中的眾生如實修行，將來可以成爲諸佛的法王子；也能使無子眾生「誕生福德智慧之男」，免於無後之憂，同時也能紹繼佛種。觀世音菩薩不是只有住在極樂世界那個不壞世界之中，同時也遍於十方三界的不壞世界中，並且也在十方三界的可壞世界中與有緣眾生感應；這功德就是從「融形復聞」而來的，不是單在意識層面上運作，而是意識經過事修以後已經能直接作用於如來藏的妙眞如性了，所以不但遍於十方三界的不壞世界作用，也能遍於十方三界的可壞世界作用，護助一切有緣眾生。

「融形復聞」，是把三界不同身形的境界，就是把一切有形的境界全部都融合了！什麼是融合呢？也就是不再像以前一樣，總是分別說：這是天與人，這是色界天的天人，那是欲界天的天人。或者分別說：這是人類，那是狗，那是貓，那是餓鬼，那是地獄。因爲全都是眞如心如來藏嘛！於是就「融形」了。因爲看見了螞蟻時也是不認螞蟻身爲究竟身，而是以如來藏來看螞蟻；所以很多人破參明心回來以後，就不再踩死螞蟻、不再踩死蟑螂啦！以前女眾看見蟑螂時都會恐怖而大呼小叫，現在卻是拿個容器把牠蓋住，然後把牠放到屋外面，因爲那隻蟑螂也是如來藏啊！就把身形的分別打破了，這就是「融形」。

由於不再被色身形狀的表相所拘束，對於形相的執著性已經銷融掉了，所以不會再對色身形相有強烈的分別心，而是純粹從如來藏來看待眾生，所以能夠「融形」而把色身的形色分別銷融掉了！所以有許多同修們悟後看見眾生時，都看作是未來佛。當螞蟻爬過來：「這是螞蟻佛。」當蜈蚣跑過去時：「那是蜈蚣佛。」全都是未來佛！因爲牠們未來無量阿僧祇劫以後也是會成佛的。這是因爲未來無可限量啊！終究有一世會來到人間，也終會有一世開始學佛，也終究會有一世眞發菩提心證悟明心。只要對色身的形色分別消滅了，就叫作「融形」，因爲所看見的都是如來藏，不在身形上面去看。

「融形復聞」，是在「融形」以後，把覺知心全部回歸到可以使我們運作「心聞」的佛性上面來，由如來藏心流注出來的眞如性，直接聽聞眾生心中的音聲，就是「復聞」。這不是在講出來的語言音聲上面，而是眾生心中的音聲；因爲「心聞」的功德是一切有情的如來藏心本來就有的功德，只是流轉於六塵而分割爲六根功能以後，佛性的功德就無法直接聽聞眾生心中的音聲了，所以「復聞」的聞，是指「心聞」而不是「聲聞」；而且這只是回復到如來藏妙眞如性原有的功能層次，而不是新生的功能，所以說是「復聞」而不是「生聞」。

那麼理上的「融形復聞」觀行完成以後，繼續在事修上面修習到「融形復聞」的階段時，就能「不動道場涉入世間不壞世界」。不動道場是指眞如心如來藏，這時如來藏可以藉自己的妙眞如性普遍化現而「涉入世間不壞世界」。所謂「世間不壞世界」就像是極樂世界、琉璃世界，全都屬於不壞世界。這一種純一清淨世界是永遠存在的，住持佛法的法主世尊，可能住世十、百、千劫之後會入滅，但一定會有菩薩踵繼成佛來接替的。又如我們娑婆世界中，有沒有不壞世界呢？有沒有呢？（大眾未答）有啊！因爲火災只燒壞欲界世間，水災只淹到二禪天，風災最多也只吹壞三禪天，再上去的四禪天呢？火、水、風災都壞不了四禪天世界；再上去的四空天，更沒有物質可以被壞，所以都是不壞世界。至於四禪天以上的五不還天，當然更是不壞世界了。如果成了初地的入地心，如果不想生在人間，又覺得跟 釋迦牟尼佛比較相應，也可以求生到娑婆的色究竟天去，那也是不壞世界。

觀世音菩薩說祂因地時由於「融形復聞」，所以「不動道場」如來藏的妙眞如性，可以普遍的涉入十方三界中的所有不壞世界，普遍供養十方微塵數諸佛如來，也就是化身無量而在每一尊佛身邊都當法王子。只有這種由如來藏的妙眞如性來直接涉入的功德，才能夠同時普遍涉入十方三界中的不壞世界，來佐助諸佛攝化眾生；也只有這種妙眞如性的功德，才能普遍涉入可壞世界的眾生心聲之中加以了知，而對有緣者加持孕育出福德智慧雙全的男孩子，這樣的男子將來一樣可以紹隆佛種，最後也可以成爲法王子。爲什麼觀世音菩薩有這種能力？全都是因爲「融形復聞」而回歸到自心如來藏的妙眞如性來直接運作，不必經由六根六塵來運作的緣故。但這必須要滅盡起煩惱所攝的習氣種子而滿足七地心，並且還要再進修而消除很多上煩惱以後，才能達到這種境界；這當然不是一般人所能達到，乃至三地、五地、七地、八地都還無法與 觀世音菩薩這種證德相提並論的。

觀世音菩薩說，祂修到這種證境時又生起另一個功德，能夠使十方法界中的欲界眾生，假使沒有兒子而想要求得一個男孩子；當他們向 觀世音菩薩祈求以後，菩薩能夠加被他們，使他們誕生福德與智慧都具足的男孩子。如果養到這麼一個孩子，他既有福德又有智慧；有福德就會為家庭帶來幸福的日子，事事無缺，生活資材永遠富足；他有智慧就一定會孝順，人會不孝父母都是因為沒有智慧。為什麼說不孝是沒有智慧的人呢？因為他不能觀察因緣果報，不懂得感恩父母的辛勞，也不能觀察世間軌則，才會對父母不孝。儒家尚且講究奉事天地君親師五倫，每天都要上香、上茶水供奉；儒家世間法中都得要敬天畏地，也要尊敬世間法中的師長，「親」則是自己的六親，主要是指父母親。世間法中的儒生尚且要每天上香供養天地君親師，可是學佛的人卻反而對父母不孝，這是有智慧嗎？真的是沒智慧。

我有時這樣想：「以後是不是禪淨班改為三年，剛開始半年特地像一貫道一樣講一些儒家三綱五常等人間倫理，一定有可取之處。」你們看一貫道，沒有傳出信徒對點傳師背叛、侮辱、無根誹謗等事情，至少我還沒有聽過。他們一向尊重世間聖人，對孔老夫子都很尊敬，當然就更尊敬出世間聖人，所以大約不會因爲私心無法達成，就誹謗師長。一貫道雖然一直都沒有人證悟，古今都是如此，但他們在這一點上很成功，是咱們佛教弘法時應該攝取的優點，其實就是應該先在人乘與天乘等法上面教導（編案：這些都屬於次法，自從二〇〇五年起，平實導師已經開始注重次法的教授，藉以幫助同修們消除性障而快速開展道業）。太虛大師說「人成即佛成」是有缺點的，我們可以把它改一下：「人成而後佛成。」就有道理了！

假使連做人都做不好了，怎麼可能成佛呢？爲人之道的基本條件，就是孝順父母、不忘恩負義、不欺師滅祖，如果連教導我們出世間法的師父，都可以背叛及無根毀謗，連做人的資格都不存在了，還能說他是菩薩嗎？而且，師父所教導的出世間法又是確實可以實證的，並且也幫助我們實證了，更不該毀謗；連有根毀謗都不應該做，更何況是無根毀謗呢！這是連當人的資格都沒有了，也就是沒有人格的人，何況能有聲聞格或菩薩格呢？那又怎能當菩薩呢？更何況想要求證佛果？成佛是超越阿羅漢的境界，是非常崇高的境界，而學佛人如果連當人的資格都失去了，又如何能修學佛道呢？話說回來，如果有好福德因緣，或者因禍得福，譬如求 觀世音菩薩加庇而生了一個福德智慧具足的子嗣；這個孩子既乖巧聰明，又孝順父母，長大以後又善於如法賺錢，懂得供養父母；有這樣的孩子，可眞是一輩子都沒什麼好憂愁的。觀世音菩薩安排來的子女，一定不會是無賴或好吃懶做的壞子女。

觀世音菩薩有這種功德，當然會適應一切眾生的需要，因此菩薩的化現一定不會只在佛教中，所以道教的寺廟中也都有供奉 觀世音菩薩。有些人學佛以後心中這樣想：「**那是道教的，應該不是眞的觀世音菩薩，可能是鬼神吧！**」事實上不是這樣。觀世音菩薩是普遍救度一切眾生的，不論什麼層次的眾生都度。所以如果入了道教的道觀，不論是什麼神，我最多就是問訊，也就是打個招呼：「**你好！**」可是如果有供奉 觀世音菩薩的聖像，我就五體投地頂禮。因爲祂是遍一切六道眾生都結緣，當然也要攝受諸神；是盡未來際利樂各類眾生，而在未來無量劫後因緣成熟時就會說法度入佛門的；而且沒有一道眾生是祂所不度的，這也是祂的大願，所以祂普遍涉入一切宗教中。

以前也曾經有人說：「**天主教的聖母瑪利亞，其實是觀世音菩薩化現的。**」這也是有可能的，因爲她顯現的體性和 觀世音菩薩一模一樣；只因爲一神教的信徒比較迷信而純屬信仰，與法界實相智慧還不相應，目前還跟佛法無緣，所以用另一個形相去度他們。耶穌基督七歲以後失蹤了，一直到十三歲時才又出現，他那幾年哪裡去了？我在猜測（當然沒有證據），有可能那幾年中，他是去尼泊爾那邊學習佛教的淨土法門了！所以他後來宣傳福音時所講的修行方法，跟佛教中的淨土持名一模一樣，只是持名時所唸的是上帝耶和華，而他們也是手拿念珠祈禱、唸聖號；又如每一次祈禱完了以後，都要唸一句「阿門！」我在想，阿彌陀佛的梵音是「阿彌達」，是不是後面「達」那個輕音跑掉了，所以變成「阿門」？（大眾笑…）他們的修行法門除了祈禱以外也是持名，因此我在猜想：一神教中的聖母瑪利亞，是不是　觀世音菩薩的化現？也因爲這個緣故，我對基督教及道教等信眾並不排斥，同樣以善心來看待他們。

所以說，觀世音菩薩的化現，並不是一般人所想像的那麼狹隘，而是非常廣泛的；因此道教的信徒需要治病時，祈求　觀世音菩薩指示，菩薩也可以吩咐乩童來作指示，或是進入道教信徒的夢中指示治病；這樣不捨一切眾生，才眞的是大慈大悲　觀世音菩薩。如果只願意攝受佛教徒，異教徒就不願攝受，哪能稱爲大慈大悲呢？觀世音菩薩能作種種化現，一般人很難想像祂如何涉入一切世界的各種境界中，使所有宗教的教主與神祇都會接受，這就是祂的不可思議威德與慈悲之力。有這樣的威德與慈悲力而能攝受所有眾生，當眾生祈求出生能夠繼承家業的男孩子時，菩薩就幫他找來一位福德智慧雙全的人，生在他的家中成男孩子。

這對 觀世音菩薩來說並不困難，因爲祂所攝受的眾生遍及十方三界，眞的太多了，當然可以安排有福德又有智慧的人往生在某一個家庭中。如果觀世音菩薩不是普遍攝受一切眾生，有時候搞不好還會缺貨呢（大眾笑…）。所有人求生男孩子時，當然希望孩子是有福德又有智慧，這當然不容易找；但因爲 觀世音菩薩攝受太多眾生了，這樣的往生者隨時都有，當然可以滿眾生願，這也是祂布施給眾生無畏於子嗣斷絕的恐怖。

「十三者六根圓通，明照無二，含十方界；立大圓鏡空如來藏，承順十方微塵如來祕密法門，受領無失；能令法界無子眾生欲求女者，誕生端正福德柔順眾人愛敬有相之女。」觀世音菩薩的第十三種無畏施，是布施給學佛人領受諸佛如來的祕密法門，以及布施給眾生具備福德而柔順的有相之女。在法上的部分是說，由於「六根圓通，明照無二」，是六根都圓通了，也就是眼耳鼻舌身意六根都到達圓滿互通的境界時，如來藏的妙眞如性可以在覺知心的運作下，把六根的作用互相融通；這時對六根與妙眞如性的所有微細自性，都已經明白照了而互無隔礙，成為每一根中都與妙眞如性融通不二了。這是因為六根全都從如來藏來，而妙眞如性也是從如來藏來，所以本來是可以互通的；但因為眾生無始以來對六塵有所貪著，所以後來漸漸產生了隔礙；特別貪著色塵時就演變而生出眼根，特別貪著於聲塵時就演變而生出耳根，乃至特別貪著法塵而有意根，於是就把妙眞如性面對六塵的功能分成六根各自運作啦！因此就有隔礙了：眼根不能聽聲音，耳根不能嗅聞，意根不能見色，於是六根面對六塵時就有隔礙。

當「六根圓通」時就沒有隔礙，六根的功能可以互通了，這時對六根與妙眞如性的內涵已經「明照無二」了，於是所知的如來藏心中種子已經圓滿具足了，當然智慧已經「含十方界」而函蓋了十方一切法界諸法了。由於這個緣故，就因為十方界所有的法性全都函蓋於如來藏心中，於是就能了知一切有情如來藏中的全部種子，從此以後自己的六根功能不再互相隔礙，而自己也與十方所有世界的眾生全無隔礙，可以感應了知十方法界一切有情的心想，所以「含十方界」。也因為十方法界所有眾生同樣都依如來藏而出生、而存在，如今既然具足親證如來藏中的一切種子，現觀一切有情心、心所法以及五陰世間與外器世間，全都是由如來藏中的種子所成就的，而十方一切有情的如來藏體性，與自己完全相同而消泯了一切隔礙；現觀具足圓滿通達而且「明照無二」了，就依這個道理來建「立大圓鏡空如來藏」，這時自然能夠「承順十方微塵如來」的所有「祕密法門」，一一受領而不會有絲毫遺失。由明照一切種子而具足親證如來藏心的一切功能差別，這時當然有無量功德，「能令法界無子眾生欲求女者，誕生端正福德柔順眾人愛敬有相之女」。

這裡談到「大圓鏡智」，藏傳佛教也常常在書中公開說：他們已經有大圓鏡智，早已成就顯教佛果了，才開始學密。可是，大圓鏡智是如來藏所顯出的圓滿體性，是如來藏中所顯的一切種子的具足圓滿智慧；所以發起大圓鏡智的前提是先證得如來藏，再從第八識如來藏的基礎上進修，直到佛地以後才能成就大圓鏡的智慧。可是藏傳佛教的古今所有法王們，除了後來在西藏被密宗消滅掉的覺囊巴以外，不曾有某一派的任何一個法王或上師、喇嘛證得如來藏，一個都沒有！就只有覺囊巴的法王們曾經親證而提出如來藏他空見。

密宗所有的古今上師們，根本就不懂如來藏是什麼；所有古今上師們都否定第八識如來藏（編案：於二〇〇六年以後才開始有一些密宗有名的上師開始承認有如來藏，但都未能實證），更多的藏傳佛教上師是將一念不生時的覺知心認定為佛教經中所說的如來藏心，然後又說一念不生時了了分明的覺知性、了別性就是大圓鏡智。更荒唐的是，還有一些藏傳佛教上師自以為懂，在書中或自己寫的論中主張：中脈裡的明點就是如來藏，就是阿賴耶識。這可眞是鬧出天大的笑話了！所以他們根本不懂如來藏，當然更沒有實證如來藏，又怎能具足親證如來藏中的一切種子而生起大圓鏡智呢？所以藏傳佛教密宗都是隨便用自己創造或取自外道法中的境界，套上某一個佛法中的果證名相，宣稱他們有證得佛教佛法上的證量，所以他們一直強調密宗是果位或果地的修證。可是密宗所說的佛法果地修證，其實都只是爛水果的果，根本就不是佛法中證果的果。

觀世音菩薩是經由實證如來藏而獲得金剛三昧，然後經過無數恆河沙劫的進修而到了「根境圓融」六根互通的境界，才能「明照無二，含十方界」，所以這時有了大圓鏡智；而這個大圓鏡智是依空性如來藏建立的，因為十方法界一切法都從如來藏大圓鏡中流注或顯現出來，所以如來藏就像一個大圓鏡一般。由於眾生一向生存在如來藏中，而如來藏中的法性無量無邊，如同超大號的圓鏡一般，所以眾生始終看不到這個超大鏡子，全都只看到鏡中所顯現的無量無邊諸法。

如果你製作了一個很寬廣的牆壁，這面牆壁是一大面沒有接縫的鏡子；你把猴子放在鏡邊，牠根本不知道那是一面鏡子；當牠看見鏡中也有一隻猴子時，就對鏡中的猴子呲牙咧嘴，想要跟鏡子裡的猴子相咬及打架；牠根本不曉得那只是一面大鏡子，更不知道鏡中的猴子只是自己的影像，眞的沒有智慧。而密宗藏傳佛教古今所有上師，以及所有否定如來藏的顯教當代大法師們，全都看不到如來藏大圓鏡的所在，如同那隻看不見鏡子而不知道鏡中只是自己影像的猴子。

同樣的道理，凡夫眾生都同樣住在無面無背也無邊的如來藏大圓鏡之中，從來不知道自己有一個如來藏心體，老是在如來藏大圓鏡所出生的六塵影子中，時時刻刻都在如來藏所生的六塵影像上用心；總以爲自己所聞見的六塵影像是眞實的外境六塵，都不知道所見所聞的一切六塵，全都是自己的大圓鏡如來藏所顯現出來的。初地滿心菩薩能證實自己所見聞的六塵全都是自己的大圓鏡所變現出來，現見自己所見聞的六塵都只是在自己如來藏大圓鏡的表面顯現出來；二地滿心菩薩證得猶如光影現觀時，就能轉變內相分而隨意控制斷除習氣煩惱種子的時程。這已經是末法時代的大法師們所無法想像的無生法忍境界了！但比起觀世音菩薩的「大圓鏡空如來藏」而言，層次還是很低的，根本不值一提。正因爲如此，所以觀世音菩薩說，祂因此而可以「承順十方微塵如來祕密法門」，全都能夠領受而不會失去分毫。

經論上說，到了如來地時，自心眞如可以和善十一心所法相應，也可以跟別境五個心所法相應；而自心眞如（如來藏無垢識）本身又是任運而無間斷的，所以祂可以具足圓滿運作無礙；有了這樣的智慧境界以後，自然又出生了一個功德可以利益眾生：「能令法界無子眾生欲求女者，誕生端正福德柔順眾人愛敬有相之女。」如果有人想要求到一個女兒，並且希望這個女兒長得美麗端正，而且又是有福德，心性也很柔順，不論誰見了她都會很愛敬她，而且是有相之女——顯現出智慧與福德之相貌。如果有人養到這樣一個女兒，那就一輩子都不必愁了，準備安心過好日子吧！因爲她既端正有相，當然大家見了都喜歡；而且是有福德再加上心性柔順，沒有人會討厭這樣的女人。如果養到這麼一個女兒，眞該每天早晚好好上香謝謝 觀世音菩薩，祂就是能夠幫助眾生圓滿這樣的願望。這就是 觀世音菩薩對眾生的第十三種無畏施：無畏於究竟法義的親證，也無畏於膝下無人承歡。

「十四者此三千大千世界百億日月現住世間諸法王子，有六十二恒河沙數，修法垂範教化眾生，隨順眾生方便智慧各各不同。由我所得圓通本根，發妙耳門，然後身心微妙含容遍周法界；能令眾生持我名號，與彼共持六十二恒河沙諸法王子，二人福德，正等無異。」觀世音菩薩的第十四種無畏施的功德是：只要受持觀世音菩薩的名號，就等於受持六十二恆河沙數的法王子名號一樣，獲得同樣的福德，不必因爲無法同時憶持六十二恆河沙數法王子，而憂愁無法獲得廣大福德。

我們所住的這個娑婆世界是一個三千大千世界，是因爲有三個千，所以稱爲「三個千」的大千世界。一個太陽系是一個世界，一千個太陽系就是第一個千，就叫作一個小千世界。一千個小千世界合起來就成爲一個中千世界，這就是第二個千。然後由一千個中千世界來稱爲大千世界；這一個大千世界總共有三個千：小千、中千、大千，所以稱爲三千大千世界。換句話說，三千大千世界就是一千個中千世界，就是一個大千世界，這就是我們娑婆的世界數目或太陽系的數目。在我們這個娑婆世界中，有百億日月，也就是有百億太陽系；在娑婆世界中，住在世間的法王子，也就是十地滿心的受職菩薩，總共六十二個恆河沙數。這六十二恆河沙數的法王子們仍然都在修學佛法，而且也垂示顯現法王子的軌範；也就是在世間法上以及在道業上都不害眾生，都很有智慧而遠離無明，也都各自隨順眾生而度化眾生，而他們的方便智慧又都個個互不相同。

每一位法王子當然都各有自己的方便智慧，也都各有自己隨順眾生的種種方便；而　觀世音菩薩正是由於無數恆河沙劫實修以後獲得耳根圓通，因此而回歸到圓通本根中，經由世世修行而「發妙耳門」的結果，於是身心微妙而能夠含容一切妙法，能夠遍周法界無所不知。由於這個緣故，能使一切世界的所有眾生，只需執持　觀世音菩薩的名號，就等於執持六十二恆河沙諸法王子的名號，所獲的功德是一樣的。假使有人同時執持六十二恆河沙法王子名號，另一人只執持　觀世音菩薩名號，這兩個人所得到的福德，是相等而無差別的。

今天有兩封信、三張問題。【請蕭老師慈悲開示……。（講經前的當場答問，因與本經法義無關，故移轉到《正覺電子報》〈般若信箱〉，以廣利學人，此處容略。）

第二封信中有兩張問題，第一：【弟子自從聽老師講《楞嚴經》以來，雖然覺得老師講解經文精闢入理，但因弟子生性駑鈍，總覺得旋聽旋忘，有無法「學而時習之」的遺憾，聽說老師的《楞嚴經講解》要大約十年後才出版，所以可否請老師推薦是否有古德的註解可供參考，令弟子等可以藉此溫習老

師講過的內容。】

答：聽我講經而隨聽隨忘，這是正常的，除非你已經破參了。破參了，你聽了就立即成爲你自己的，因爲你可以馬上觀察體驗，在心中隨即比對而立即知道果然是這樣，那麼聽完了就變成你的東西。如果還沒有破參，聽經時旋聽旋忘，是正常的。因爲聽的時候對照經文，認爲沒有錯呀！可是回去以後自己再讀經時，經文中究竟在講什麼？自己又迷糊了。這很正常，只因爲還沒有破參，而經文中的義理也太深奧，所以會有這個問題存在。但你不必生起煩惱，只要努力依照禪淨班親教師所教的去作功夫，去禪三精進共修破參了，回來聽經時就不會有這個問題。

至於其他古德的註解，我在學佛後，好像是破參後大概一年多吧！曾經看過一貫道的點傳師註解楞嚴，還算可以；雖然他們都還沒有破參，但是依文解義時倒也還好；但我當時也只有兩輯，如今也不知丟到哪裡去了！那好像是以前登在什麼雜誌，是《賢聖》還是《聖賢》？是台中的一個月刊。噢？是《聖賢》？但也只是依文解義，稍微深一點的地方他們就沒辦法註解出來了。至於古德的註解，我沒讀過，所以也不知道。記得以前我有一套註解，人家送給我的，是演培老法師的註解，但也在六年前或五年前送給一位師兄去了，我也沒留著。至於演培法師的註解好不好？我不曉得，因爲我也沒讀過。古德的註解我也沒讀過，我講這部經典是不作筆記的，只是在有需要的地方寫上幾個字提示，免得有些我認爲重要的法義忘了講。我講經一向是拿著經本講，不照古人的註解宣講；以前講《楞伽經》時如此，現在講《楞嚴經》時也是如此。至於古人的註解，我沒讀過；或許大藏經中有，也許沒有，我不曉得，因爲沒有找尋過。但是我想：這麼有名的經典，一定會有人註解；不過，可想而知的是，註解出來的一定都是依文解義，不如你自己明心以後直接讀經文，所以我也沒什麼可以跟你推薦的。

……。（講經前的當場答問，因與本經法義無關，故移轉到《正覺電子報》〈般若信箱〉，以廣利學人，此處容略。）我們接著繼續講《楞嚴經》，上週講完一〇五頁最後一行「隨順眾生方便智慧各各不同」，這一段還沒有講完，今天要由下一句開始：「由我所得圓通本根，發妙耳門，然後身心微妙含容遍周法界；能令眾生持我名號，與彼共持六十二恒河沙諸法王子，二人福德，正等無異。」這是因爲前面講了三十二應、十四種施無畏境界的功德之後，需要作一個總結，所以觀世音菩薩說：由於證得佛法中的諸法圓通的本根，所以發起妙耳門的功德。佛法的圓通本根，當然是指如來藏以及祂的妙眞如性。一切世間法以及一切佛法，乃至聲聞緣覺法，全都要歸結到自心如來第八識中，也就是要歸結到自性彌陀（或者稱爲如來藏）心中來。如果沒有證得第八識心如來藏，就不能叫作佛法的圓通法門，最多只能說是證得二乘菩提的圓通法門，和大乘菩提的圓通無關，就不是佛菩提道的佛法了。所以在大乘法中所說的圓通法門本根，當然是指自心如來第八識如來藏，有時則是指佛地的無垢識——因地時名爲阿賴耶識。

由於 觀世音菩薩所修證的觀音法門，並不是在耳根上面聽聞音聲來著手，而是經由聲音聽聞正法之後，將所有生滅法全都認清其虛妄性，在理上將所有生滅法「入流亡所」以後，親證無法被「流」失的眞實心如來藏，發起金剛三昧；然後將覺知心的功能漸次回歸到如來藏的妙眞如性，也就是回歸到佛性的直接運作上面來；修到後來覺知心已經能夠直接運作佛性了，因此而具有直接觀聽眾生心聲的功德。當這種佛地修證的境界發起以後，並不是在世間聲塵的聲音上面來觀聽眾生心聲，而是不必經由聲塵就可以直接觀聽眾生的心聲，因此叫作「發妙耳門」，這當然不是經由聽聲音而成就的。

這個發起妙耳門，是由於自心如來的種子淨化過程完成了，才能發起的。這是明心而證得金剛三昧並且眼見佛性以後，再經由無數恆河沙劫的悟後進修，種種無明的滅除，也就是對上煩惱和起煩惱的全部消除以後，才能使自心如來的妙眞如性，不必經由六根的浮塵根而直接作用，是覺知心把自心如來的妙眞如性—佛性—功能直接發出來運作。這和妙覺地、等覺地以下對六根、六塵、六識的運作方式完全不同，所以 觀世音菩薩「身心微妙含容」而能夠「遍周法界」，只要是有眾生諸法功能差別的所在，菩薩就可以感應到眾生的心聲。

接下來說：「世尊！我一號名，與彼眾多名號無異，由我修習得眞圓通，是名十四施無畏力，福備眾生。」法界，不外乎十八個法界；只要有十八個法界的地方，不論是具足十八法界或是少到只有三個法界，只要有眾生心相應的諸法功能差別現起了；當眾生在心中對 觀世音菩薩有所祈求時，祂就可以感應，並且是無遠弗至，所以說是「身心微妙含容遍周法界」。因爲有這個功德，所以能夠使執持 觀世音菩薩名號的眾生，具足無量無邊功德。譬如有一個人執持六十二恆河沙數的法王子名號，把六十二恆河沙數法王子的名號，像《千佛名經》一樣編起來，每天不斷唸誦，這個人的福德當然很廣大；卻和另外一個人單持 觀世音菩薩的名號，每天憶持的福德相同，沒有差別。這是因爲 觀世音菩薩的身心功德微妙而能含容一切，並且「遍周法界」，所以能夠有這樣的福德。

所以觀世音菩薩說，執持我這個「觀世音菩薩」的名號，與一起持誦六十二恆河沙數法王子的眾多名號，兩人受持時的功德是沒有差別的。這是由於我修習觀世音如來傳授給我的觀音法門，經由耳根圓通法門而建立正知正見，將一切生滅法全部都「入流亡所」，因此而證得眞實的圓通本根，發起了金剛三昧；然後又繼續「聞熏聞修」而漸漸發起如來藏妙眞如性的圓通功德，所以具足了十四種施無畏的功德，由此而有種種福德來具足利益眾生。

【「世尊！我又獲是圓通修證無上道故，又能善獲四不思議無作妙德：一者由我初獲妙妙聞心，心精遺聞，見聞覺知不能分隔，成一圓融清淨寶覺，故我能現眾多妙容，能說無邊祕密神咒；其中或現一首三首五首七首九首十一首，如是乃至一百八首、千首萬首、八萬四千爍迦囉首；二臂四臂六臂八臂十臂十二臂、十四、十六、十八、二十至二十四，如是乃至一百八臂、千臂萬臂、八萬四千母陀羅臂；二目三目四目九目，如是乃至一百八目、千目萬目、八萬四千清淨寶目；

或慈或威、或定或慧，救護眾生，得大自在。二者由我聞思脫出六塵，如聲度垣不能為礙，故我妙能現一一形，誦一一咒；其形其咒能以無畏施諸眾生；是故十方微塵國土，皆名我為施無畏者。三者由我修習本妙圓通清淨本根，所遊世界，皆令眾生捨身珍寶求我哀愍。四者我得佛心，證於究竟，能以珍寶種種，供養十方如來；傍及法界六道眾生，求妻得妻，求子得子，求三昧得三昧，求長壽得長壽，如是乃至求大涅槃得大涅槃。佛問圓通，我從耳門圓照三昧，緣心自在；因入流相，得三摩提；成就菩提，斯為第一。世尊！彼佛如來歎我善得圓通法門，於大會中授記我為觀世音號；由我觀聽十方圓明，故觀音名遍十方界。」

講記：觀世音菩薩又報告說：「世尊！我又因為獲得這個金剛三昧的圓通修證無上妙法的緣故，又能善於獲得四種不可思議的無漏所作勝妙功德：第一種無作勝妙功德，是由於我當初在觀世音如來座下獲得殊勝微妙的眞聞之心；由這個眞聞之心的精明性進修以後，已經遠離六塵中的耳識聞性，旋歸於金剛妙心的妙眞如性中；於是六根的見聞覺知功能已經不能分隔限制了，成為不受六根限制的圓滿相融而清淨寶貴的知覺；所以我能夠示現眾多微妙的容色，也能為眾生宣說無窮無邊的祕密神咒。在示現眾生微妙容色之中，有時示現一頭、三頭、五頭、七頭、九頭、十一頭，就像這樣乃至有時示現一百〇八頭、千頭萬頭、八萬四千金剛頭、堅固頭；示現二臂、四臂、六臂、八臂、十臂、十二臂，或者示現十四、十六、十八、二十乃至二十四臂。像這樣乃至示現爲一百〇八臂、千臂萬臂、八萬四千顯示手印的柔軟臂；示現二目、三目、四目、九目，像這樣乃至示現一百〇八目、千目萬目、八萬四千清淨寶目；所示現出來的容色或者慈悲、或者威武、或者顯示定相、或者顯示智慧相，如此救護眾生，得到大自在。」

「第二種無作的勝妙功德，是由於我聞熏聞思以後如實修習，因此而能脫出六塵限制的範圍，猶如聲音越度牆垣，一切牆垣都不能成爲聲音的障礙一般，因此我超越六根功能的限制，所以我觀世音有微妙功德，能示現每一種有情的身形，也能誦持三界中的每一種神咒；我所示現的身形，以及我所說的神咒，都能以無畏布施給各個種類的眾生；由於這樣的緣故，十方微塵數的國土眾生，都稱呼我觀世音爲布施無畏的菩薩。」

「第三種無作的勝妙功德，是由於我修學及熏習本來微妙圓滿融通而且本自清淨的萬法本來的根源——清淨涅槃具有無邊功德而能出生萬法的自心如來藏；因此凡是我遊歷所到的世界，都因此而使眾生願意捨棄身上佩帶的珍寶，祈求我觀世音哀愍他們而幫助他們親自實證。」

「第四種無作的勝妙功德，是因爲我已經證得諸佛所開示悟入的眞實常住本心，並且經由聞熏聞修而證得這個本心的究竟境界了，因此能以珍寶作出種種供養而供養十方如來；我的布施也傍及十方法界中的六道眾生，幫助他們求妻得妻，求子得子，求三昧得三昧，求長壽得長壽；就像這樣子，乃至有眾生求證大涅槃時，我也幫助他們證得大涅槃。」

「佛陀垂問各人所修的圓通法門，我想起無數恆河沙劫以前在觀世音如來座下時，是從耳門聞熏聞修而經由聞、思、修的過程，證得金剛三昧而入三摩地中，次第圓滿而明照金剛心的深細境界，我緣於金剛心而得自在；這是因爲聞熏聞修而將所入的蘊處界等生滅法流盡的法相，證得智慧而決定不變的定心境界；以耳根聞、思、修金剛三昧而成就佛菩提道，這就是第一圓通的法門。世尊！無數恆河沙劫前的那一尊觀世音如來，因此而讚歎我善於證得圓通法門，就在當時的說法大會中授記我爲觀世音的名號；由於我觀聽十方眾生心聲都能夠圓滿明了，十方世界無所不到，所以我這個觀世音的名號就遍聞於十方世界了。」

「世尊！我又獲是圓通修證無上道故，又能善獲四不思議無作妙德：」觀世音菩薩說，由於獲得這個耳根圓通的**聞**、**思**、**修**法門，證得**金剛三昧**；而且又在事修上面繼續深入修證無上道的緣故，所以又獲得四種不可思議的無作勝妙功德。不可思議，是說世俗人或二乘聖者難以想像；無作，是說不屬於有漏性的有爲有作心態。雖然 觀世音菩薩利益眾生的各種作爲仍然屬於有爲法，但卻是以無漏無作的心態來示現的有爲法。譬如阿羅漢、辟支佛在人間，只要午時將近了，他們就準備進入街市去托鉢，這些都屬於有爲法；但二乘無學聖者這種有爲法，和眾生的有爲法相異之處，就在於他們是無漏性的，所以是無作性的有爲法。換句話說，他們的有爲法是無漏有爲法；而眾生的有爲法是有漏的有爲法，因此就成爲有作性而不是無作性。

如果四聖境界中只允許有作性的有爲法，不許無作性的有爲法，那麼諸佛世尊、諸大菩薩、諸阿羅漢證悟之後，就不該繼續有飲食以及行來去止了；那就全都應該立即入涅槃而變成死人了，因爲連無漏性的無作有爲法也全都不見了，當然無法再托鉢飲食生存在人間了。但事實上並非如此，所以我們分明看見諸佛菩薩繼續住在人間、二乘無學聖人也繼續在人間來共同利益眾生，可見諸佛菩薩、二乘無學聖人在人間的所作所爲，都是無漏性的有爲法，就稱爲無作。因此，有爲法可以分爲兩個部分：第一是有作性的有爲法，第二是無作性的有爲法。

有作性的有爲法，譬如心中有所執著，因此心心念念想著：「我今天中午去托缽，會不會空缽而回？」這就是有作性的有爲法，所以這位凡夫僧下山時就一面走、一面想：「我昨天托缽到那一家，飲食美好；今天再遇到那一家，不曉得還有沒有好飲食？」這就變成有漏性的有爲法了。托缽固然是有爲法，但如果是阿羅漢，對飲食並不貪著，只是爲了維持色身繼續存在，才能利益眾生以及隨佛繼續聞法；所以他們下山托缽時只是眼觀前方三尺、七尺，心中是沒有妄想的，根本不考慮有沒有食物或食物好不好，這就是無漏性的有爲法。阿羅漢們單純只是因爲中午快到了，應該去托缽；一方面是果腹維持生存以利聞法，另一方面是利益眾生：讓眾生種福田而加以祝願，並引生眾生修證解脫的因緣。所以對路上的事情不太理會，只是這樣安祥地下山托缽；若是到了第七家都可能還沒有食物可得，他也不會耽心，就準備離開市鎮去尋找新鮮牛糞吃、騙一騙肚子。若是有了食物，他是有多少就吃多少，不計較食物太少；若是食物多，吃不完的就布施給眾生，心中都無煩惱；所以他們的有爲法屬於無漏性的有爲法，這就是無作法。觀世音菩薩當然早就超過二乘無學聖人的境界，所以祂更有無作的妙德；就是祂在世間利益眾生的一切有爲法，全都是無漏有爲法，對眾生作種種的利益。

「一者由我初獲妙妙聞心，心精遺聞，見聞覺知不能分隔，成一圓融清淨寶覺，故我能現眾多妙容，能說無邊祕密神咒；其中或現一首三首五首七首九首十一首，如是乃至一百八首、千首萬首、八萬四千爍迦囉首；二臂四臂六臂八臂十臂十二臂、十四、十六、十八、二十至二十四，如是乃至一百八臂、千臂萬臂、八萬四千母陀羅臂；二目三目四目九目，如是乃至一百八目、千目萬目、八萬四千清淨寶目；或慈或威、或定或慧，救護眾生，得大自在。」第一種不可思議的「無作妙德」，是由於觀世音菩薩當初在觀世音如來座下獲得很微妙的妙聞之心。這個「妙妙聞心」，是說這個心經由「入流亡所、聞所聞盡……」等悟後進修的過程以後，由如來藏的妙眞如性功能直接在覺知心上運作，不必再經由五色根的浮塵根來運作了；這時可以不經由耳根的浮塵根與耳識，能夠直接觀聽眾生心中祈求的音聲。這是發起耳根的殊勝無漏功德，是在耳的勝義根中直接與本心中的佛性相應，發起「心聞」的功德而直接與眾生的心音相應，就叫作「妙妙聞心」。「心精遺聞」的「心精」，是說覺知心經由「聞熏聞修」而發起精明性了，能夠直接與佛性的功能相應而運作佛性的功德；「遺聞」，是說覺知心有了與佛性直接聯結運作的精明性以後，藉著如來藏的妙眞如性直接聽聞眾生的心聲；這時已經可以離開世間的聲塵，這叫作「遺聞」，也就是不墮於世間聲塵之中。

由於「心精遺聞」的緣故，使意根、意識可以不藉耳識耳根在聲塵中的功能，直接聽聞眾生的心聲，不是從人間聲塵中來聽聞。當這種「心聞」的功能發起以後，也就是如來藏的佛性功能已經由覺知心來直接運作了，不必再被六根的功能侷限而可以經由六根來作任何運作了；這時的境界自然是可以六根互通的，所以說「見聞覺知不能分隔」。因此，這時已沒有十八界的六根界差別限制、六識界差別限制、六塵界差別限制，因此就由佛性通流於六根的特性，而使覺知心可以處於見聞覺知之間並不分隔，這時當然是「成一圓融清淨寶覺」。

見聞覺知六種功能之所以會有分隔，是由於眾生錯執而貪著；對六塵諸法有所貪著而錯執爲眞實法，所以有貪愛執著而變成染污；從此以後，污垢的六識心當然必須依於六根的功能差別而分隔運作；如此淪墮以後，因此而使眼不能聞聲，耳不能見色，六根就於六塵中互相分隔了，於是六根就有見聞覺知嗅嚐等六種自性的分隔。但最原始的時節其實就只有一種佛性—如來藏的妙眞如性—通流於六塵中，都沒有阻隔；觀世音菩薩修習耳根圓通法門到了究竟地以後，覺知心已經完全旋復於如來藏的妙眞如性，由此「成一圓融清淨寶覺」。佛性是遍於十八界中存在的，雖然遍於十八界中，但佛性卻是只有一個——一直都是同一個佛性，所以眼見佛性以後在事修上面努力進修，一旦旋復而回歸到佛性中時，當然「成一圓融清淨寶覺」，無二無三。這時覺知心轉依於佛性而不再受限於六根的功能差別了，所以覺知心已經可以直接運作佛性，使六識的知覺性不必被限制於六根的自性而在六根中互通了，因此是一體圓滿而可以互相通融的清淨寶覺。這時所說的「清淨寶覺」，講的已經到了佛地的隨順佛性境界，不是地上菩薩所能達到，乃至妙覺位的最後身菩薩都還作不到，因此這是諸佛隨順佛性的境界。由於有這種極勝妙而不可思議的佛性境界，所以 觀世音菩薩能夠示現眾多微妙的容貌，不受任何限制，可以隨其所欲示現給眾生看見。

而且，也因爲覺知心已經與佛性的內涵圓滿相應了，當然可以直通如來藏心中的一切種子，所以又能宣說無量無邊的祕密神咒。祕密神咒，是說如來藏中一切種子——一切功能差別——的祕密；至於一般的咒語，主要是以菩薩的族姓差別來區分的，並不是祕密。十方無量無數世界有無量的菩薩，這些菩薩們由於在因地時的願力差別不同，有時就產生特別的音聲標記；受持這個音聲標記時，顯示屬於同一個族姓。譬如受持某一種咒，當你受持這一種咒來唸誦時，就會有特定的護法神、護法菩薩暗中護持。或者領頭的菩薩爲了護持某一個法門，專門弘揚特定法門；而這位菩薩有很多隨從，這些人就是同一個族姓；只要有人唸起他們特定的某一個咒語，表示那個人是與他們共同修學同一個法門，就是自己族姓中的一分子；由於他們在以前至誠發願要護持這個法門，於是他們就來擁護持誦這個咒的學人。所以說，持誦不同的咒，會有不同的菩薩或護法神來護持，這就是咒的主要意旨所在。至於祕密神咒，則是屬於佛菩提妙法中不該明說的內容，就以祕密神咒來傳承誦持，免得不可明說的祕密法義失傳。觀世音菩薩說，後來已經圓融通達如來藏妙眞如性中的所有祕密了，所以祂也能說出無邊祕密神咒。

不但如此，觀世音菩薩還可以示現多頭、多手、多目等神變，乃至上千上萬頭、手、目等。千與萬，猶如說「千手千眼」，是表示 觀世音菩薩有無量無邊的功德力，也有無量無邊的威神力，可以廣泛地利益眾生。在我們娑婆世界中，最常見的千手觀音是示現十一面，但是第十一面放在後面，所以大部分人看到千手千眼觀音的聖像時，所看到而能數得到的就只有十面，因爲其中有一面放在背後，是大忿怒相的面容。這在平常時是不會示現出來讓眾生看見的，除非遇見凶惡無比的羅刹時，才會示現那一面。那一面通常只會示現給十惡不赦的凶神惡煞或斷善根人見，如果有人看見了那一面，就知道那個人一定是即將下墮三惡道了；觀世音菩薩以各種慈悲心行都拿他沒奈何了，只好用那一面大忿怒相來降伏他，救他遠離大惡業以免下墮。

或者有人並無前世惡因，卻被惡鬼附身了；而那個惡鬼非常凶狠，所以觀世音菩薩才會示現大忿怒相，藉以降伏大惡鬼，一般情況下都不會有人看見那一面。觀世音菩薩說，祂能化現一首、三首或十一首，乃至變現千首、萬首，有時甚至化現到八萬四千爍迦囉首——最高示現到八萬四千個金剛頭。爍迦囉是堅固，首就是頭，因此也可以叫作金剛頭。這是對著相的眾生，特別是針對密宗裡的愚癡鬼神們，就得要示現金剛首；而且還得要示現很多金剛首，才能使那些鬼神們信服。

又說有時示現二臂，這是為了與人類同事而示現的。有時示現四臂、六臂……乃至八萬四千母陀羅臂。母陀羅是印相之手，印相之手也就是打手印的手相，這樣的手勢叫作母陀羅。印相又有手印與身印的區別。身印有更廣泛的解釋，比如色身如何安放，做什麼樣的動作等；而手印也常常要與身印互相配合。手印是作什麼用的呢？就是區別的意思。大家看我們講堂這一尊 釋迦佛的手印，這就是楞嚴手印。楞嚴手印講的是解結，把六結解開而成爲同一條手巾，也就是解開六根的結而旋復爲如來藏的唯一妙眞如性——唯一佛性；這個解結的手印，就是講解楞嚴法義的手印；凡是弘揚如來藏妙法的道場，供奉的佛像就得要用這種手印的佛像。

手印的意涵是從這裡開始的，後來發展開來就有很多的不同。因此《狂密與眞密》書中附了手印圖，在雙手上劃定固定位置來代表地、水、火、風、空、戒、定、慧、禪、智……等，這卻是藏傳佛教密宗自己的施設，與原來的手印意義不相同。如果把這個弄通了，閱讀密宗的經典時，知道左手食指是代表什麼，用這隻手指壓到右手哪一個部分，便成爲兩個意思；就是用左右手以及十指指節的劃分指定，來變化成各種手印；所以只要把雙手各部位以及十指總共二十八個指節的代表意思弄清楚了，讀密經時就知道其中所說的手印該怎麼結出來了！今天順便這樣跟諸位提示一下，讓大家瞭解密宗手印的結法。結手印的意思，是跟持密咒一樣的意思，持咒是藉聲音來表示自己屬於某一個族姓，手印則是藉所見手勢來表示自己屬於某一個族姓。（編案：目前佛教界所使用的「問訊」手印，疑似請問對方是否願意合修雙身法的印記。因爲這個手印，若是緊握成印時，形同男性生殖器官；若是放鬆作印時，又形同女性生殖器官。而且這個手印也查不到來源根據，只能從印相的外觀而作這種判斷。因此，正覺同修會自二〇〇九年起，已在會內廢除這種手印了。）

觀世音菩薩有大威德、大智慧、大慈心、妙定力，所以十方世界都知道祂，也全都服膺信奉。所以道教中也有 觀世音菩薩，所有天神降乩在乩童身上時，若是見了 觀世音菩薩時，全都得退讓，因爲祂的智慧與威德，不是道教中的天神們所能測量；這都是因爲 觀世音菩薩有「無作妙德」，所以能含攝所有眾生與所有天神、鬼神。或許還有人不信，那我們又何妨略說一下？譬如鬼神之上有天主，天主之上有初果到阿羅漢等聖者，阿羅漢上面還有明心以上乃至妙覺位的菩薩，然而 觀世音菩薩可以攝受所有菩薩，當然可以攝受阿羅漢與一切天主，那麼還會有哪些欲界裡的鬼神含攝不了呢？

至於示現二目、三目……乃至八萬四千清淨寶目，這就是說，觀世音菩薩能夠遍觀所有的眾生，因此「千手千眼」只算是一個客氣的形容，實際上是可以用無量無數手眼來示現的；因爲菩薩有感必應，只要眾生有需要，也有善根，觀世音菩薩就能夠了知而感應到。除非眾生無緣而且妄求，既是無緣又妄求，菩薩不可能應允，當然就沒有感應。諸佛菩薩並不是眾生想要感應就能感應的，如果佛菩薩知道跟眾生感應以後還是無法救度，縱使當面示現而開剖因果道理，講了仍然沒有作用，就不會來感應，一定會認爲感應示現的因緣還不成熟。緣沒有成熟前，見了也沒用，又何必示現呢？不如先去利益別的眾生。

諸位也要學習這個道理，有時慈悲太過，確實沒什麼用。如果要講慈悲，我剛出來弘法那五、六年，眞的是爛慈悲——慈悲到爛了。但是慈悲太過浮濫時，對眾生沒有實際利益！所以我後來換了方式，改用破斥邪說的方式度眾，不斷地破斥以後，反而有作用；因爲破斥邪說以後，正法與邪說的差別才會顯示出來，所以應該善於觀察因緣。因此，有很多人打電話、寫信要見我，我如今都不想見；因爲我這個人不喜歡攀緣，我對世間名聲利益等攀緣都沒有興趣。我既不想求名，也不想得利，那我跟人家攀緣做什麼呢？如今有的人是爲了求法而求見，我也不想見，因爲我覺得對方證悟的因緣還不成熟。也有一位蠻有名的法師（編案：指釋昭慧，詳見《正覺電子報》中關於釋昭慧向司法機關誣告平實導師的連載內容）寫了信來，往回幾封信想要相見，我沒有意願相見；後來又寫了一張卡片來要見我，我也不回覆；因爲我覺得相見的因緣尚未成熟。現在觀察起來，也證明我當時的判斷是正確的——確實因緣還未熟。我剛出道弘法時，常常有領眾的小法師來見我，我不曾回絕過；然而時至今天，那些人之中有誰被我所度而開悟了呢？一個也沒有！後來我就不再特地接見外人了，想見我的人就來講堂聽經，不就見著了？

我並不是端架子，我爲人最隨和了，我對誰都好。升斗小民，我很樂於相處。但是佛教界人士，請不要跟我談佛法；因爲沒辦法對談，我勉強談了，對方也聽不懂。所以有時在路上偶然遇見撿紙箱的升斗小民時，我總是會跟他們親切問候一下，短暫談一下他當天撿紙箱的成績；若是遇到某些世俗人，我偶爾也會稍微談一談世俗法。談論時若是遇到有根性的人，或是學佛法很久的老參，如果他們自認爲根性利得不得了，我也是只跟他們談世俗法，不跟他們談佛法。這不是吝法，而是說，他們如果根性眞的很利，應該在世俗法談論中就可以悟入，何必我爲他們談論如何證悟的事呢？

譬如石霜楚圓去見汾陽善昭，汾陽善昭禪師每天早上看見他上來參見時，就吩咐說：「田裡那些雜草，今天該拔除了！」石霜就去除草；後天又上來，汾陽善昭又吩咐說：「園裡那些菜該『擇』了！」喔！就去擇。這樣過了一年，石霜楚圓後來忍不住了就說：「我去年夏天來跟隨和尚參學，如今已經又再度遇到夏天了。

我是爲了佛法而來的，然而和尚一天到晚跟我說的都是鄙俗俚事，這已經失掉了我出家學法的本意。」都因爲他自認爲利根，所以汾陽善昭就不跟他講佛法了，都只是指示世俗法，因爲佛法就隱藏在世俗法中。當石霜這樣抗議以後，沒想到汾陽善昭瞪著他大罵說：「你這個惡知識，竟然敢來指責我！」心中大怒而舉起拄杖打他，那石霜舉手正要格開時，沒想到汾陽善昭伸手摀住石霜的嘴巴，石霜這才悟入。你看他們師徒之間，何曾說得一句佛法？老實說，石霜這樣悟得，已經不算是利根了！眞正利根人，是田裡除草、「擇」菜時就該悟了，還要等人家大罵以後再一杖打來、伸手格開、再摀嘴嗎？

所以，心傲的人「眞的」太利根了，我讓他去禪三聽我開示再領受我的機鋒作什麼？根本就不需要嘛！所以看是什麼樣的人，就給他什麼樣的因緣。有時候早悟了反而敗事，有時候就是要讓他晚一點悟，悟後反而受用大，事實就是這樣子。同樣的道理，什麼時候該示現而跟眾生感應，佛菩薩自然會觀察，緣未熟時感應是沒有用處的。如果有人每天求，佛菩薩就每天來感應示現，有一天那個人會這樣說：「唉呀！觀世音菩薩跟我就像兄弟一般！」接著就會誇口說：「我每次求，祂每次來；我每天都看得見祂，就跟兄弟一樣平常！」於是就不稀奇了，然後就開始不受教了！所以，諸佛菩薩還眞的不能隨便讓眾生感應到。如果隨便哪一個眾生都可以感應到，說一句老實話，我也不用弘法了，同修會也可以關門了，因爲大家每天晚上求 觀世音菩薩：請您夢中來教我佛法！祂老人家每天晚上都要教千千萬萬人，那麼世間也不必善知識與佛法住世了，那麼諸大菩薩受生來人間作什麼？都不需要了。

所以有時候該留給某一個層次的人去說的法義，我就留給他們講。常常有書局建議：「你們蕭老師爲什麼不寫一些淺一點的書呢？」我說：「我寫淺的東西，那不是搶了那些大法師們的飯碗嗎？那他們該怎麼辦呢？」而且我也沒時間去寫很淺的佛法，我有很多妙法需要趕快寫出來，爲什麼還要寫很淺的東西呢？那些粗淺法義當然由大法師們去寫就好了。就好像你當總統了，就不必管行政院長的事務，只要給一個原則讓他正確的做出來就是了，你不必把行政院長的工作拿來自己做，更不要把區公所職員的工作拿來自己做，應當如是嘛！

所以，當世間有眞的善知識在人間時，竟然還有人禱求諸佛菩薩來爲他說法，不肯去親近眞善知識，佛菩薩當然會認爲那個人傲慢：「世間有眞善知識，你不去親近，偏要我每天來爲你說法？」當然會認爲那個人應該再磨練一段時間，只要他見不到佛菩薩，時間久了自然會安分而親近人間的善知識，佛菩薩們也就不必忙上加忙了。很多人都不曉得這裡面有很多原因，因爲還沒有到那個層次的人，不曉得其中的蹊蹺，所以就毀謗：「什麼靈感廣大觀世音菩薩？都是一些愚人說的！」所以，印順法師他們感應不到大菩薩們，就不信有 文殊、普賢，也不信有 觀音、勢至。就認爲大乘經都是後人編造的，說這四大菩薩只是傳說而不是歷史人物。他們心中總是這樣想的，所以就主張說：佛教只存在於人間法界，不存在於天法界中。佛教界幾十年來就被他們這樣誤導下來，所以現在問題鬧大的！

今天電視新聞報導，台灣電力公司有七個員工被撞死了，他們辦往生助唸法會時，慈濟功德會又是一群人去助唸「阿彌陀佛」佛號。問題是：慈濟上下既然都不信有極樂世界，不信有 阿彌陀佛，相信印順說的「阿彌陀佛是太陽神崇拜的淨化轉成的」，那他們慈濟處處爲人助唸 阿彌陀佛的聖號，幾乎是無役不與的，那他們去助唸又是什麼意思？他們心中不信有 阿彌陀佛，去幫亡者助唸會有什麼意義呢？心中想著：「沒有阿彌陀佛，也沒有極樂世界，那是外道太陽神信仰的淨化轉變進佛教裡來的。」嘴巴卻大聲唱著：「阿彌陀佛，阿彌陀佛……。」那樣唸出來的佛號有什麼意義？根本不可能幫亡者感應 阿彌陀佛來接引往生極樂。所以，每當社會上有意外事故導致有人死亡時，慈濟信徒帶著疑心去幫人助唸「阿彌陀佛」聖號時，絕對無法幫亡者感應到 阿彌陀佛，不但對亡者沒有利益，甚至可能對亡者增加不利——更難感應 阿彌陀佛來接引亡者。

也許有一天，他們想：「蕭平實在評論我們的過失了，那我們不再助唸『阿彌陀佛』吧！我們改爲幫人助唸『釋迦牟尼佛』。」這也有問題呀！因爲念佛法門絕對與慈濟或印順的信徒不相應，因爲他們都信受印順的說法，而印順是這樣說的：實際上，釋迦牟尼佛已經過去了！不存在了！大乘經中說：色究竟天還有釋迦牟尼佛的報身在說法，那只是後人對佛的永恆懷念而編造出來的，所以佛陀已經不存在了。既然他們認爲 佛陀已經灰飛煙滅了，不存在了，那他們如果去幫亡者助唸「釋迦牟尼佛」名號，也是心口不一而沒有絲毫功德可以幫助亡者的，那他們去幫人助唸又是什麼意思呢？依照他們所說：「我們要世世都當慈濟人。」那他們不如老實承認以後就改唸「南無證嚴，南無證嚴……」，這不是更好嗎？因爲證嚴法師如今還活著呀！她又自認爲是「宇宙大覺者」，是已經成佛的人；而她們又認爲 佛陀已經滅亡而完全不存在了！除非她們聲明不信印順的說法。但問題是：證嚴法師在三乘菩提中，有沒有任何修證而值得歸依？不過這已經是另一個層次了。

所以，很多人不瞭解佛教所函蓋的並不是只有人間，而且也得要看一看：道教和欲界六天的天人或神祇，爲什麼都信奉佛法？爲什麼都不否定或毀謗佛法？這是什麼緣故？因爲諸菩薩的境界，不是他們臆想之所能知，何況諸菩薩所歸依的諸佛境界？這一些眞有神通的天主、天神們都不敢否定，而印順連這些凡夫天神的境界都沒有，更不要說是證悟三乘菩提了！但印順竟然敢公然毀謗說 佛陀已經灰飛煙滅了，而慈濟證嚴等人也都公開信受印順書中的說法，這眞是個大問題！不曉得他(她)們有沒有人能夠有這種自我反省、自我檢討的智慧？恐怕得要我們會裡的哪位法師來寫這一類的書。喔！有了，我們□□法師承諾要寫一本《輪迴與超度》，書中應該會談到這個部分，提醒慈濟她們有許多矛盾，而她們自己不知道。她們如果能改進就有救，否則就會繼續把佛教人間化、世俗化，也會繼續把佛教侷限在人間而排除天界佛教存在的事實了。這樣一來，慈濟信徒以及信受印順法師著作的人，可都永遠無法在三乘菩提上有任何修證了，這正是我們身爲佛弟子有義務爲他們提示的地方。

這意思是說，諸佛菩薩並不是某些人感應不到就可以說是不存在的。既然這

個地球可以有 釋迦牟尼成佛，當然其他十方虛空宇宙中無量無數世界也一樣有這種可能，當然也會有諸佛成佛。這是很簡單的邏輯，也是一定的邏輯。而且地球並不是宇宙中唯一而絕待的，一定是還有他方世界，同樣也有和地球一樣的星球存在。有智慧的人絕對不會像一神教那樣，認爲宇宙中就只有我們這個地球，就只有這裡有一個上帝。不幸的是印順法師的觀念正是一神教的這種觀念：**在無垠的宇宙中只承認有地球可以存在人類，只承認有釋迦牟尼一尊佛成佛和存在過**。但事實上並不是這樣，印順不瞭解，他的宇宙觀太狹隘了，才會認爲只有這個地方有人類，只有這個地球有 釋迦牟尼成佛，沒有其他十方世界和諸佛。

從印順法師的著作中，你很難證實他曾經認同有十方世界，你很難證實他相信有十方諸佛，無法在他的書中找到這種證據！因爲這是違背他的思想的。從印順書中許多蛛絲馬跡去觀察，我倒覺得印順的思想比較類似一神教；只是他承認有三世因果，因爲如果不承認有三世因果，他就無法自稱是佛教徒了，就不能打出佛教徒的旗號了。除此而外，印順的宇宙觀跟一神教倒是很相似，所以印順不信有十方諸佛世界，當然不信有極樂世界、琉璃世界，不信有 藥師佛、彌陀如來。當然，釋迦佛滅後還有報身如來在色究竟天說法，印順更是不信。換句話說，印順所相信的佛教只有在人間，並且是只有在這個地球，而且諸佛是沒有莊嚴報身與法身的，所以沒有 釋迦佛的報身 盧舍那佛仍在色究竟天宮中解說一切種智；而二千多年前成佛的 釋迦如來，祂的成佛只是一個偶然，不是往昔三大阿僧祇劫修行才成功的；當然印順更認爲沒有法身如來無垢識，這都是印順的觀點。

但是印順這個說法如果可以成立，那麼九成以上的經典都應該改寫；印順所接受的阿含部諸經一樣要改寫，不止是第二轉法輪的般若系與第三轉法輪的唯識系經典；因爲四阿含中也常常講到有天人半夜來見 釋迦佛，佛陀就爲他們說法。印順既不承認天界可以有報身佛陀住世，也不承認天人可以修學佛法，更不承認天界也有佛法在弘傳，才會主張人間佛教，那麼印順所接受的四阿含諸經當然得要改寫了。所以印順的思想眞是問題重重，而印順似乎沒有警覺到自己的問題很嚴重。我只是藉 觀世音菩薩的感應境界附帶說明：不可以因爲自己無法感應到，就說沒有諸佛菩薩；不能因爲無法感應到 觀世音菩薩，就說：「那不是歷史人物，所以祂實際上不存在。」

接下來說，觀世音菩薩由於有這些威德與神力，所以有「清淨寶目」來觀聽眾生的音聲。菩薩有時示現慈悲相，有時示現大威德相，有時則是示現定中等持位的法相，或者示現等至位的法相，爲了讓眾生起信供養而成就眾生的福德；有時則是示現智慧相，爲眾生宣說不可思議的微妙甚深法義。菩薩用種種不同方式來救護眾生，幫助眾生獲得大自在的境界。

「二者由我聞思脫出六塵，如聲度垣不能爲礙，故我妙能現一一形，誦一一咒；其形其咒能以無畏施諸眾生；是故十方微塵國土，皆名我爲施無畏者。」觀世音菩薩第二種不可思議的無爲無作妙功德力，是由於祂能運用心聞的功能來聽取眾生心聲，由於這種觀聽之力以及思量眾生心性因緣的思量體性，都是超脫於六塵之外的功能。換句話說，觀世音菩薩是由祂的第八識自心如來直接去與眾生心互相感應的，因此是超脫於六塵之外的，卻又能由祂的覺知心完全了知第八識所感應的內容，因此而可以救苦救難。這種能力就好像聲音不被牆壁所遮礙一樣，也像是光無法被風吹所影響一樣，所以觀世音菩薩的神妙威德能夠示現無量無數的形色，讓不同種類的眾生感應而看見，這樣來爲眾生誦出無量無邊的神咒；以這樣示現的形色、身行以及爲眾生所宣說的神咒，使眾生獲得沒有恐懼的無畏功德，用這種施給眾生無畏的威神力，布施給眾生無畏。所以十方無量無數國土中的眾生，很多人感應而得到菩薩所布施的無所恐懼境界，因此無量無數眾生都稱

呼　觀世音菩薩是布施無畏的大菩薩。正因爲這個緣故，所以很多人在　觀世音菩薩聖號前面加上這樣的稱呼：「大慈大悲、救苦救難、廣大靈感。」

「三者由我修習本妙圓通清淨本根，所遊世界，皆令眾生捨身珍寶求我哀愍。」觀世音菩薩說，由於祂修習這個「本妙圓通」的「清淨本根」——如來藏，所以凡是祂所遊歷的一切世界，都會影響到眾生捨棄他們身上所佩戴的珍寶，來哀求　觀世音菩薩憐愍他們，圓成他們所求的祈願。但我可不能這樣說，如果我也這樣說，佛教正法的弘傳就沒有前途了。往往有人這樣對我說：「老師啊！你爲什麼都不讓人家種福田？」我說：「如果你要種我的福田，答應我一個條件，就讓你種。」他當然答得很爽快：「那老師您講，什麼條件？」我說：「我只有一個條件，我如果剃髮出家了，你就可以種福田。」我只要求這個條件，不然的話就不要接受。因爲只要常常讓眾生在我身上種福田，正法就會很快轉到利養堅固的時代，正法的未來可就堪憂了。

既然我這一世不穿僧衣，我就一定會堅持這個立場。並且，我在往世出家時，都是把眾生的供養隨即拿來利益眾生，不曾留給自己或俗家。我往世就對受供的物品沒什麼興趣，而且我還要在眾生身上多種福田；所以我這一世還是一樣，爲眾生、爲正法做了這麼多事，從來不在裡面獲得利益；而且我還自己拿錢出來做事，也就是在眾生身上種福田。我自己都要種福田了，怎麼還能給人家種福田？沒這回事！因此我不想給人家種福田。我如果要開放給大家種福田，當然也可以，但也會限定在某些困苦者的範圍內，讓他們未來世可以有好的生活環境；但是正法的弘傳就會受到阻礙，宗門了義正法也會轉入**利養堅固**的時代，這對佛教正法的弘傳是不利的，只是利益在我身上種福田的人。

但如果是像 觀世音菩薩那樣的證境，其實是應該以憐愍的心態讓眾生在自己身上種福田，幫助眾生修集學法時應有的福德資糧。而菩薩接受了眾生的供養以後，當然得要爲布施者祝願；眾生受了祝福，鬼神可都知道某一位有情是受到某大菩薩祝福的，那個人以後自然無諸橫逆、一世平安。而大菩薩祝願完了，就拿著眾生供養的錢財又轉施出去，就有更多人得到世間法上的無畏了。但我如果也接受供養，可是眾生沒有看到我如何轉施出去，也許心裡想：「**我供養了他一百萬元，他可能全部都收爲己有。**」也許有人心腸好一點，這樣想：「**我供養了他一百萬元，他也許只拿五十萬元出去布施。**」這樣一來，無中生有的毀謗就會接踵而至，於是正法就會受到傷害，所以我才會堅持**不出家就不受供養**的原則。

但是　觀世音菩薩不一樣，因爲大家知道菩薩是究竟清淨的，是不可思議的，沒有人會懷疑，所以當祂說：「我都加持而讓眾生發起願意供養我的意願，讓眾生用他們身上所有的瓔珞珍寶來供養我，使眾生獲得大福德。」因爲供養了這位妙覺菩薩，其實是供養了倒駕慈航的　正法明如來，這個福德無量無邊；怎樣的無量無邊呢？將來講《優婆塞戒經》時諸位就會曉得。所以，如果能遇到這樣一位大菩薩而作供養，可眞是千載難逢的機會，一旦遇見了，菩薩若是不想接受供養時，咱們還得要求祂哀愍：「請您可憐我們，接受我們供養。」祂接受了以後，又把咱們的供養轉施出去，又利益許多正在被貧病交迫而恐懼於死亡的眾生，所以　觀世音菩薩是施無畏者。

「四者我得佛心，證於究竟，能以珍寶種種，供養十方如來；傍及法界六道眾生，求妻得妻，求子得子，求三昧得三昧，求長壽得長壽，如是乃至求大涅槃得大涅槃。」第四個部分說，由於　觀世音菩薩證得佛心，而且是「證於究竟」。這意思是說，祂已經不在等覺位、妙覺位中，而是倒駕慈航而來的　正法明如來。因爲祂已經證得究竟地的佛心無垢識了，不是因地的等覺位、十地的自心如來異熟識，而是究竟位的佛心無垢識，所以祂說「我得佛心，證於究竟」。由於證得究竟的大智慧與大福德，所以 觀世音菩薩能在兩方面利樂眾生：一方面是「以珍寶種種，供養十方如來」，另外又能傍及十方法界中的六道眾生。眾生對 觀世音菩薩的供養眞的很多，菩薩從來不把那些供養帶在身上、揹在身上；從來沒有人看見過 觀世音菩薩揹著布袋，裡面盛著無量珍珠寶物。

咱們中國歷史上有過一位布袋和尚，祂是 彌勒菩薩化現的。祂揹著布袋行走於人間，但祂的布袋中從來不是存放珍寶；祂用樹枝砍下來製成一根木棍，把布袋揹著，每天在街道裡晃來晃去，見到人家賣什麼，就要一些過來，吃一口以後就往布袋丟進去；不論人家賣什麼，祂都要一些過來，先吃一口又丟進布袋去，這樣眾生就種了大福田了！而且若是有緣，就能證「得佛心」。可是眾生都不知道祂的老婆心切，總是誤以爲祂是在要食物。如果遇到個出家人，祂就走到人家背後，往那人背上一拍，那位出家人轉過頭來看見祂，祂就伸手說：「給我一文錢！」許多出家人竟然笨到不懂得要供養祂一文錢。有些出家人知道那是布袋和尚的機鋒，明明沒有悟，還裝出已悟的模樣向布袋和尚說：「你如果道得，我就給你一文錢。」於是布袋和尚就放下布袋；那個法師眞是笨死了，竟然還不知道要趕快供養十文錢。如果我遇見了，就向布袋和尚說：「道得就給。」祂把布袋放下來，我可就把身上所有的錢都掏出來放進布袋中。什麼十文錢？遇到這種大菩薩的機會太少了！有機會遇見了，還不懂得趕快作大供養，還要吝惜錢財，也眞是夠笨的了！可是那位法師也不懂得趕快供養，又不懂裝懂再問：「如何是布袋下事？」請問布袋和尚身中悟得什麼事？彌勒菩薩就把布袋又撿起來，往肩頭一扛就走了。彌勒是妙覺菩薩，這樣老婆親自示現說法，多數人都是不懂的，把供養大福田的機會好端端地錯過了，人間就是有這麼多愚癡人！所以 觀世音菩薩把眾生對祂的供養都收受了，是因爲慈愍的緣故。眾生在祂身上種了福田，未來世得到無量無邊的福德，此世也遠離了種種鬼神造成的恐怖，而未來世無量無邊非常可愛的異熟果報正在等著他們。然後菩薩就把眾生的供養，拿來供養十方諸佛，也拿來布施給有需要的眾生，所以能夠「傍及法界六道眾生」。

不但如此，六道眾生如果有人向祂所求的不是錢財，而是這樣祈求：「我始終無法娶得妻子，都沒有人肯嫁給我。」觀世音菩薩就安排因緣使一個女人嫁給他，於是他就「求妻得妻」了；反過來說，當然就包括「求夫得夫」了。譬如有人相親以後向菩薩說：「我沒辦法決定要嫁給誰，請觀世音菩薩您老人家爲我決定。」菩薩決定了，她就嫁了，結果都是好姻緣。這樣的女人，還眞不少哩！當然也都嫁得不錯，因爲是 觀世音菩薩觀察以後幫忙決定的，怎麼會選錯人呢？所以眾生向菩薩「求妻得妻」，當然也是「求夫得夫」。至於「求子得子」，更是眾所周知的；譬如送子娘娘，就是 觀世音菩薩化現來救度一般眾生的。規模較大的道教寺廟中，大部分都有供奉送子觀音；通常是在側殿供奉著送子娘娘，那就是 觀世音菩薩的另一種示現。因此說「求子得子」，這樣求來的孩子，有很多人是後來出家修行而有實證，也有很多是後來庇蔭那個家庭得到富貴。

如果有人不求這一類世俗法，而是求三昧。觀世音菩薩就幫忙讓他證得三昧，不論是智慧上的三昧，或是禪定中的三昧，菩薩都幫忙。在正該轉折的時候，修行者不懂得要轉折，當他入了等持位，菩薩祂就會在等持位中來指導。如果粗淺的初學人始終無法證得禪定境界，一直都無法進入等持位中，菩薩就會入夢來指導，那麼向菩薩祈求的眾生就可以如法修習而證得禪定中的三昧了。如果所求的是智慧三昧，不論是二乘法見道的三三昧，或是大乘法中的金剛三昧，只要因緣成熟了，菩薩就會尋找適當的因緣來指導，使眾生親證。

也有人是求長壽：「我家什麼都沒有，就是有錢；可惜三十年來都被算命師把我算了，每一個算命師都說我只有五十歲可以活。我有這麼多錢財，只能活這麼短的時間，太可惜了！懇求菩薩幫我延壽。」可是這樣祈求可不一定能如願，因爲這是要干預因果的，而且是干預異熟果。這樣的人當然要發願利益眾生、護持佛法、供養三寶等，然後 觀世音菩薩就幫忙讓他得長壽；因爲當他發了護持正法的大願，菩薩就有理由幫忙延壽了，菩薩也不能師出無名呀！有的人卻是祈求說：「我學佛三十年了，到現在還沒有遇到善知識。」因爲善知識眞的很難遇，在正覺同修會出世弘法以前，也確實都沒有實證的眞正善知識住世弘法。所以他就祈求說：「我希望再多活三十年、五十年，也許將來有善知識出現，我可以證得佛法，所以我想長壽。」只要他發了大願，願意護持眞正的佛法，觀世音菩薩當然可以讓他得長壽。

「如是乃至」，「乃至」就是中間還有很多不同種類的所求，因爲不便一一舉例而省略掉，所以就直接講到最後的部分去，這時就在最後要說那件事情之前加上「乃至」二字來表示。觀世音菩薩說，最後譬如有人求證大涅槃，也就是佛地四種涅槃具足親證的境界，這就是《大般涅槃經》講的大般涅槃。這得要先明心再加上眼見佛性，並且得要具足四種隨順佛性的層次，由此才能具足有餘涅槃、無餘涅槃、本來自性清淨涅槃、無住處涅槃，這樣才是眞正的大涅槃。我們編印的《三乘唯識——如來藏系經律彙編》中就有《大般涅槃經》，諸位可以自己請回家奉讀，裡面就有談到大般涅槃。大涅槃是佛地的涅槃境界，包括二乘無學聖人所證的有餘涅槃、無餘涅槃；也包括別教七住菩薩所證，而二乘無學聖人所不能證的本來自性清淨涅槃，再加上佛地所證的無住處涅槃。由於四種涅槃都具足的緣故，所以 觀世音菩薩能隨順諸佛佛性的境界，因此「隨緣赴感靡不周」就是這個緣故，這就是大涅槃。

觀世音菩薩有這個能力，當眾生想要求證佛地的大涅槃，菩薩也能為眾生開示，讓眾生如法修習而達成大般涅槃的境界。當然，這是有前提的，不應該還在凡夫位，就想要這一世或下一世具足證得，當然是要有先後次第來一一實證的。所以應該在菩薩的指導下，或在菩薩指示的善知識指導下，先在外門廣修六度萬行，然後才能有資格進入佛菩提道中的第七住位，才能繼續次第進修而一一實證，最後圓滿四種涅槃而成就大般涅槃。要如何進入第七住呢？得要先開悟明心，才能進入第七住位。明心是進入一切佛法的第一個樞紐，也是實證佛法的根本；第七住滿心菩薩所證的自心眞如，就好像一串粽子的綱領一樣，只要把綱領一提起來，整串就都得到了。佛菩提道就是要從這個地方開始進修，以後想要深入到每一個層次，都可以逐步達到，所以明心是佛菩提道實證的樞紐。所以，凡夫地的眾生若是向 觀世音菩薩祈求佛地才能獲得的大涅槃，當然 觀世音菩薩會逐步開示；然後要像祂一樣經歷無數恆河沙劫的一一實修以後才能完成，因爲這是要經歷三大無量數劫才能成就的，當然不是一世完成的事情。

「佛問圓通，我從耳門圓照三昧，緣心自在；因入流相，得三摩提；成就菩提，斯爲第一。」接著 觀世音菩薩作了一個結論說：世尊既然垂問各人所修的圓通法門，觀世音菩薩是從耳根這一門的「聞、思、修」，也經由重複的「聞熏聞修」；也就是經由多聞熏習以後，並且要在實修時繼續多聞正確的法義而成爲「聞修」，才能在「聞、思、修」上面，把生滅法全都「入流亡所」以後，再經由這樣的「耳門圓照」而繼續「聞、思、修」的過程，終於懂得「金剛三昧」要如何實證，後來也眞的證得「圓通本根」的金剛心如來藏，並且又進而眼見佛性而觀照如來藏的妙眞如性，證實蘊處界自我全都是生滅法。「緣心自在」是說，緣於「圓通本根」如來藏心而證得「金剛三昧」時，確認自己的如來藏心常恆自在，所以意識覺知心緣於自心如來而得自在了。

如果是緣於見聞覺知的識陰六識，可就不自在了，因爲這是夜夜斷滅、悶絕及死亡時都會斷滅的生滅心，也是無法去到未來世的生滅心，當然不能「緣心自在」；要能夠親緣常恆不滅而貫通三世的金剛心如來藏，再藉如來藏所發起的直接功德力用，才能眞正「緣心自在」。譬如七地菩薩滿心，被人拿一根棍子往他頭上猛力一敲，他一樣會昏迷，因爲這是生滅性的覺知心意識或識陰。他必須要轉入意生身中，於是可以來夢中、定中告訴那個惡人：「你打了我這一記悶棍，果報很嚴重，應該趕快公開懺悔。」他可是因爲慈悲才來入夢中開示，可是他的色身在還沒有復原以前依舊是作不了什麼；假使被一記悶棍打爛了腦袋，當然不能作什麼了！只好轉入下一世的色身再來人間繼續弘化了。

所以，緣於自心眞如的境界，才是眞正的自在；不過所緣的自心眞如境界，並不是人間的境界；那個境界可以是涅槃中的境界，也可以是示現爲意生身而被天界（特別是指色界天）的眾生所看見，這樣才能叫作「緣心自在」。如果是緣於欲界天身，還是不能自在的；緣於色界天身，也不能完全自在，得要緣於自心如來而住於涅槃智慧中，或是緣於三地滿心的意生身中，才能眞的「緣心自在」。觀世音菩薩在結論中說，是因爲「聞、思、修」而觀聽善知識說法的音聲，所以「入流」了一切說法的音聲法相，也「入流」了蘊處界等一切生滅法；然後繼續「聞熏聞修」而漸漸深入觀行，終於證得自心眞如—如來藏—而獲得「金剛三昧」，由於心得決定而不退轉，所以「入三摩地」。這才是依照「聞、思、修」的耳根圓通法門而「入流亡所」，仍然再繼續藉「聞、思、修」的耳根圓通法門而證得「金剛三昧」，才能成就大乘佛法的「成就菩提」（當然也是同時成就了二乘菩提）的見道功德，這樣的耳根圓通法門才是第一法門。

「世尊！彼佛如來歎我善得圓通法門，於大會中授記我爲觀世音號；由我觀聽十方圓明，故觀音名遍十方界。」觀世音菩薩又向 佛稟白說：當初 觀世音如來讚歎祂善於修證圓通法門，所以就在大會中授記 觀世音菩薩同樣擁有 觀世音如來的名號，所以祂就從那時開始，被稱呼爲 觀世音菩薩。後來也是由於次第進修到能夠以「心聞」的方式來觀聽十方眾生的心聲，所以能夠普遍觀聽十方眾生的心聲而圓滿明了，無所障礙；由於這種功德力圓滿光明成就的緣故，觀世音菩薩的名號已經普遍傳播於十方世界中了。

【爾時世尊於師子座，從其五體同放寶光，遠灌十方微塵如來，及法王子諸菩薩頂；彼諸如來亦於五體同放寶光，從微塵方來灌佛頂，并灌會中諸大菩薩及

阿羅漢；林木池沼皆演法音，交光相羅如寶絲網。是諸大衆得未曾有，一切普獲金剛三昧。即時天雨百寶蓮華，青黃赤白間錯紛糅，十方虛空成七寶色；此娑婆界大地山河俱時不現，唯見十方微塵國土合成一界，梵唄詠歌，自然數奏。於是如來告文殊師利法王子：「汝今觀此二十五無學諸大菩薩及阿羅漢，各說最初成道方便，皆言修習眞實圓通，彼等修行，實無優劣前後差別。我今欲令阿難開悟：二十五行，誰當其根？兼我滅後，此界衆生入菩薩乘，求無上道，何方便門得易成就？」**文殊師利法王子奉佛慈旨，即從座起，頂禮佛足，承佛威神說偈對佛：】**

講記：觀世音菩薩說完耳根圓通法門的修習方法與實證後的功德以後，這時釋迦世尊在師子座上，就從五體（也就是雙手、雙腳與頭部）都放出了寶光。這些寶光遠到十方無量無數世界無數如來的頂上，灌進諸佛如來頂門；也同時灌進諸佛如來座下的所有十地滿心菩薩頭頂。換句話說，這個時候如果有其他世界的如來正在宣講《楞嚴經》，而且又正好講到這個地步時，就會有宣講楞嚴妙義的如來放出寶光前來爲我們娑婆世界灌頂了！但這灌頂是輪不到我們的，因爲只有十地法王子才會被灌頂。但如果是參與楞嚴法會的菩薩們，這時就會被十方如來各從五體同時放出的寶光前來共同灌頂，其餘的菩薩們是沒有機會被灌頂的。意思是說，諸佛如來座下的十地菩薩都被 釋迦如來的寶光灌頂了，諸佛如來看見自己座下的十地法王子被加持灌頂了，於是就禮尚往來，都從五體放出寶光，前來 釋迦佛的楞嚴法會中，灌入 釋迦如來頂門，也同時爲聽聞楞嚴妙法的菩薩們灌頂，並且爲會中所有阿羅漢們灌頂。

換句話說，你如果有因緣在 佛陀座下聽《楞嚴經》，聽到這個地步時就會看見本師 如來從五體放出寶光到十方微塵數世界去，灌入一切法王子菩薩頂門；不久之後十方微塵數如來也會一樣放出寶光迴灌過來，那時你只要已經明心成爲菩薩了，或者是已經成爲阿羅漢而不排斥如來藏妙法，樂意「聞熏聞修」而成爲尚未實證如來藏的六住菩薩了，這時可就有份了！因爲明心就叫作菩薩摩訶薩了，不再屬於凡夫菩薩了！而且參與楞嚴盛會的阿羅漢們也會被灌頂，可眞是有福氣的。所以《楞伽經》中說的菩薩摩訶薩，是明心了就算菩薩摩訶薩了。這時十方微塵如來的寶光迴灌過來時，你既然已經明心就成爲大菩薩了，也正在楞嚴法會中，這時你就有份了，得到加持了。但十方諸佛法會中一切九地以下菩薩，可就不會被這種寶光灌頂了。

這時由於 釋迦如來放出的寶光前往十方微塵數佛土灌頂，而十方微塵數佛土的如來也放出寶光前來娑婆世界，爲 釋迦如來、諸大菩薩、諸阿羅漢們灌頂；這時眞正是「交光相羅如寶絲網」，釋迦世尊放出去的寶光還在，而十方微塵如來灌回來的寶光也在，就這樣間錯紛糅雜在一起了。由於這個緣故，「林木池沼皆演法音」，楞嚴法會中的所有無情都發出法音了。「諸大眾得未曾有」，因爲楞嚴會上的所有大眾從來都沒有見過那麼多寶光互相交錯的美妙法相，竟然今天會看見了；於是就由於 釋迦世尊與諸佛如來加持的緣故，使大眾得未曾有，而且「林木池沼皆演法音」，而使楞嚴會中的大眾都獲得了「金剛三昧」。換句話說，凡是參與楞嚴法會的所有佛弟子全都開悟明心了，那麼原來就已經明心的菩薩們，當然也一定會因此而眼見佛性的——眼見如來藏的妙眞如性，進入第十住滿心位了。

「金剛三昧」講的就是明心不退的智慧境界。一旦證得了金剛心如來藏，自然知道金剛二字就是講如來藏心，自然懂得《金剛經》講的「此經」就是如來藏心，當然就知道「金剛」是什麼。三昧是定，也就是心得決定而不搖動，所以證得「金剛三昧」就是證得金剛心如來藏而且心得決定，都不搖動。換句話說，這些迴心大乘後的阿羅漢們，聽了那麼久的楞嚴妙法，總是如同阿難陀尊者一樣都聽不懂；因爲有時說見聞覺知虛妄，有時又說見聞覺知並不虛妄，而是如來藏的妙眞如性；由於還沒有明心的緣故，聽來聽去還是無法眞實理解見聞覺知到底是虛妄？還是不虛妄呢？眞的聽不懂。

如果明心了，又眼見佛性了，知道妙眞如性是什麼了，當然就會聽懂（當然深妙的部分還是聽不懂的）；若是還沒明心，根本就聽不懂。可是等到觀世音菩薩講完了，世尊認同祂經由耳根「聞熏聞修」的「聞、思、修」過程，來將生滅法「入流亡所」，然後證得如來藏而獲得「金剛三昧」的圓通法門；既然認同了，所以隨即放光到十方微塵數佛土向諸佛及十地菩薩灌頂；而十方微塵數諸佛如來當然隨即知道娑婆世界正在講楞嚴妙義，已經講到這個重要階段了，所以也立即放光過來加持；於是已悟的菩薩摩訶薩們的證量提升了，未悟如來藏的阿羅漢們也全都悟得如來藏而成就「金剛三昧」了。這時有那麼多的人悟了，娑婆世界的天界諸天當然要大肆慶祝了，所以這時「天雨百寶蓮華」，也就是從天上降下很多的蓮花，這些蓮花都是百寶所成。

這當然是天界的百寶所成而不是人間的百寶，或許有人想：「當時是天雨百寶蓮華，那麼掉下來人間時不都堆積如山了嗎？」不會的，天界的珍寶都是微細物質，所以落地以後就不見了。又說「青黃赤白間錯紛糅」，說明天雨百寶蓮華時是有很多種不同的顏色，所以各種顏色「間錯紛糅」；加上原來 釋迦佛與諸佛的「交光相羅如寶絲綢」，當然大家看出去時，十方虛空就變成了七寶顏色了，那當然是很漂亮的。這意思是說，由於十方諸佛和 釋迦如來同時加持，所以讓大家都可以悟得本心，這就等於是明講的。不過諸佛都不必用語言明講，因爲諸佛如來都有一種功德：若是想要讓你知道什麼事情，都不必透過語言文字就能使你直接知道。

我體驗過一次（案）這種情況：我往世在密宗時的師父來找我，見了面就大聲斥罵：「尊者！你爲什麼又犯錯！」那是指上一輩子太信任別人，被人家利用造惡，還以爲是做善事，所以犯了過失，他就開罵。接著他帶我去見一個人，我見到那人時，只是覺得祂很慈悲，可是威德又很嚴、很重，但我心想：「不管是見誰，我先禮佛以後再說。」所以我對祂說：「我先禮佛，然後再來聽您開示。」祂卻突然一念之間讓我知道祂就是 釋迦佛，於是我顧不得去禮拜佛像了，當下就趕快禮拜。眞佛不禮，還要禮拜佛像幹什麼呢？祂讓我知道：面前就是 世尊，不必先去禮拜佛像。就只是一念而已，都沒有語言文字，我當下就突然知道了！諸佛都不必進入定中就能運用他心通等等神通，與三明六通大阿羅漢們都必須入定才能運用神通，是完全不同的。十方諸佛都有這種威德力，當然不必用語言文字，就能讓楞嚴會上的菩薩與阿羅漢們知道如來藏的所在了；所以大眾都在一剎那間知道金剛心如來藏的所在，而且也都心得決定而不退轉，所以都同樣證得「金剛三昧」了。（案：後來又體驗過一次，是禪三指導共修時，世尊授意應該幫助一位令筆者不覺得好感，所以尚未準備幫助悟入的同修。）

接著說：「此娑婆界大地山河俱時不現，唯見十方微塵國土合成一界」，說娑婆世界的山河大地同時都不見了，這時只有看見十方微塵國土都合成一界。爲什麼會這樣呢？爲什麼這個娑婆世界的山河大地不見了？事實上是都還在，但是這時的心境是完全不理會山河大地的，因爲當時剛明心而證得金剛三昧的人，心中只有如來藏，普觀十方微塵數世界的一切有情，莫非都是如來藏，哪裡還會在山河大地上面著眼呢？當時明心而獲得金剛三昧的阿羅漢們，當然也不會看山河大地了，而是看到十方微塵佛土中的一切有情，上從諸佛如來，下到一切螻蟻，莫非是如來藏；總而言之就是如來藏一界，當然十方微塵國土全都合成一界了！

而明心後的大菩薩們，受到諸佛寶光灌頂加持以後，道業再往上提升時，當然就是眼見佛性了！這時，這些大菩薩們一定會在山河大地上面看見了自己的佛性，所見十方微塵數佛土世界中也一樣都會看見自己的佛性，這時當然也不會著眼在娑婆世界的山河大地上面了！這時當然是從自己的現量來比推十方微塵數佛土的山河大地上，同樣是可以這樣看見自己的佛性。這時心心念念之間全都專心來看自己的佛性遍在十方微塵數國土的山河大地上面，哪裡還會把心放在看見娑婆世界的山河大地上面呢！當然「**此娑婆界大地山河俱時不現，唯見十方微塵國土合成一界**」，全都合成佛性一界了！

這時阿羅漢們都制心一處於如來藏上面，大菩薩們都制心一處於眼見佛性上面，當然是「**入三摩地**」了。而且眼見佛性時，佛性顯示出來的金剛性是比親證如來藏更強烈很多倍的，因爲眼見佛性時就同時看見山河大地無比虛幻，全都不眞實而成爲虛幻的影像一般；此時所見就只有佛性眞實，世界與身心全都虛幻不實，當然也可以說：「**此娑婆界大地山河俱時不現，唯見十方微塵國土合成一界**」，全都合成一個佛性法界了。這麼多阿羅漢們在佛菩提道上實證金剛三昧了，這麼多菩薩摩訶薩們進一步眼見佛性了，這眞是可喜可賀的盛事啊！當然是大家都歡喜，所以欲界天以及色界天中的天主與梵王們，當然會促使座下的乾闥婆、緊那羅等樂神，共同「**梵唄詠歌，自然數奏**」了。

等這些樂神們數奏完了，於是 釋迦如來就告訴 文殊師利菩薩說：「你如今觀察這二十五位無學位的諸大菩薩及阿羅漢們，他們各人都已說明了自己在三乘菩提中見道的最初方便，也都各自認爲是修學與熏習眞實的圓通法門，認爲他們的修行雖然各不相同，其實都沒有優劣或前後次第的差別。我如今想要使阿難開明了悟的是：這二十五種圓通法門的修行方法，其中哪一種是最適合娑婆世界佛弟子們的根性？而且也要兼顧到未來我釋迦如來滅度以後，這個娑婆世界的眾生們進入菩薩乘中，想要求得無上佛菩提道時，應該以什麼樣的方便法門來修習，才最容易獲得成就呢？」這時 文殊師利法王子面奉 釋迦如來法旨，隨即從座上起身，頂禮 佛陀足下以後，承接了 佛陀的威神力，就以長偈來應對 世尊的咐囑。

在這一段經文中，世尊吩咐 文殊菩薩說：想要使阿難悟知以上二十五位起身說明圓通法門的阿羅漢或八地以上菩薩們，他們各自所說的二十五種圓通法門中，有哪一種法門是最適合娑婆世界的眾生來修習的。因爲阿難是記持 釋迦如來正法的多聞第一者，將來結集經典時，阿難轉述出來的法語是很重要的；現在若不讓他明白，就無法產生勝解，怎麼可能記得住呢？萬一他將來講錯了，可就不利娑婆世界後來修學佛法的佛弟子們了，所以一定要說明清楚，讓阿難確實理解以後，將來結集成經典時才不會記錯了。

【「覺海性澄圓，圓澄覺元妙；元明照生所，所立照性亡。

迷妄有虛空，依空立世界；想澄成國土，知覺乃眾生。

空生大覺中，如海一漚發；有漏微塵國，皆從空所生。

漚滅空本無，況復諸三有；歸元性無二，方便有多門。

聖性無不通，順逆皆方便；初心入三昧，遲速不同倫。

色想結成塵，精了不能徹；如何不明徹，於是獲圓通？

音聲雜語言，但伊名句味；一非含一切，云何獲圓通？

香以合中知，離則元無有；不恒其所覺，云何獲圓通？

味性非本然，要以味時有；其覺不恒一，云何獲圓通？

觸以所觸明，無所不明觸；合離性非定，云何獲圓通？

法稱爲內塵，憑塵必有所；能所非遍涉，云何獲圓通？

見性雖洞然，明前不明後；四維虧一半，云何獲圓通？

鼻息出入通，現前無交氣；支離匪涉入，云何獲圓通？

舌非入無端，因味生覺了；味亡了無有，云何獲圓通？
身與所觸同，各非圓覺觀；涯量不冥會，云何獲圓通？
知根雜亂思，湛了終無見；想念不可脫，云何獲圓通？
識見雜三和，詰本稱非相；自體先無定，云何獲圓通？
心聞洞十方，生于大因力；初心不能入，云何獲圓通？
鼻想本權機，只令攝心住；住成心所住，云何獲圓通？
說法弄音文，開悟先成者；名句非無漏，云何獲圓通？
持犯但束身，非身無所束；元非遍一切，云何獲圓通？
神通本宿因，何關法分別；念緣非離物，云何獲圓通？
若以地性觀，堅礙非通達；有為非聖性，云何獲圓通？
若以水性觀，想念非眞實；如如非覺觀，云何獲圓通？
若以火性觀，厭有非眞離；非初心方便，云何獲圓通？
若以風性觀，動寂非無對；對非無上覺，云何獲圓通？
若以空性觀，昏鈍先非覺；無覺異菩提，云何獲圓通？
若以識性觀，觀識非常住；存心乃虛妄，云何獲圓通？

諸行是無常，念性無生滅；因果今殊感，云何獲圓通？
我今白世尊：佛出娑婆界，此方眞教體，清淨在音聞；
欲取三摩提，實以聞中入。離苦得解脱，良哉觀世音；
於恒沙劫中，入微塵佛國；得大自在力，無畏施眾生。
妙音觀世音，梵音海潮音；救世悉安寧，出世獲常住。
我今啓如來：如觀音所説，譬如人靜居，十方俱擊鼓，
十處一時聞，此則圓眞實。
目非觀障外，口鼻亦復然；身以合方知，心念紛無緒，
隔垣聽音響，遐邇俱可聞；五根所不齊，是則通眞實。
音聲性動靜，聞中爲有無；無聲號無聞，非實聞無性。
聲無既無滅，聲有亦非生；生滅二圓離，是則常眞實。
縱令在夢想，不爲不思無；覺觀出思惟，身心不能及。
今此娑婆國，聲論得宣明；眾生迷本聞，循聲故流轉。
阿難縱強記，不免落邪思，豈非隨所淪？旋流獲無妄。
阿難汝諦聽，我承佛威力，宣説金剛王，如幻不思議，

佛母眞三昧：
汝聞微塵佛，一切祕密門；欲漏不先除，畜聞成過誤。
將聞持佛佛，何不自聞聞？聞非自然性，因聲有名字。
旋聞與聲脫，能脫欲誰名？一根既返源，六根成解脫。
見聞如幻翳，三界若空花，聞復翳根除，塵銷覺圓淨。
淨極光通達，寂照含虛空，卻來觀世間，猶如夢中事；
摩登伽在夢，誰能留汝形？
如世巧幻師，幻作諸男女，雖見諸根動，要以一機抽；
息機歸寂然，諸幻成無性。六根亦如是，元依一精明，
分成六和合；一處成休復，六用皆不成。
塵垢應念銷，成圓明淨妙；餘塵尚諸學，明極即如來。
大眾及阿難：旋汝倒聞機，反聞聞自性，性成無上道，
圓通實如是。
此是微塵佛，一路涅槃門；過去諸如來，斯門已成就；
現在諸菩薩，今各入圓明；未來修學人，當依如是法；

我亦從中證，非唯觀世音。
誠如佛世尊，詢我諸方便，以救諸末劫，求出世間人；
成就涅槃心，觀世音爲最；自餘諸方便，皆是佛威神。
即事捨塵勞，非是長修學；
淺深同說法，頂禮如來藏，無漏不思議；
願加被未來，於此門無惑，方便易成就；
堪以教阿難，及末劫沈淪：
但以此根修，圓通超餘者，眞實心如是。」】

講記：文殊菩薩評論阿羅漢與無學位的菩薩們所說圓通法門：「

眞覺的佛法大海一切法性是本來澄淨而圓滿的，
這個圓滿而澄淨的眞覺法性是元本就殊勝而微妙的；
元本就光明的眞覺照耀著眾生所有的一切法，
當眾生所有諸法建立區隔以後，光明照耀萬法的自性就亡失了。
迷惑於各種虛妄法的時候才會認爲有眞實存在的虛空，
再依虛妄建立的虛空重新建立山河大地等世界；

眾生的能知能覺心性澄湛凝結以後便成就了山河世界等國土，而能知能覺的心其實正是輪轉生死的眾生。虛空其實只是出生在大覺海中，猶如大覺海中出生的一個水泡；有漏無常的十方虛空微塵數國土，都是從空性覺海中所出生的。大海中的浮漚若是消滅了，虛空本來就不是眞實有，何況是一再被眾生述說及執著的三界諸有呢？當大眾回歸到本元金剛心時，便知萬法的自性本來無二，然而想要了知諸法無二而求回歸本元的方便法門卻有很多門道。佛菩提道中所證的聖位自性其實並沒有不能相通的地方，不論是順修或逆行時都是有方便法的；然而若是初機學佛的心性而想要進入金剛三昧中，所修的法門不同時就會有遲緩與快速的差別而不能同等看待了。藉色身觀想九種不淨以及觀察色身朽壞後歸結爲微塵乃至虛空，這樣修行對如來藏妙眞如性微細而精明的了知性並不能透徹；爲什麼這種對如來藏妙眞如性的精了性不能明徹的圓通法門，能在色相的不淨與歸於微塵上面來獲得對如來藏的圓通智慧？
從音聲夾雜的語言之中，只能明解四諦名相語句的法味，
這樣所悟得的音聲一法之中並非含攝一切法，
如何可能在這樣的音聲之中獲得含攝一切法的圓通呢？
沈水香的勝妙味塵是要在鼻根與香塵相合之中才能了知的，
若是鼻根離開香塵的時候，可就元無香塵存在了；
既然香塵的了知有合有離而不是恆時被鼻根所覺知的，
如何能從香塵中獲得圓滿通達諸法的實證呢？
草木金石的味塵法性並非本然存在而不生滅的，
要在舌根嚐味的時候才會有味性存在；
所以在味性中的知覺並不能恆時如一的存在，
如何能在時有時無的味覺之中獲得諸法本根的圓通境界呢？
經由觸覺在水性的洗塵自性上面來明白水因，
若是沒有所洗的對象時就不可能明白妙觸的無常自性了；
從觸水來理解緣生性空之理時，合觸與離觸的自性是變換不定的，

既不是恆時不變的法性，又如何能由此獲得圓通的實證呢？

六塵中的法塵又稱爲內塵，依憑五塵而有的法塵必定是有處所的；能依的法塵與所依的五塵並非普遍涉在一切法中，既是不遍的法塵，如何能使人獲得圓滿通達的智慧？

眼見之性雖然洞然明見色塵，卻只能明白面前而不能明白背後；東西南北四方的色塵已經虧損了一半，這種不能遍觀而有缺失的自性，如何能獲得圓滿通達的智慧？

觀察鼻息的呼出與吸入固然是內外互通的，然而出息與入息正在交換之間是沒有氣息相交的；既然是支離而不是出息與入息可以互相涉入的法性，不能遍一切時同時存在的支離法性，如何能獲得圓通智慧？

舌根並非眞有所入，因爲沒有理由能夠獨自產生舌入，正是因爲有味塵才能出生舌入的覺了性；假使味塵亡失的時候，舌入可就了無所有了，這樣依憑味塵才能存在的不圓滿法性又如何能從此獲得圓通呢？

身根的覺知與所覺的觸塵同在，身根與觸塵各自都無法圓滿觸覺，二者都有邊涯現量限制，不能在相離時互相不知而體會觸覺，不是遍一切時都能了知的身觸，如何能獲得圓滿通達的智慧？

意知根夾雜著迷亂的思惟，澄湛不動時又終究無所見而無所知；所想念的諸法既不可能脫離，如何能使人獲得圓通的智慧？

意識所見是夾雜根塵觸三法和合才有的，

推詰所見諸法本身時則因爲緣生性空而無常，就被稱爲無相；意識所見諸法的自體既然先無定所，如何能由此獲得圓通智慧？

以覺知心直接聽聞而能洞察十方有情的心想，

這種不可思議的境界是出生于以大願爲因的威德力；

初心學者不可能由此進入佛菩提，如何能由此獲得圓通智慧？

觀想鼻息之法本是權巧施設之機，只能使人攝心安住；

即使後來安住無漏而成就覺知心所住的境界，

仍然無法證知本根，又如何能獲得圓滿通達的智慧？

爲人說法必須舞弄聲音與文字，這是已經開悟而先已成就的人；

所說名言語句自身都不是無漏法，如何從說法中獲得圓通智慧？

從聲聞戒律的受持或違犯來修行，只是約束色身，

若不屬於色身的覺知心可就無所約束了；

所以戒律的持犯本來就不是遍一切時或遍於色身與覺知心，

不遍之法又如何能使人修行而獲得圓滿通達的智慧？

神通的獲得本是基於宿昔修證的因緣，不與法性分別互相關聯；

神通的所念與所緣並非離開色法而有，如何能由神通獲得圓通？

如果以地大自性來觀察，地大是堅硬質礙而不能通達無礙；

所以地大是有爲法而不具有聖性，如何能在地大上面獲得圓通？

如果是以水性來觀察，水觀之中所觀想的淨念仍然不是眞實法；

如如不動的如來藏並非覺觀之心，如何能由覺觀之心獲得圓通？

若是以火大的煖性來觀察，厭惡欲界諸有仍然並非眞實出離；

火性的觀察也不是初心學人方便可入，如何能獲得圓通智慧？

如果以風性來觀察，掉動與寂靜並非無所對的絕待之性；

相對之法就不是無上的知覺，如何能使人獲得圓滿通達的智慧？

若是以空虛之性觀察，空虛是昏鈍空無，一開始就不具有覺知；
無知無覺就不同於菩提智慧，如何能使人由空虛來獲得圓通智慧？
如果以識陰六識的自性來觀察，可以觀察六識並非常住法；
保存六識覺知心了了常住乃是虛妄想，如何獲得圓通智慧？
念佛不離行陰，而諸行卻是無常的；
能念之性雖無生滅，然而念佛的因與果卻是現今殊難感知，
又如何能在念佛之時獲得圓滿通達的智慧？
我文殊如今在大眾之前稟白世尊：
佛陀出現於娑婆世界，這個地方的眞實聖教法體，
最清淨勝妙的入手處是在經由聲音而聞法上面；
想要取證佛菩提智慧的三昧境界，其實應該從聞聲之中入手。
遠離諸苦而證得解脫，最良善法門其實是觀世音的耳根聞思修；
觀世音菩薩於恒河沙數劫之中，普入微塵數的無量佛國之中；
獲得大自在的威神力，以無所畏懼來布施給眾生。
宣說勝妙音聲的觀世音菩薩，所說的清淨音猶如不斷絕的海潮音；

救護世間人全部都獲得安寧，教導出世間法而使眾生獲得常住法。

我文殊如今啓稟於如來：猶如觀世音所說，

譬如有人安住於寂靜的居所時，十方同時擊鼓的時候，

十處擊鼓的聲音是一時都可以同聞的，這才是圓滿眞實之法。

眼睛所見無法觀察到遮障物以外的色塵，口鼻的功能也像是這樣；

身觸則是要藉身與塵相合時方能了知，

而覺知心中的妄念總是紛雜而找不到最初的頭緒，

由聞聲而入菩提時，可以發覺隔著牆垣聽取聲音響動時，

是不受距離限制而遠近都可以聽聞出來的；

所以五知根的功能所在並不是齊等無差別的，

能這樣了知的人才是能通達眞實法的人。

由於音聲的體性是有動靜的，都在聞聲之中來定義有聞與無聞；

正當沒有聲音時稱爲無聞，卻不是眞的沒有了聽聞之性。

聲音消失時既然聞性沒有滅失，聲音存在時聞性也不是有出生；

聞性的生滅二邊圓滿的遠離了，這個聞性就是常住的眞實法。

縱使是在夢境中的了知，並不因爲不思惟就使聞性失去了；
佛性的覺觀超出思惟所及的境界，是五蘊身心所不能達到的境界。
如今這個娑婆國土中，唯有藉聲音論議才能宣明常住的金剛法；
眾生迷惑於佛性的本聞功德，循著聲塵生起執著所以流轉六塵中。
阿難縱使能夠強行記住所聞諸法，既未實證不免落於邪謬思惟中；
如此豈非隨所聽聞而繼續淪墮於虛妄法中？
唯有旋復及入流亡所以後才能獲得無虛妄的金剛法。
阿難你應該詳細聽清楚，我文殊承領世尊的威德力，
代佛宣說常住不壞的金剛王妙理，
這是猶如幻化而不可思議的，諸佛之母眞正的三昧：
汝阿難聽聞了十方微塵數諸佛，所說一切不共聲聞的祕密法門時；
欲界有漏心若不先修除，廣畜所聞妙法時將成爲過失而耽誤自己。
將你的所聞功德來受持一佛又一佛的妙法，終究不是自己的妙法，
何不返身從自己的心聞上面來聞受正理？
能聞這個功能並非自然生，也不是因緣生，

卻是因爲聲音才有能聞這個名字的施設。

若能旋復聞性歸於妙眞如性而與聲音脫離時，

能脫離聲塵的心聞之性還能夠以什麼名稱來指說祂呢？

耳根這一根既然已經返歸本源如來藏的妙眞如性了，

六根就可以如法炮製而一一離塵返源，成就不可思議的解脫。

覺知心的能見能聞猶如幻化，亦如眼睛裡妄生的遮翳，

而三界萬法的出生猶如虛空中妄生的花朵一般，

當聞性旋復而返歸如來藏本源時，眼翳的病根就滅除了，

當六塵都遠離而銷亡時，眞覺便圓滿而清淨了。

當覺知心面對眞覺清淨到究竟的地步時，功能就通透而明達了，

如來藏妙眞如性便寂靜明照而含容十方虛空了，

這時卻回頭來觀看三界世間，猶如夢中的種種事情一般；

而摩登伽女淫躬撫摸想要毀破你阿難的戒體，也只是夢中的事，

這時還有誰能夠留住你阿難的身形在婬坊中呢？

譬如世間具有工巧智慧的魔術師，變幻造作出種種男人女人，

雖然你看見幻化的男女諸根在動，其實要以一個機關來抽動他們。歇息了機關的時候，魔術師幻化的男女就歸於寂然不動了，這時種種幻化的男女便都成爲沒有自性的無情了。

六根的道理也像是這樣子，元來本依同一個精明之心而有，卻因虛妄執著才分割成六種功能而在一起和合運作；假使能夠從其中一處達成休止及旋復的功德時，六根互相不同神用的區隔限制也就全都不再成功了。

這時所有塵垢也就應念銷除了，六根成就圓滿光明而清淨微妙時，就能六根互通無所障礙；如果還有餘塵不曾除盡時，尚屬各種有學位的聖人；當餘塵除盡而光明究極的時候，也就是究竟位的如來了。

大眾以及阿難啊！你們應當聽清楚：旋復你們對聞性顛倒認知的機緣，反身聞熏自己聞性的眞實義，當聞性的眞實義聞熏修習成功的時候，便成就無上道的圓通了，無上正等正覺的圓通法門其實就像是我所說的這樣。

這就是十方微塵數諸佛，所修習的同一路不生不死涅槃法門；
已經入滅的過去所有如來，這個法門都已經成就了；
現在世間的諸菩薩們，如今也是依此法門而各都證入圓滿光明中；
未來世修學佛法的眾人，也應當依循這樣的圓通法門；
而我文殊師利也是從這個耳根圓通的聞思修法門中實證的，
並非只有觀世音菩薩才從這個耳根圓通的聞思修法門中親證。
誠如釋迦世尊，詢問我對於無上道的圓通法門種種方便，
藉以救護所有末劫之中，勤求出世間法的眾人；
成就涅槃心的實證與圓滿通達，諸菩薩中以觀世音為最究竟，
自觀世音法門以外的其餘種種方便，
都是佛以威神力觀機逗教方便建立，並非最勝妙、最究竟的法門。
在蘊處界等事相中斷我見我執而捨離六塵中的種種勞苦，
這種修法是聲聞菩提而不是長久修學才能成就的佛菩提法門。
對於能像這樣不論根機淺深而同時一處共說一法的勝妙正理，
我文殊現在所能作的就唯有頂禮勝妙的如來藏，

讚歎祂的無漏性以及不可思議的功德。

祈願以這樣的說明而加被未來世的佛弟子們，

能於這個佛菩提道的耳根圓通法門中不再有疑惑，

終於能發起各種方便智慧而易於修習成就；

也期待這些說明足夠用來教導阿難，以及末劫時沈淪中的學佛人：

大眾只需要以這個耳根法門繼續修習佛法，

耳根圓通法門的修習者一定會超越修習其他圓通法門的人，

我所說的眞實心就是如上所說的如來藏。」

「覺海性澄圓，圓澄覺元妙；元明照生所，所立照性亡。迷妄有虛空，依空立世界；想澄成國土，知覺乃眾生。」這一段經文是 文殊菩薩的總評，總共有八句。如來藏就是本覺大海，祂的體性是本來就澄清寂靜而圓滿的；這個圓滿澄清的本覺，是本來就存在而且是很殊勝、很微妙的。爲何 文殊菩薩這麼講呢？因爲如來藏的本覺自性，並不是修行以後才獲得的，而是如來藏心自然存在的法性；這種自然性並不是自然外道所講的自然，而是如來藏自然而然地本來就有這種功德力。這個本覺就是如來藏的妙眞如性，直接地說，如來藏的妙眞如性其實就是佛性。開悟明心的人在證得如來藏時仍然無法現見祂的佛性，找到如來藏的所在而現見祂有種種功德時，也只能推斷祂有佛性的功能，卻還是無法眼見的，只有十住滿心菩薩才能眼見。

如來藏有種種體性，我們只講其中的一小部分就好：譬如祂能了知眾生心行，這個功德並不是修行以後才得來的；即使凡夫佛子還沒有開悟，他們的如來藏還是擁有這個功德力，祂還是能了知眾生心行而運作不斷。所以說這個功德力是「元妙」，是元來就妙、本來就妙，而不是修行之後才變妙的。但是如來藏這種覺，叫作本覺——本來就有的知覺。很多人學佛時都因爲被惡知識誤導了，所以跟著誤會了，就把識陰六識的妄覺當作本覺，把生滅性的六識妄覺當作眞覺，因此而在見聞覺知上面用心，心中就想：「我若是能夠每天打坐，就是在修禪宗的禪。我只要心中一念不生，這種離念的境界很穩定了，就叫作開悟；如果能夠保持半小時一念不生，就是小悟；如果能保持五小時、六小時一念不生，就是大悟；如果能夠整整一天之中都一念不生，就是大悟徹底。」台北市有一位很有名的教禪大師這樣講，還印出來流通；

也有南洋的大法師所寫的書中這麼講，被□□印書館印書出來流通。

這些表相大師都是把妄覺當作眞覺，那都是妄覺與有生有滅的覺，不是本覺；悟得妄覺或悟得有生滅的妄覺的大法師們，當然依舊是凡夫人，所以就叫作眾生而不是菩薩。文殊菩薩這一段總論中的最後一句不是講了嗎：「知覺乃眾生。」所以這些自稱開悟的大法師們都只是眾生，不是親證自心如來，因爲自心如來的本覺並不是六識的知覺。

如來藏的知覺有很多、很多層面，最簡單的一種就是「了知眾生心行」；不論你想要幹什麼，祂全都知道。其實如來藏的本覺中有很多的覺知，但這種覺知並不是六識在六塵中的見聞覺知。你如果證得第八識自心如來，現前觀察祂，就會證明祂確實跟無情不同；無情離見聞覺知，自心如來也離見聞覺知，這中間有個差異就是：無情沒有本覺，而自心如來有本覺，但如來藏這個本覺卻不是六塵中的覺知。當你證得這個本覺，馬鳴菩薩說這就是始覺位的菩薩；因爲你才剛剛覺悟這個本覺，所以叫作始覺，「始」就是剛剛開始。如果還沒有證得如來藏的本覺，馬鳴菩薩就說那個人是不覺，因爲還沒有覺悟如來藏的本覺、眞覺。證得這個本覺以後，繼續漸修而越來越深入了知如來藏本覺的更多體性，就叫作「漸覺」，就是漸漸深入覺悟本覺中的更多功德。所以「只有頓悟漸修而成的如來，沒有漸悟的如來」，就是講這個意思。如果悟後進修而究竟了知如來藏中一切種子功能差別，無一不知而能被覺知心完全運用了，馬鳴菩薩說這就是究竟覺。

可是眾生學佛很難進入內門，因爲佛菩提眞的是微妙深廣，光是明心見道第一關，眾生就已經跟所有表相大法師們一樣迷迷糊糊了，都把妄知妄覺當作是眞覺了，又怎能實證呢？所以末法時的表相大法師、大禪師們，總是心中這樣想：「我只要一念不生時，妄覺就變成眞覺了。」當他們的錯誤被眞善知識指出來以後，卻一生都不肯認錯。所以正法眞的很難弘傳推廣，原因也在這裡。又因爲必須保持覆護密意不得外洩，又要弘傳出去，猶如掐著脖子吃飯一般，所以究竟而了義的正法很難弘傳。所以每當有人對我說：「你爲什麼不把佛法講淺白一點？那不就很容易弘傳了嗎？」我說：「就是不可以啊！」我總不能把極難實證、極難了知的如來藏本覺，像大法師們一般用覺知心的妄覺來取代吧？

既然不應該取代，當然還是要依如來藏的本覺來闡釋，眾生當然還是無法輕易理解其中的意涵，因此說這個本覺很難證悟。而如來藏的本覺中有很多種知覺性，都不屬於世間六塵中所含攝的知覺；如果有人將識陰六識的知覺錯認爲如來藏的本覺，就落入三界知覺之中，所以 文殊菩薩才說「**知覺乃眾生**」。如來藏有無量無數六塵外的知覺功德，而且是本來就已經圓滿具足著，所以 文殊菩薩才說「**覺海性澄圓**」。而這個覺海中的種種自性都是澄寂而圓滿的，這些本覺中的功德力都不是修來的，而是本來就具有的，所以又說「**圓澄覺元妙**」。悟後進修的目的是想要到達佛地，然而到達佛地的目的又是爲了什麼？是爲了讓覺知心可以和自心如來的所有功能直接相應，而你覺知心可以操作運用如來藏的所有妙眞如性；這是等覺位、妙覺位和此二位階前的菩薩們都無法作到的極勝妙功德。

……。（講經前的當場答問，因與本經法義無關，故移轉到《正覺電子報》〈般若信箱〉，以廣利學人，此處容略。）我們繼續講《楞嚴經》，上週講到一〇八頁的偈：「**覺海性澄圓，圓澄覺元妙；**」還沒有講完。這兩句的意思是說，其實本覺妙海的體性是本來就是圓滿澄淨，並沒有所謂的染污可言。舉凡所有的染污，都是眾生的七識心在起染污，而本覺妙心的本性是本來就澄清圓滿的。這個圓滿澄清的本覺妙心如來藏，是元來就很微妙，並不是修行以後才變成很微妙的。但是這個微妙，到了今天末法時代，一切大法師、大居士們都把祂弄錯了！他們把前六識的見聞覺知當作是眞覺、本覺，總是認爲前六識的見聞覺知性只要能夠一念不生而不作分別，就是眞正覺悟的境界了。但其實是錯誤的觀念，因爲這是有生有滅的六識妄心的知覺，就是屬於妄覺。這在《楞嚴經》第一卷到第五卷中已經辨正很多了。

悟得本覺心如來藏，就能斷定如來藏具有本覺功能；眼見佛性時，則是親眼看見如來藏本來就具有的明覺之性，就是妙眞如性，我們又稱之爲佛性。這時可以從如來藏（自心如來、自性彌陀）來觀照，就可以發覺原來這就是般若智慧的本源，實相般若是從自心如來本就具有的光明性的實證而出生的；然後你從本覺元來就有的光明性，來觀照各種所生諸法，也反觀能生之法。「能生」就是如來藏的本覺妙覺之性，具有能生一切法的微妙體性；「所生」就是我們的色身、六塵、七轉識，你就能證實十八界全都從如來藏的本覺中出生。但你必須先證得自心如來（如來藏），才能瞭解如來藏確實是「元明」，祂是元本就具有明照萬法的自性；由「元明」的證知，就可以觀照到所生與能生。一旦觀照了別完成之後，智慧出生了，就可以放下祂而不執著祂了！因爲誰也奪不走，不管是誰都無法把你的本覺妙心如來藏奪走。在任何人都無法奪走各人本有的如來藏心之際，各人的如來藏心卻都持續不斷地照明著有情的一切法；因爲有情相應的諸法，應該受報時，一期異熟果應該出生、變異、結束時，其中應該有一些什麼變化與運作時，如來藏都以祂自己的本覺在觀照著，無有一法不在祂的觀照之下，所以「元明照生所」。

如來藏是這樣的法性，但眾生迷惑於如來藏實相境界，於是攀緣六塵而落入六種不同境界中，分別加以執著而錯認爲實有時，如來藏本覺中的許多不受限制的功能，就被分割出來成爲六根而產生了區隔，於是出生了眼根專在色塵上運作，乃至出生了意根專在法塵上運作。然後，如來藏仍然保有尚未被分割出去的功能，就成爲大乘見道時所應親證的本覺了；可是眞正追究起來，其實六根、六識的功能仍然應該旋歸於如來藏本覺之中，因此才會有楞嚴法會中 世尊所說的六根、六識等見性、聞性乃至知覺性，都屬於如來藏的妙眞如性等聖教。

但是，如果一開始就說六根與六識的功能即是如來藏妙眞如性，那麼大眾就會錯將六根與六識認作是如來藏，就無法證知如來藏的本覺了；於是必須先說明六根與六識是有生有滅法，雖然是有生有滅法，卻無法歸還於所藉的眾緣，只能歸還於如來藏妙眞如性中，這才會有七處（九處）徵心及八還辨見的第一卷到第五卷的法義。而本覺、始覺、不覺、漸覺、究竟覺等位的施設，也就不得不建立起來，以免學人誤會而犯下大妄語業。

既然如此，「所立」的六根、六塵、六識、六入、五陰等法，以及此時悟後智慧觀照下所知的本覺、始覺、不覺、漸覺、究竟覺等建立，所依無非都是自心如來——如來藏妙眞如性。既然是這樣，如來藏又從來不失，也不會因爲眾生不修行，祂就染污；也不會因爲眾生修行，祂的自性就變清淨，祂始終如是、本來如是。這時，確定六塵中能知能覺而能觀照的覺知心性，當然更不需要執著了，因爲能觀能照而處於六塵中運作的知覺性，本來就是虛妄法，是所生法，本來就是在能生六根、六識的自心如來的妙眞如性運作下，出生了有情在六塵中能觀能知能覺等七識心的性用，但這種知覺性終究只是所生法；是在被如來藏妙眞如性所生以後，由有智者分別加以建立的「所立」法。這時由於有實相智慧了，於是這些「所立」等法，就在實相智慧的鑑照下失亡了：原是如來藏妙眞如性，並非眞實有這些「所立」諸法實際存在——六塵中能觀照之性依舊是如來藏的妙眞如性，並非六識心自己實有觀照之性，所以 文殊菩薩才說「所立照性亡」。

眾生由於迷惑於虛妄心，妄執所生法的能知能覺心、能作主心、能思量心，妄執為眞，由是而落入五色根與意根之中，所以不瞭解一切法都從自心如來而出生，因此就從色陰的立場，誤以為虛空是眞實有；卻不知道虛空其實只是從我們的自心如來妙眞如性中，依業力而感應出生了山河大地世間，然後再出生了我們的色身，才依五陰身心來施設物質的邊際—無物無阻礙的處所—叫作虛空。所以，執著或認定虛空眞實有的人，就是「迷妄」者，都因為迷於虛妄法，所以心中產生了虛空眞實有的錯誤知見；接著再依虛空眞實有的邪見，依於虛空而建立世界。但其實這都是顛倒，反而是依世界而建立虛空；因為虛空猶如兔無角法一樣，而一切世界猶如牛角；可是牛角經過分析再分析，到最後歸於鄰虛塵，再分析下去就沒有色法存在，所以牛角亦不眞實。

可是兔無角的知見更不眞實：兔子頭上沒有角，是世人都無法推翻的知見，爲什麼卻比牛角更不眞實呢？因爲兔子頭上沒有角的想法或觀念，是依附於虛妄生滅的牛角，才能施設出兔子頭上無角的觀念或主張。同理，依山河大地等色法而建立虛空，山河大地世界正如牛角；而虛空等於兔無角法一樣，因爲虛空是依物質世間的邊際沒有物質世間的地方，來施設名稱叫作虛空，如同兔無角是依牛角施設建立一樣。虛空沒有法，虛空是依於牛角物質世界而建立的；所以顚倒的人並不知道自己心中所想顚倒，正是「迷妄有虛空」，接著再依止妄想建立的虛空而建立世界，妄說虛空中有某某世界，這就是「依空立世界」。

由於眾生落在覺知心中，自以爲覺知心就是常住心、就是眞實自我；而末法時期學佛的人們，以及自以爲悟的大法師們，則是誤以爲覺知心修除妄想雜念或放下煩惱以後，就已經成爲金剛不壞心、實相心，都不了知只有第八識如來藏才是眞正金剛心。無明所罩而不了知的緣故，於是有這兩句偈所說的妄想，於是世界建立了，虛空也建立了。然後因爲有了這些妄想，就會使共業眾生的如來藏引生了業力感應，而在妄想建立的虛空中出生了世間，這些共業眾生就來這個世間受報以及重新造業。全都是因爲眾生「迷妄有虛空」，所以「依空立世界」；這正是因爲虛妄想澄清而沈澱下來以後凝聚在一起，就使虛空中的地水火風四大微塵聚集，成就一個新的世界國土，這就是在妄立的虛空中形成山河大地國土了：「想澄成國土」。同理，眾生攀緣六塵的覺知心，也一樣是由於虛妄想澄清沈澱而凝聚以後，眾生的如來藏就隨順共業異熟種子，隨著業力來到這個國土，藉自心如來的大種性自性而聚集了四大元素，成就了不同功能的有根身，然後在六塵中被區隔爲六根不同功能的知覺心就出現了！當六塵中不同的知覺共同和合出現的時候，就以識陰六識心來各別覺知六塵而被區隔了，那就是眾生了，所以說「知覺乃眾生」。

「空生大覺中，如海一漚發；有漏微塵國，皆從空所生。漚滅空本無，況復諸三有；歸元性無二，方便有多門。聖性無不通，順逆皆方便；初心入三昧，遲速不同倫。」佛法中說的「空」有兩個意思：一個是空性，另一個是空相，這句偈中所說的空則是指空相中所說的虛空。二乘法只是修證解脫道，他們都在現象界的空相上面用心，經由觀行而了知五陰十八界都是虛妄法，這就是空相。空性，就是講自性彌陀，即是我們的自心如來——如來藏。

但是空，不論空相或者空性，很少人能夠作具足分別的了知，即使末法時代的佛門大師也一樣。眾生都不瞭解空性與空相的道理，都只瞭解虛空；所以當他們聽到空相與空性時都不能瞭解，必須要爲他們詳細解說，才能瞭解；因此眾生所知道的空，就是這句偈中所講的虛空。但是虛空這個法，其實是出生在眾生的自心如來這個本覺性所現起的大覺海之中。如果沒有本覺，就沒有大覺，大覺是說佛性的大海；因爲如來藏的妙眞如性無量無邊，所以稱爲佛性大海——覺海。一切法都從自心如來—空性如來藏—中輾轉而出生，一切法都不可能無因而生、無因而有，都不可能單憑眾緣就能生起，還要以自心如來爲因；而自心如來—空性如來藏—所擁有的佛性**本覺**功德，能出生無量覺悟之法而成就佛菩提，所以名爲覺海；這個覺海功德無量無邊，就稱爲**大覺**。

虛空，不論有多麼廣大，譬如論中有說：虛空無盡無邊。虛空如果是有盡有邊，那就不叫虛空了，就應該是世界了。但是無邊無際的虛空，依舊是從大覺中出生的。那什麼叫大覺呢？一定是先了知本覺之後才會知道有大覺。一般學佛人往往會說：「十方虛空無有窮盡、世界國土不可限量。」這純粹是從邏輯推理或從經論閱讀中，來瞭解虛空的無邊無際。但是在了義佛法中說十方虛空時，說虛空其實只是一個概念；因爲虛空不是實有法，虛空是依物質的邊際而施設的法，所以虛空屬於色法；因此，在二乘法的《俱舍論》中也說虛空是「色邊色」，是附屬於色法而有的色法。所以虛空不是實有法，是依物質邊際無物之處而施設的一種認知：沒有物質障礙。

這個虛空的認知概念，是在有情的覺知心中存在的，可是覺知心從哪裡來呢？得要依五色根以及無色的意根末那識，再配合如來藏，才能出生六識覺知心；有了六識覺知心，才能有「十方虛空無窮無盡」的認知概念存在於覺知心中，而覺知心是存在於如來藏的本覺大海中，所以 文殊菩薩說「空生大覺中」。但是虛空在大覺海中出生的事實，眾生都不了知，還以爲是世界與自己身心都出生在虛空中。事實上，虛空這個法，在各人的自心如來所含藏的無邊萬法之中，只是很渺小的一個法而已，只是有時突然從大覺海的萬法之中出現而如同大海中的一個水泡那麼渺小。因爲自心如來中還有無量無數的法存在，所以虛空一法出現而被討論到的機會並不多，因此 文殊菩薩才說「如海一漚發」，就好像寬廣的大海中有時出現的一個水泡罷了。追究虛空的來源，只是在覺知心中的無數觀念、無數知見大海中的一個微不足道的觀念而已，所以說：「空生大覺中，如海一漚發。」

十方虛空既然無窮無盡，當然是有無量無數的世界。既然是有無量無數的世界，當然就叫作微塵數的國土，因爲眞的數不完，猶如微塵數那麼多。但是大多數的世界都屬於有漏世界，這些有漏世界當然都是由於眾生如來藏中的共業種子力量所感應，所以在適當的虛空中形成了，其實也還是從空性心如來藏中出生的，所以說「皆從空所生」。一切世界在虛空中出生，一定都有根元，總不能無因而在十方虛空浪生浪滅；都是因爲共業眾生的如來藏蘊藏了種種業力種子，當出生新世界的業種成熟時，當然就會感應而出生了那些世界，而這些業種全都含藏在空性心如來藏中，因此說「皆從空所生」。

「如海一漚發」，漚是小水泡。當你心中一個虛空無邊無際的觀念出現了，那就是「如海一漚發」；因爲你心中有無量無數諸法，虛空這個法只是你心中無量法中的一個法；所以當它生起的時候，你往往不會重視它，如同海中的一個小水泡。它出現一會兒就隨即過去了，這個虛空法又湮滅在覺知心萬法大海中了。當虛空這個水漚消滅時，虛空已經不存在了，何況是我們覺知心中所認知的十方虛空無量世界中有三界眾生等三界有的看法呢？因爲眾生的三界有，譬如我們生而爲人，是欲界有；生而爲色界天人，是色界有；生而爲無色界的眾生，是無色界有。三有其實都是因眾生的覺知心諸法堅執不失，所以三界愛結出生了種子存在如來藏中，而這些種子也是從如來藏大覺中出生的，所以三界有其實也是大覺海中的法性，不是由我們出生在三界有中。其實三界有的根元就是如來藏本覺，證悟後這樣看時，當然會如同 文殊菩薩這樣說：「況復諸三有。」

當我們的覺知心參禪學佛而證得自心如來時，如實而深入觀察空性時，一定會與 文殊菩薩所見相同。那些大法師們說了一堆言語上的空性，但是若從空性自住的立場來說，空性也只是一個名詞；從自心如來的境界中來看，並沒有空性這個法。從自心如來的自住境界中看，沒有色聲香味觸法，沒有眼耳鼻舌身意，沒有一切法，乃至三十七道品也都不存在；因爲自心如來住於如如不動的清淨境界，離見聞覺知，離一切思量，離一切生死，離一切能取與所取，也離語言道，怎能說祂有對於空性的認知呢？所以若是回歸到如來藏的自住境界時，當然要說「歸元性無二」。

只要找到了自心如來時，一定會漸漸觀察到：一切法都應該歸納到本來涅槃的自心如來中，也就是都要回歸到元本的如來藏中。當你現前觀察到所有一切法，不論是色法、無色法、世間法、出世間法，全都在自心如來中直接或間接出生；而十方虛空無數的三界有，莫不是從自心如來而出生；佛法中八萬四千法門的修行所證之標的，也都是自心如來中的法性；這樣現觀而且證實了，當然會將一切法都回歸到本元如來藏，就會發覺原來所有眾生的自心如來體性都是無二無別：「歸元性無二」。有人認爲人是萬物之靈，但若是從人類的自心如來功能差別觀察時，發現自己並未超過一隻螞蟻或蟑螂的自心如來功能體性，只是五陰功能有所差別罷了！而自心如來的功能是完全沒有差異的，所以說「歸元性無二」。

「方便有多門。」雖然所有法門修證之標的都是這個自心如來，可是想要修證祂，卻有種種方便不同。所以如果要講到方便法，就有很多的法門可以修習了，不過修證之標的一定是同一個。假使有人不懂佛法而裝懂，他們說：「八萬四千法門，門門可入，爲什麼我一定要修你所說的如來藏法門？」且不說如來藏不是法門，也不是我的法門；縱使是我的法門，他們也得實修而取證如來藏，因爲文殊菩薩已經說「歸元性無二」，當然所有法門的實證標的一定都是如來藏，所以他們不懂八萬四千法門所修證之標的全都是如來藏。如來藏是修證之標的，不是法門。實證如來藏的法門很多，不必一定要參禪，因此說「方便有多門」；可是等到證悟時，一定是親證如來藏；因爲萬法的本源永遠是只有一個，就是如來藏，無二亦無三，所以八萬四千不同法門實修而開悟之標的只會有一種，不會說：我悟我的這一種，你悟你的另一種，他又悟他的另一種。文殊菩薩也說：把萬法回歸到本元時的自性，並沒有兩個或三個自性，而是無二的唯一自性，就是如來藏妙眞如性：「歸元性無二。」

「聖性無不通，順逆皆方便；」如果從大乘賢聖證悟後的智慧來觀察，其實二十五種圓通法門都可以使人親證自心如來，證得如來藏以後也都可以通達，不論順修、逆修都有方便法。「初心入三昧，遲速不同倫」，意思是說，若是從初心學佛想要證得佛菩提的人來說，可就有難易差別了！因此各種不同圓通法門的取捨，一定會產生快速證得金剛三昧，或者極遲緩地修學多劫以後才能證得金剛三昧的現象。從另一方面來說，若是知見仍停留在二乘菩提中的人，除了必須依循耳根圓通的聞、思、修方法，以及「聞熏聞修」的一面聽聞熏習、一面隨聞而修的圓通法門以外，而且還得要所聞、所熏、所修全都是佛菩提法，不是二乘菩提法，除此以外可就完全無法證得如來藏了，否則就與佛菩提的圓通法門完全絕緣了。所以對耳根圓通法門的內涵，必須先有正確的理解，也就是一定要聽聞正確的佛菩提法義，然後才有實證的機會；必須是以耳根圓通法門來親近善知識而「聞熏聞修」，才會有快速實證的因緣。所以修學耳根圓通法門時的大前提是：初心學佛的所有人，應該是藉耳根圓通法門多聞熏習佛菩提道，而不是藉耳根圓通法門多聞熏習二乘菩提道；因爲不是想要學羅漢，而是想要學佛。若是根器不與佛菩提相應，或是佛菩提根性的人卻聽聞了二乘菩提法，或是佛菩提根性者卻選了不易相應的圓通法門，或是選了相應法門卻不肯追隨眞善知識「聞熏聞修」，當然這些人修行之後一定會有遲速快慢差別的現象顯示出來，所以說「初心入三昧，遲速不同倫」。

「色想結成塵，精了不能徹；如何不明徹，於是獲圓通？音聲雜語言，但伊名句味；一非含一切，云何獲圓通？香以合中知，離則元無有；不恒其所覺，云何獲圓通？」前面總說講過了，文殊菩薩接著從六塵來說。這三偈，第一偈的四句中，是講優波尼沙陀，他從色性悟入聲聞法的圓通，是藉色身來觀察九種不淨，以及觀察色身朽壞以後必然要歸結爲微塵，乃至再從鄰虛塵繼續歸結而成爲虛空，成爲空無而無我可得，於是斷了我執成爲阿羅漢。但是從聲聞法中悟得時，當然是從二乘菩提的知見來「入三摩地」，這當然只能悟得聲聞羅漢法中的緣起性空道理，對於如來藏妙眞如性的微細而精明的了知性—本覺—並不能透徹。但是聲聞聖者這個修行方法，由於大乘菩薩的知見異於聲聞的知見，所以大乘菩薩若是用優波尼沙陀這個從色法而入的法門觀行，也是可以證悟佛菩提的圓通法門；只是用這種方法來求證佛菩提的金剛三昧時，一定是遲遲方能實證，因爲想要以這個方法在「金剛三昧」中「入三摩地」，是非常困難的。

文殊師利菩薩在這四句偈中說，由眾生對色法的虛妄想而結成的色塵，終究只是如來藏所出生的色塵，而九想觀所觀想的也都只在色塵範圍之內，對於如來藏妙眞如性的精了之性，其實是不可能瞭解的。所以若是想要用色塵上的觀察或觀想而探究如來藏的精明性，其實是很難探究的。也就是說，想要從色塵中明心是非常困難的；而且，從實際經驗來看，從色塵上面想要找到如來藏，真的太過間接，非常困難，因此 文殊菩薩提出質疑說：修習這種對如來藏妙真如性的精了性不能明徹的圓通法門，怎麼可能在色相的不淨與歸於微塵的觀行之中，來獲得實證如來藏而入金剛三摩地的圓通智慧？因為，對於色塵之所從來的根元，也就是對於如來藏的所在，很難從色塵的觀行中了知或徹悟。既然如此，這種難以使人明徹色塵根元的法門，如何能獲得佛菩提的圓通正覺呢？

當然，我也曾經在《真實如來藏》書中說過，色塵是由五扶塵根、五勝義根為緣，然後由如來藏藉這五色根而顯現出覺知心所觸知的內五塵，所以色聲香味觸等五塵全都是自己的如來藏所顯。可是有沒有人讀了這一段話或聽了這一段話以後，從五塵中找到如來藏了呢？沒有！我只是從五塵來證明如來藏的確存在，證明若是沒有如來藏，就會只有外相分五塵而沒有內相分五塵被覺知心所觸知；但若是想要由色塵去證知如來藏，是非常困難的；所以自從弘法以來，我不曾以這種方法教人去求證如來藏。文殊菩薩也在這裡提出質疑：像優波尼沙陀這種不能明徹萬法根元的色塵觀行方法，對於諸法根元的精了之性是不可能明徹的，在這種方法中要如何獲得佛菩提的圓通呢？

至於第二偈的四句偈，是講憍陳那從聲音下手求證圓通的法門。文殊菩薩這樣評論：憍陳那在 世尊說法時的聲音所夾雜的語言之中，所聽聞到的法音只能明解四諦名相等語句中的法味；他這樣從音聲中聞法時所悟得的法性中，並非含攝一切法，而且只是如來藏所生的蘊處界的虛妄性，不能含攝一切法而不能圓滿通達，也不能證知如來藏的所在，更無法觀察如來藏的妙眞如性，又如何能在這樣的說法音聲中證得能夠含攝一切法的圓通智慧呢？這就是說，當時 世尊爲憍陳那五人所說的法義，只是聲聞法—羅漢法—解脫道，最多就只能對現象界的蘊處界等法「入流亡所」，可是終究無法契應已經亡掉一切法後仍然存在的如來藏心，更不可能現觀如來藏的妙眞如性。

當憍陳那五人聽聞 世尊初轉法輪時，所聞諸法只是四聖諦、八正道等法，並未演述實相般若諸經中說的實相心、非心心、無住心等法義，所以都落在四聖諦、八正道等名句的法味之中，不曾涉及唯一實相的法味。當他們經由 世尊說法的音聲名句中所顯示的法味，現觀四聖諦而實行八正道時，所證的法只是緣起性空而還滅一切法，是證得一切法空而不是證得唯一恆存不滅的如來藏心，所以他們所證的法性只是一個法：緣起性空。卻都不能現觀是什麼法藉緣而生起蘊處界諸法，所以他們所證的一法「緣起性空」是不能含攝一切法的，當然是無法實證圓通法門的。

所謂圓通，當然是圓滿而通達萬法的，才能說是圓通；而他們五個人藉世尊說法的音聲所通達的只是蘊處界緣起性空，沒辦法圓滿通達萬法的根元，又如何能夠說是圓通法門呢？換句話說，他們只能依四聖諦、八正道等名句而了知五陰、十二處、十八界全都是空相，最多只是對蘊處界等生滅法可以「入流亡所」，卻無法窮盡蘊處界的根元而觸及如來藏，當然無法通達萬法根元的如來藏妙義，所以無法與耳根圓通法門中說的金剛三昧相應，並不是佛菩提的圓通法門。

至於第三偈的四句偈，是講大乘通教法中的香嚴童子菩薩。他從香塵而「入三摩地」時，能不能通達佛菩提的圓通法門呢？文殊菩薩這四句偈中說：香塵一定需要合中知，不可能離中知。如果不與香塵接觸時，如何能了知香塵呢？鼻根一旦與香塵相離時，沒有接觸香塵了，香塵也就不存在了！

香塵既然不是恆住常住的法性，屬於生滅法，那麼香嚴童子對香塵的覺知，是短暫而且生滅性的。就是說，吸氣時能嗅聞沈水香，而呼氣時就不能嗅聞到沈水香的香氣了。而且，正當吸氣與呼氣互相交接的短暫時間裡，鼻根也是不與香塵接觸的，顯然不是被鼻根恆時觸知的，那麼所能產生的了別功德就不圓滿了；在這樣的情況下，想要證得如來藏就已經很困難了，何況是香嚴童子所觀行的內容，又是能嗅能知的覺知心與所嗅的虛妄香塵；這樣的觀行方法所得智慧，一樣是只能證知十八界虛妄，無法觸及十八界的根元如來藏，當然無法實證如來藏的妙眞如性，當然不可能證得佛菩提的圓通智慧。

而且，香塵自己也無法從早到晚永遠存在，即使能全天都存在，鼻根也會有怠墮性而減低其功能，當然是不可能具有圓滿通達的功能。譬如把自己關在芝蘭之室，從早到晚只聞著花香；但是猶如古人所說：「如入芝蘭之室，久而不聞其香；如入鮑魚之肆，久而不聞其臭。」只要時間久了，就分辨不出濃烈的香塵了，因爲覺知心與意根已經習慣於那個香味了！從此而觀，也可以知道香塵不是恆常具有穩定性的法；當你長住於某一種香臭的味道中，嗅覺就開始局部上消失或降低功能，嗅香的功德也就遞減了。而且香塵也是不恆的，藉不恆的香塵觸受而覺知，很難獲得二乘菩提的圓通，當然更難獲得佛菩提道的圓通智慧。這是說，香嚴童子以香塵作爲證悟的因緣法，但是在這種因緣所生的法中，只能方便悟入十八界的虛妄，想要悟入自心如來而證得「金剛三昧」，非常困難；因此，香嚴童子開悟而「入三摩地」時所入的三昧，當然不可能是耳根圓通所說的金剛三昧，那就不是能夠含攝萬法的金剛法了，所以 文殊菩薩評論說：「云何獲圓通？」所以，如果是從十八界法中觀修的菩薩們，大部分會落在通教的解脫果中，想要成就別教解脫果以及佛菩提果，必定非常困難，所以 文殊師利菩薩對這個法門並不認同。

「味性非本然，要以味時有；其覺不恒一，云何獲圓通？觸以所觸明，無所不明觸；合離性非定，云何獲圓通？法稱爲內塵，憑塵必有所；能所非遍涉，云何獲圓通？」接著再講 文殊菩薩評論的三首偈。第一首四句偈，是藥王與藥上菩薩所證的圓通法門，是從舌頭所觸的味性上面來講。文殊菩薩說：草木金石的味塵法性並非本然存在而不生滅，必須在舌根與所嚐等物的味塵接觸時才會有味性存在；所以這味塵的體性並不是本然恆存的，必須要品嚐時與某一種物質的味道接觸時才會有味塵，所以「味性非本然」。既然味塵不是恆常存在而且持續不斷，所以「要以味時有」；顯然味塵是無常非恆的生滅法，如何能從味塵中證得恆而常住的金剛法，而說是從味塵中獲得圓滿通達的智慧呢？

諸法本根必定是恆而常住的，當然只有如來藏才符合諸法本根的條件；但味塵卻不是常住法，而且也不是諸法的本根，所以從味塵中想要證得諸法本根的圓通智慧，就非常困難。而且品嚐味塵時，覺受也是變來變去的；譬如眾生飲食時，往往這一口夾了豬肉吃，下一口就換魚肉；吃了魚以後又換豆腐，豆腐吃過了可能又換青菜，所以味塵必定變換不定的，這就是「其覺不恒一」。像這樣變來變去而不恆一的味塵，與恆常不變的萬法本根是很難相應的，學法者又如何能夠從味性中悟得圓通的本根呢？

其實，藥王菩薩與藥上菩薩悟得佛菩提，過程一定是很曲折的，也必定是先有「聞、思、修」與「入流亡所」的過程，一定要先在因地從聲聞法中體會一切味塵都是空相，不實而且非常住；然後由於聽聞某佛說法以後，自己再現前觀察的結果，終於發覺原來味道也是從自心如來所顯現出來的。但這是很曲折的過程，也一定是先有聞、思、修的過程；所以若如他們所說是直接從味性悟入圓通，這對於初心學佛的人來說，是不可能悟入的。可是從他們二位兄弟所說的圓通法門中看來，似乎又是直接從味性之中悟得諸法本根，這等於是從味塵直接證悟「金剛三昧」而「入三摩地」，這是非常困難的；因爲味性與金剛心如來藏是有距離而不親切的，所以 文殊師利菩薩不認同，才會評論說：味塵的體性不是本然有，必須要在飲食或嚐物時才有味塵，所以味覺是變來變去而不恆一，怎能從其中獲得圓滿通達的智慧呢？

接下來 文殊菩薩的第二首偈也是四句，是評論跋陀婆羅的「妙觸宣明」。文殊菩薩說：經由觸覺在水性的洗塵自性上面來明白水因，一定要有所洗的對象，才能明白水的妙觸的無常自性，所悟的當然只是聲聞菩提而不是佛菩提。既然水因稱爲觸塵，這一種塵當然是經由接觸才會有的塵；所以一定是有接觸到了，才會有水洗的觸塵出現；如果離開而沒有接觸了，觸塵就不可能出現。觸塵，是指身根對冷熱痛癢軟硬粗細澀滑等觸覺的領受。譬如冷熱觸覺，如果不是色身觸到冷、熱，就不可能明了所觸是冷是熱。而且對於觸塵的變化，也都是經由接觸來瞭解的，所以 文殊菩薩說：「觸以所觸明，無所不明觸；」換句話說，如果沒有所觸的眾塵，就無法瞭解觸塵的內容。

然而一般人都以爲觸塵是外塵，卻不知道覺知心所領受的觸塵，其實都是自己如來藏所出生的。譬如痛覺，你知道痛，是因爲以前別人拿針扎了你一下；後來別人把針或尖刀拿在你眼前，往你的眉心靠近，你並沒有觸到針或刀，爲什麼你的眉心卻會有痠痠的觸覺？表示這觸塵完全是你自己如來藏的內相分，與外相分的觸塵無關。得要確實被針扎了一下，或是被尖刀輕刺了一下，如來藏才會藉那個外觸塵來顯示內觸塵，才能說是領受了外觸塵；而這時覺知心所領受的觸塵相分，仍然是如來藏所出生的內相分觸塵。但不論是觸內相分或外相分的觸塵，同樣都必須接觸，才能領受觸塵；譬如剛才說的沒有被針尖或刀尖扎到，只是眉心痠覺的內相分觸塵，仍然是因爲覺知心接觸了內相分觸塵，才會有痠癢的覺受。

那麼跋陀婆羅從觸水的因緣，來理解緣生性空之理的時候，其實是有時合觸、有時離觸的；必須合與離變換不定時，才能時時了知觸塵的變化相；而觸塵是對合觸時有合觸的覺受，也是對離觸時另有離觸的覺受；雖然同樣都有觸，然而觸的自性卻是變換不定的；既然是常常變換而不是恆時不變的法性，又如何能由此獲得常而不動的圓通法性的實證呢？而且，觸塵只是如來藏妙眞如性的所生法，這個所生法的觸塵，又只是被如來藏單向顯現出來的法相，不會與如來藏有所互動；如果要像跋陀婆羅從洗塵的水因來悟入，絕大多數人都只能從觸塵水因去了知觸塵的虛妄，進而推展到了知諸法的虛妄，無妨可以證得二乘的解脫果；若是想要證得大乘的佛菩提見道功德，卻必然是非常困難的。這全都是因爲觸塵「合離性非定」，那你要如何以觸水爲因而獲得諸法本根的圓通呢？所以跋陀婆羅從水因而證的圓通法門，最多只能說是二乘菩提的圓通，不可能是佛菩提的圓通；因爲這樣觀行所入的法，是很難與如來藏心相應的，也根本沒有可能與如來藏流注出來的佛性相應。這表示從觸塵水因下手，是很難與諸法根元相契的，所以不可能經由這樣的觀行來圓滿通達諸法的本元，當然不可能是圓滿而通達的智慧，所以不是佛菩提道中的圓通法門。

文殊菩薩的第三首偈四句，是說大迦葉與紫金光比丘尼從法塵下手而修的圓通法門。法塵，是依附於五塵上面顯現的，所以法塵純粹是內塵；只會與意根相應，而由意根所掌控的意識來作詳細的分別。因爲五塵有所變動，意根會與法塵的變動相應，但無法分別變動的內容；才會將意識覺知心拉過來在有變動的法塵上作詳細的分別、觀察、判斷，而法塵從來不曾離開五塵，所以法塵是在五塵的變動上面顯現於意根心中；而法塵的詳細內容則只能顯現於意識覺知心中，所以說意根與意識對六塵的了別功能，都被諸地菩薩稱爲**顯境名言**。所以法塵其實是內塵，文殊菩薩因此而說：「**法稱爲內塵，**」對二乘聖者初學解脫道的時期來說，五塵是外法；後來聽聞 佛陀開示二乘菩提時，說有外六入與內六入，才終於知道覺知心所觸知的六塵全都是內六塵，因此 佛陀才會說有內六入，他們也因此更理解聲聞法而實證阿羅漢果。

可是，清醒位內六入中的五塵畢竟是與外五塵聯結著的，從某一方面來說，還是可以方便說爲外塵；但因內六入的六塵事實上是如來藏以妙眞如性，依據外五塵而顯現出來的，所以本質上仍然是內五塵。再從另一方面來說，法塵雖然是意根與意識心才能相應，卻又是依附在內五塵上面存在的；而且法塵既然是塵、是色法，那就一定有所依憑才能存在，當然是要依勝義根才能存在，所以 文殊菩薩說：「**憑塵必有所；**」法塵是在五塵上顯現出來的變化相、差別相，如果離開了欲界，法塵只在色、聲、觸等三塵上才能顯現；如果到了無色界，只剩下在定境上面顯現的定境法塵。但是所有法塵都是內塵：因心而有。既然是塵，一定有個所在的地方，勝義根與覺知心在哪裡，它就在哪裡；意根在哪裡，它就在哪裡，所以 文殊菩薩說：「憑塵必有所；」因爲它要依附於五塵存在，而五塵一定要依附於五根而存在，在欲界中一定是如此的。

既然是爲人類宣說的《楞嚴經》，當然要從欲界中的狀況來說六塵了，所以「憑塵必有所」。既然五塵必須依五色根而存在，法塵必依五塵而存在，也必依意根與意識而顯，那麼法塵顯然無法稍離六根，則是有能依與所依的。法塵既是有能有所，也不是遍在十八界中的法，那麼大迦葉與紫金光從法塵而觀，當然只能觀察到法塵的虛妄性；而且他們當時才開始聞修佛菩提，是宣講般若及楞嚴時才開始熏修佛菩提的，也是在楞嚴法會中因爲 釋迦佛與諸佛的放光加持才悟入的。所以大迦葉與紫金光二人在悟入之前所說的圓通法門，當然也只是從法塵的緣起性空中所悟的；這是從思惟而入，也是單就現象界中的法塵所悟入的，當然只是從法塵推及其餘諸法全都緣起性空，那就只能悟得聲聞菩提了，又如何能觸及萬法根元的法界心如來藏呢？

又如何能獲得圓滿通達諸法的智慧呢？

佛菩提不是以思惟而獲得的，而是一念相應時忽然悟得的。如果單憑思惟就可以證悟佛菩提，那麼當代最會思惟的是印順法師，他應該早就獲得佛菩提了，可是爲什麼卻連二乘菩提都無法見道——我見尚且斷不了，更別說是修道斷我執了！所以思惟所得法，不可能是佛菩提的證悟，而大迦葉與紫金光二人當時所思惟的是法塵的緣起性空，不曾涉及法界根元，所以不是普遍涉入萬法中的遍在法，因此不是圓通法門的實證，而是誤會二乘菩提的實證智慧即是佛菩提的圓通智慧。

因此，昭慧師徒說：「凡夫知見可以有益於佛道的修證。」我們卻要駁斥她說：「凡夫知見無益於佛道的修證。」她們跟著印順法師的凡夫知見，能走到哪裡去呢？只能走到斷滅本質的無因論應成派假中觀裡面去；若是有人想要繼續跟著星雲、聖嚴、惟覺、證嚴法師走下去，他們也都是凡夫知見，還能夠悟得二乘菩提嗎？至於大乘菩提也就更甭提了，他們是連意識的虛妄性都不知道的，更別說是理解法塵的虛妄性了！即使像大迦葉二人現觀法塵等諸法的虛妄性而證得阿羅漢了，都還無法實證佛菩提的圓通法門呢！何況印順、星雲、聖嚴、證嚴……等人，是連我見都還具足存在的，是從來不肯承認意識爲生滅法的，而且也都否定第八識而未證第八識，如何能自稱是實證如來藏妙眞如性的人？又如何指導別人親證圓通呢？

所以，要從法塵中悟，只能悟得二乘菩提，不可能悟得佛菩提。只有一個情形是可以的，也就是說你過去世早就悟過很多世了，那你可以從法塵來悟，否則是很困難的。因爲到目前爲止，我們還沒有找到有誰是從法塵悟入佛菩提的。我個人可以說是從法塵中悟入佛菩提的，因爲我這一世的師父聖嚴法師，他教給我的知見是完全錯誤的，根本是引導我走向岐途的虛妄說；所以我在具足看話頭功夫的基礎下，用他的知見參了十九天都沒有辦法悟入；到了第十九天午齋過後，我想了一會兒：「不如把他教的東西全部丟掉，我還是走我自己的路。」於是我開始**就法探法**：「開悟到底是個什麼東西？我已經看話頭看這麼久了，見山不是山的階段也已經一年半了，爲什麼還沒辦法悟？」才發覺是一直住在看話頭境界中等著開悟。可是到底禪宗的開悟是應該悟個什麼？聖嚴法師也沒有講，總是教人要離念、要放下煩惱，這樣等下去，總不是個辦法。

我當時已經閉關了十九天了，昏天黑地怎麼辦？所以就開始整理「開悟」這個法：「開悟是什麼意思？是有一種境界出現嗎？可是聖嚴師父也講不出開悟境界的所以然來，應該不是這樣。開悟不是講『明心見性』嗎？那麼開悟的內容一定就是明心與見性。那麼明心是要明個什麼心？總不會是明白我們這個覺知心吧？因爲如果知道這個覺知心就可以叫作開悟，那每一個人都是聖人了，街上來一條狗也是聖狗啦！絕對不可能是悟這個心，一定還有一個什麼心，與覺知心完全不同。那麼見性是見個什麼性？如果是見我們這個見聞知覺性，那每一個人也都早就見性，早都成佛、都是聖人了，所以一定不是這個覺知心的自性，那到底是什麼性？」我就這樣從法塵的思惟中下手，所以從那一天下午兩點半開始自己思惟、整理，到了四點出頭或者是三點半鐘時，突然間一念相應：「啊！原來就是這個眞如心，原來就是這個佛性。」就這樣，眞如心明了，佛性也親眼看見了。這樣算不算是從法塵入的？當然可以說是從法塵入。

然而，從法塵悟入，一定是乘願再來的人才有辦法，那是往世所證悟的無漏法種現行而重新悟入的，是往世早就悟過了，只因隔陰之迷所以忘記了；如今丟棄別人教導的錯誤知見而以自己的知見，從法塵下手思惟時，其實並不是思惟所得的，而是往世證悟的法種流注出來而重新再悟一遍罷了！所以，往世尚未世世證悟的人，想要從法塵入手是很困難的。所以一般人若是沒有眞善知識說明正確的知見，任何人想要從法塵悟入佛菩提，都是非常不容易的。所以我們才要舉辦禪三，不教你從法塵入，而教你在行住坐臥中悟入，這樣反而是容易的。所以 文殊菩薩說：法塵入手的方法既然有能有所，也不是遍涉於一切法中，想要從法塵下手獲得本根圓通，非常困難。所以 文殊師利菩薩不認同。（未完，詳後第十輯續說。）

佛教正覺同修會〈修學佛道次第表〉

第一階段

＊以憶佛及拜佛方式修習動中定力。
＊學第一義佛法及禪法知見。
＊無相拜佛功夫成就。
＊具備一念相續功夫—動靜中皆能看話頭。
＊努力培植福德資糧，勤修三福淨業。

第二階段

＊參話頭，參公案。
＊開悟明心，一片悟境。
＊鍛鍊功夫求見佛性。
＊眼見佛性〈餘五根亦如是〉親見世界如幻，成就如幻觀。
＊學習禪門差別智。
＊深入第一義經典。
＊修除性障及隨分修學禪定。
＊修證十行位陽焰觀。

第三階段

＊學一切種智眞實正理—楞伽經、解深密經、成唯識論…。
＊參究末後句。
＊解悟末後句。
＊透牢關—親自體驗所悟末後句境界，親見實相，無得無失。
＊救護一切衆生迴向正道。護持了義正法，修證十迴向位如夢觀。
＊發十無盡願，修習百法明門，親證猶如鏡像現觀。
＊修除五蓋，發起禪定。持一切善法戒。親證猶如光影現觀。
＊進修四禪八定、四無量心、五神通。進修大乘種智，求證猶如谷響現觀。

佛菩提二主要道次第概要表——二道並修，以外無別佛法

佛菩提道——大菩提道

十信位修集信心——一劫乃至一萬劫

資糧位

初住位修集布施功德（以財施爲主）。
二住位修集持戒功德。
三住位修集忍辱功德。
四住位修集精進功德。
五住位修集禪定功德。
六住位修集般若功德（熏習般若中觀及斷我見，加行位也）。

外門廣修六度萬行

七住位明心般若正觀現前，親證本來自性清淨涅槃。
八住位起於一切法現觀般若中道。漸除性障。
十住位眼見佛性，世界如幻觀成就。

一至十行位，於廣行六度萬行中，依般若中道慧，現觀陰處界猶如陽焰，至第十行滿心位，陽焰觀成就。

一至十迴向位熏習一切種智；修除性障，唯留最後一分思惑不斷。第十迴向滿心位成就菩薩道如夢觀。

內門廣修六度萬行

見道位

初地：第十迴向位滿心時，成就道種智一分（八識心王一一親證後，領受五法、三自性、七種第一義、七種性自性、二種無我法）復由勇發十無盡願，成通達位菩薩。復又永伏性障而不具斷，能證慧解脫而不取證，由大願故留惑潤生。此地主修法施波羅蜜多及百法明門。證「猶如鏡像」現觀，故滿初地心。

二地：初地功德滿足以後，再成就道種智一分而入二地；主修戒波羅蜜多及一切種智。滿心位成就「猶如光影」現觀，戒行自然清淨。

遠波羅蜜多

解脫道：二乘菩提

→ 斷三縛結，成初果解脫
→ 薄貪瞋癡，成二果解脫
→ 斷五下分結，成三果解脫

入地前的四加行令煩惱障現行悉斷，成四果解脫，留惑潤生。分段生死已斷，煩惱障習氣種子開始斷除，兼斷無始無明上煩惱。

近波羅蜜多　　大波羅蜜多　　圓滿波羅蜜多

修道位　　究竟位

三地：二地滿心再證道種智一分，故入三地。此地主修忍波羅蜜多及四禪八定、四無量心、五神通。能成就俱解脫果而不取證，留惑潤生。滿心位成就「猶如谷響」現觀及無漏妙定意生身。

四地：由三地再證道種智一分故入四地。主修精進波羅蜜多，於此土及他方世界廣度有緣，無有疲倦。進修一切種智，滿心位成就「如水中月」現觀。

五地：由四地再證道種智一分故入五地。主修禪定波羅蜜多及一切種智，斷除下乘涅槃貪。滿心位成就「變化所成」現觀。

六地：由五地再證道種智一分故入六地。此地主修般若波羅蜜多——依道種智現觀十二因緣一一有支及意生身化身，皆自心眞如變化所現，「非有似有」，成就細相觀，不由加行而自然證得滅盡定，成俱解脫大乘無學。

七地：由六地「非有似有」現觀，再證道種智一分故入七地。此地主修一切種智及方便波羅蜜多，由重觀十二有支一一支中之流轉門及還滅門一切細相，成就方便善巧，念念隨入滅盡定。滿心位證得「如犍闥婆城」現觀。

八地：由七地極細相觀成就故再證道種智一分而入八地。此地主修一切種智及願波羅蜜多。至滿心位純無相觀任運恆起，故於相土自在，滿心位復證「如實覺知諸法相意生身」故。

九地：由八地再證道種智一分故入九地。主修力波羅蜜多及一切種智，成就四無礙，滿心位證得「種類俱生無行作意生身」。

十地：由九地再證道種智一分故入此地。此地主修一切種智——智波羅蜜多。滿心位起大法智雲，及現起大法智雲所含藏種種功德，成受職菩薩。

等覺：由十地道種智成就故入此地。此地應修一切種智，圓滿等覺地無生法忍；於百劫中修集極廣大福德，以之圓滿三十二大人相及無量隨形好。

妙覺：示現受生人間已斷盡煩惱障一切習氣種子，並斷盡所知障一切隨眠，永斷變易生死無明，成就大般涅槃，四智圓明。人間捨壽後，報身常住色究竟天利樂十方地上菩薩；以諸化身利樂有情，永無盡期，成就究竟佛道。

七地滿心斷除故意保留之最後一分思惑時，煩惱障所攝色、受、想三陰有漏習氣種子全部斷盡。

→ 煩惱障所攝行、識二陰無漏習氣種子任運漸斷，所知障所攝上煩惱任運漸斷。

→ 斷盡變易生死
成就大般涅槃

圓滿成就究竟佛果

佛子蕭平實　謹製
（二〇〇九、〇二　修訂）
（二〇一二、〇二　增補）

佛教正覺同修會 共修現況 及 招生公告 2016/1/16

一、共修現況：（請在共修時間來電，以免無人接聽。）

台北正覺講堂 103台北市承德路三段277號九樓 捷運淡水線圓山站旁 Tel..**總機** 02-25957295（晚上）（**分機**：**九樓**辦公室 10、11；知客櫃檯 12、13。 **十樓**知客櫃檯 15、16；書局櫃檯 14。 **五樓**辦公室 18；知客櫃檯 19。**二樓**辦公室 20；知客櫃檯 21。）Fax..25954493

第一講堂 台北市承德路三段277號九樓

禪淨班：週一晚上班、週三晚上班、週四晚上班、週五晚上班、週六下午班、週六上午班（皆須報名建立學籍後始可參加共修，欲報名者詳見本公告末頁）

增上班：**瑜伽師地論詳解**：每月第一、三、五週之週末 17.50～20.50 平實導師講解（僅限已明心之會員參加）

禪門差別智：每月第一週日全天 平實導師主講（事冗暫停）。

佛藏經詳解 平實導師主講。已於 2013/12/17 開講，歡迎已發成佛大願的菩薩種性學人，攜眷共同參與此殊勝法會聽講。詳解 釋迦世尊於《佛藏經》中所開示的眞實義理，更爲今時後世佛子四眾，闡述佛陀演說此經的本懷。眞實尋求佛菩提道的有緣佛子，親承聽聞如是勝妙開示，當能如實理解經中義理，亦能了知於大乘法中：如何是諸法實相？善知識、惡知識要如何簡擇？如何才是清淨持戒？如何才能清淨說法？於此末法之世，眾生五濁益重，不知佛、不解法、不識僧，唯見表相，不信眞實，貪著五欲，諸方大師不淨說法，各各將導大量徒眾趣入三塗，如是師徒俱堪憐憫。是故，平實導師以大慈悲心，用淺白易懂之語句，佐以實例、譬喻而爲演說，普令聞者易解佛意，皆得契入佛法正道，如實了知佛法大藏。

此經中，對於實相念佛多所著墨，亦指出念佛要點：以實相爲依，念佛者應依止淨戒、依止清淨僧寶，捨離違犯重戒之師僧，應受學清淨之法，遠離邪見。本經是現代佛門大法師所厭惡之經典：一者由於大法師們已全都落入意識境界而無法親證實相，故於此經中所說實相全無所知，都不樂有人聞此經名，以免讀後提出問疑時無法回答；二者現代大乘佛法地區，已經普被藏密喇嘛教滲透，許多有名之大法師們大多已曾或繼續在修練雙身法，都已失去聲聞戒體及菩薩戒體，成爲地獄種姓人，已非眞正出家之人，本質只是身著僧衣而住在寺院中的世俗人。這些人對於此經都是讀不懂的，也是極爲厭惡的；他們尚不樂見此經之印行，何況流通與講解？今爲救護廣大學佛人，兼欲護持佛教血脈永續常傳，特選此經宣講之。每逢週二 18.50~20.50 開示，不限制聽講資格。會外人士需憑身分證件換證入內聽講（此是大樓管理處之安全規定，敬請見諒）。桃園、台中、台南、高雄等地講堂，亦於每週二晚上播放平實導師所講本經之 DVD，不必出示身分證件即可入內聽講，歡迎各地善信同霑法益。

第二講堂　台北市承德路三段 267 號十樓。

禪淨班：週一晚上班、週六下午班。

進階班：週三晚上班、週四晚上班、週五晚上班（禪淨班結業後轉入共修）。

佛藏經詳解：平實導師講解。每週二 18.50~20.50（影像音聲即時傳輸）。本會學員憑上課證進入聽講，會外學人請以身分證件換證進入聽講（此爲大樓管理處安全管理規定之要求，敬請諒解）。

第三講堂　台北市承德路三段 277 號五樓。

進階班：週一晚上班、週三晚上班、週四晚上班、週五晚上班。

佛藏經詳解：平實導師講解。每週二 18.50~20.50（影像音聲即時傳輸）。本會學員憑上課證進入聽講，會外學人請以身分證件換證進入聽講（此爲大樓管理處安全管理規定之要求，敬請諒解）。

第四講堂　台北市承德路三段 267 號二樓。

進階班：週一晚上班、週三晚上班、週四晚上班、週五晚上班（禪淨班結業後轉入共修）。

佛藏經詳解：平實導師講解。每週二 18.50~20.50（影像音聲即時傳輸）。本會學員憑上課證進入聽講，會外學人請以身分證件換證進入聽講（此爲大樓管理處安全管理規定之要求，敬請諒解）。

第五、第六講堂　爲**開放式講堂**，不需以身分證件換證即可進入聽講，台北市承德路三段 267 號地下一樓、地下二樓。已規劃整修完成，每逢週二晚上講經時段開放給會外人士自由聽經，請由大樓側面梯階逕行進入聽講。**聽講者請尊重講者的著作權及肖像權，請勿錄音錄影，以免違法；若有錄音錄影被查獲者，將依法處理。**

正覺祖師堂　大溪鎮美華里信義路 650 巷坑底 5 之 6 號（台 3 號省道 34 公里處　妙法寺對面斜坡道進入）電話 03-3886110　傳眞 03-3881692 本堂供奉　克勤圓悟大師，專供會員每年四月、十月各二次精進禪三共修，兼作本會出家菩薩掛單常住之用。除禪三時間以外，每逢單月第一週之週日 9:00~17:00 開放會內、外人士參訪，當天並提供午齋結緣。教內共修團體或道場，得另申請其餘時間作團體參訪，務請事先與常住確定日期，以便安排常住菩薩接引導覽，亦免妨礙常住菩薩之日常作息及修行。

桃園正覺講堂（第一、第二講堂）：桃園市介壽路 286、288 號 10 樓（陽明運動公園對面）電話：03-3749363（請於共修時聯繫，或與台北聯繫）

禪淨班：週一晚上班、週三晚上班、週四晚上班、週五晚上班。

進階班：週六上午班、週五晚上班。

佛藏經詳解：平實導師講解。每週二晚上，以台北正覺講堂所錄 DVD 放映；歡迎會外學人共同聽講，不需出示身分證件。

新竹正覺講堂 新竹市東光路 55 號二樓之一　電話 03-5724297（晚上）

第一講堂：

禪淨班：週一晚上班、週五晚上班、週六上午班。

進階班：週三晚上班、週四晚上班（由禪淨班結業後轉入共修）。

佛藏經詳解：平實導師講解。每週二晚上，以台北正覺講堂所錄 DVD 放映。歡迎會外學人共同聽講，不需出示身分證件。

第二講堂：

禪淨班：週三晚上班、週四晚上班。

佛藏經詳解：每週二晚上與第一講堂同時播放佛藏經詳解 DVD。

台中正覺講堂 04-23816090（晚上）

第一講堂 台中市南屯區五權西路二段 666 號 13 樓之四（國泰世華銀行樓上。鄰近縣市經第一高速公路前來者，由五權西路交流道可以快速到達，大樓旁有停車場，對面有素食館）。

禪淨班：週三晚上班、週四晚上班。

進階班：週一晚上班、週六上午班（由禪淨班結業後轉入共修）。

增上班：單週週末以台北增上班課程錄成 DVD 放映之，限已明心之會員參加。

佛藏經詳解：平實導師講解。每週二晚上，以台北正覺講堂所錄 DVD 放映。歡迎會外學人共同聽講，不需出示身分證件。

第二講堂 台中市南屯區五權西路二段 666 號 4 樓

禪淨班：週一晚上班、週三晚上班、週六上午班。

進階班：週五晚上班（由禪淨班結業後轉入共修）。

佛藏經詳解：每週二晚上與第一講堂同時播放佛藏經詳解 DVD。

第三講堂、第四講堂：台中市南屯區五權西路二段 666 號 4 樓。

嘉義正覺講堂 嘉義市友愛路 288 號八樓之一　電話：05-2318228

第一講堂：

禪淨班：週一晚上班、週四晚上班、週五晚上班。

進階班：週三晚上班（由禪淨班結業後轉入共修）。

佛藏經詳解：平實導師講解。每週二晚上，以台北正覺講堂所錄 DVD 放映。歡迎會外學人共同聽講，不需出示身分證件。

第二講堂 嘉義市友愛路 288 號八樓之二。

台南正覺講堂

第一講堂 台南市西門路四段 15 號 4 樓。06-2820541（晚上）

禪淨班：週一晚上班、週三晚上班、週四晚上班、週五晚上班、週六下午班。

增上班：單週週末下午，以台北增上班課程錄成 DVD 放映之，限已明心之會員參加。

佛藏經詳解：平實導師講解。每週二晚上，以台北正覺講堂所錄 DVD 放映。歡迎會外學人共同聽講，不需出示身分證件。

第二講堂　台南市西門路四段 15 號 3 樓。

佛藏經詳解：每週二晚上與第一講堂同時播放佛藏經詳解 DVD。

第三講堂　台南市西門路四段 15 號 3 樓。

進階班：週三晚上班、週四晚上班、週六上午班（由禪淨班結業後轉入共修）。

佛藏經詳解：每週二晚上與第一講堂同時播放佛藏經詳解 DVD。

高雄正覺講堂　高雄市新興區中正三路 45 號五樓 07-2234248（晚上）

第一講堂（五樓）：

禪淨班：週一晚上班、週三晚上班、週四晚上班、週五晚上班、週六上午班。

增上班：單週週末下午，以台北增上班課程錄成 DVD 放映之，限已明心之會員參加。

佛藏經詳解：平實導師講解。每週二晚上，以台北正覺講堂所錄 DVD 放映。歡迎會外學人共同聽講，不需出示身分證件。

第二講堂（四樓）：

進階班：週三晚上班、週四晚上班、週六上午班（由禪淨班結業後轉入共修）。

佛藏經詳解：每週二晚上與第一講堂同時播放佛藏經詳解 DVD。

第三講堂（三樓）：

進階班：週四晚上班（由禪淨班結業後轉入共修）。

香港正覺講堂　☆已遷移新址☆

九龍觀塘，成業街 10 號，電訊一代廣場 27 樓 E 室。

（觀塘地鐵站 B1 出口，步行約 4 分鐘）。電話：(852) 23262231

英文地址：Unit E, 27th Floor, TG Place, 10 Shing Yip Street, Kwun Tong, Kowloon

禪淨班：雙週六下午班 14:30-17:30，已經額滿。
雙週日下午班 14:30-17:30，2016 年 4 月底前尚可報名。

進階班：雙週五晚上班（由禪淨班結業後轉入共修）。

增上班：單週週末上午，以台北增上班課程錄成 DVD 放映之，限已明心之會員參加。

妙法蓮華經詳解：平實導師講解。雙週六 19:00-21:00，以台北正覺講堂所錄 DVD 放映；歡迎會外學人共同聽講，不需出示身分證件。

美國洛杉磯正覺講堂　☆已遷移新址☆

825 S. Lemon Ave Diamond Bar, CA 91798 U.S.A.
Tel. (909) 595-5222（請於週六 9:00~18:00 之間聯繫）
Cell. (626) 454-0607

禪淨班：每逢週末 15：30~17：30 上課。

進階班：每逢週末上午 10：00~12：00 上課。

佛藏經詳解：平實導師講解。每週六下午 13：00~15：00，以台北正覺講堂所錄 DVD 放映。歡迎各界人士共享第一義諦無上法益，不需報名。

二、招生公告　**本會台北講堂及全省各講堂，每逢四月、十月下旬開新班，每週共修一次**（每次二小時。開課日起三個月內仍可插班）；**但美國洛杉磯共修處之禪淨班得隨時插班共修。各班共修期間皆為二年半，欲參加者請向本會函索報名表**（各共修處皆於共修時間方有人執事，非共修時間請勿電詢或前來洽詢、請書），**或直接從本會官方網站**(http://www.enlighten.org.tw/newsflash/class)**或成佛之道網站下載報名表**。共修期滿時，若經報名禪三審核通過者，可參加四天三夜之禪三精進共修，有機會明心、取證如來藏，發起般若實相智慧，成為實義菩薩，脫離凡夫菩薩位。

三、新春禮佛祈福 農曆年假期間停止共修：自農曆新年前七天起停止共修與弘法，正月 8 日起回復共修、弘法事務。新春期間正月初一～初七 9.00～17.00 開放台北講堂、正月初一～初三開放新竹講堂、台中講堂、台南講堂、高雄講堂，以及大溪禪三道場（正覺祖師堂），方便會員供佛、祈福及會外人士請書。美國洛杉磯共修處之休假時間，請逕詢該共修處。

密宗四大派修雙身法，是外道性力派的邪法；又以生滅的識陰作為常住法，是常見外道，是假的藏傳佛教。

西藏覺囊巴以他空見弘揚第八識如來藏勝法，才是真藏傳佛教

佛教正覺同修會　弘法行事表

2017/03/31

1、**禪淨班**　以無相念佛及拜佛方式修習動中定力，實證一心不亂功夫。傳授解脫道正理及第一義諦佛法，以及參禪知見。共修期間：二年六個月。每逢四月、十月開新班，詳見招生公告表。

2、**《佛藏經》**詳解　　平實導師主講。已於 2013/12/17 開講，歡迎已發成佛大願的菩薩種性學人，攜眷共同參與此殊勝法會聽講。詳解 釋迦世尊於《佛藏經》中所開示的眞實義理，更爲今時後世佛子四眾，闡述 佛陀演說此經的本懷。眞實尋求佛菩提道的有緣佛子，親承聽聞如是勝妙開示，當能如實理解經中義理，亦能了知於大乘法中：如何是諸法實相？善知識、惡知識要如何簡擇？如何才是清淨持戒？如何才能清淨說法？於此末法之世，眾生五濁益重，不知佛、不解法、不識僧，唯見表相，不信眞實，貪著五欲，諸方大師不淨說法，各各將導大量徒眾趣入三塗，如是師徒俱堪憐憫。是故，平實導師以大慈悲心，用淺白易懂之語句，佐以實例、譬喻而爲演說，普令聞者易解佛意，皆得契入佛法正道，如實了知佛法大藏。每逢週二 18.50~20.50 開示，不限制聽講資格。會外人士需憑身分證件換證入內聽講（此是大樓管理處之安全規定，敬請見諒）。桃園、新竹、台中、台南、高雄等地講堂，亦於每週二晚上播放平實導師講經之 DVD，不必出示身分證件即可入內聽講，歡迎各地善信同霑法益。

有某道場專弘淨土法門數十年，於教導信徒研讀《佛藏經》時，往往告誡信徒曰：「**後半部不許閱讀。**」由此緣故坐令信徒失去提升念佛層次之機緣，師徒只能低品位往生淨土，令人深覺愚癡無智。由有多人建議故，平實導師開始宣講《佛藏經》，藉以轉易如是邪見，並提升念佛人之知見與往生品位。此經中，對於實相念佛多所著墨，亦指出念佛要點：**以實相爲依，念佛者應依止淨戒、依止清淨僧寶，捨離違犯重戒之師僧，應受學清淨之法，遠離邪見。**本經是現代佛門大法師所厭惡之經典：**一者由於大法師們已全都落入意識境界而無法親證實相，故於此經中所說實相全無所知，都不樂有人聞此經名，以免讀後提出問疑時無法回答；二者現代大乘佛法地區，已經普被藏密喇嘛教滲透，許多有名之大法師們大多已曾或繼續在修練雙身法，都已失去聲聞戒體及菩薩戒體，成爲地獄種姓人，已非眞正出家之人，本質上只是身著僧衣而住在寺院中的世俗人。**這些人對於此經都是讀不懂的，也是極爲厭惡的；他們尚不樂見此經之印行，何況流通與講解？今爲救護廣大學佛人，兼欲護持佛教血脈永續常傳，特選此經宣講之，主講者平實導師。

3、**瑜伽師地論**詳解　詳解論中所言凡夫地至佛地等 17 師之修證境界與理論，從凡夫地、聲聞地……宣演到諸地所證一切種智之眞實正理。由平實導師開講，每逢一、三、五週之週末晚上開示，僅限已明心之會員參加。

4、**精進禪三**　主三和尚：平實導師。於四天三夜中，以克勤圓悟大師及大慧宗杲之禪風，施設機鋒與小參、公案密意之開示，幫助會員剋期取證，親證不生不滅之眞實心——人人本有之如來藏。每年四月、十月各舉辦二個梯次；平實導師主持。僅限本會會員參加禪淨班共修期滿，報名審核通過者，方可參加。並選擇會中定力、慧力、福德三條件皆已具足之已明心會員，給以指引，令得眼見自己無形無相之佛性遍佈山河大地，眞實而無障礙，得以肉眼現觀世界身心悉皆如幻，具足成就如幻觀，圓滿十住菩薩之證境。

5、**大法鼓經**詳解　詳解末法時代大乘佛法修行之道。佛教正法消毒妙藥塗於大鼓而以擊之，凡有眾生聞之者，一切邪見鉅毒悉皆消殞；此經即是大法鼓之正義，凡聞之者，所有邪見之毒悉皆滅除，見道不難；亦能發起菩薩無量功德，是故諸大菩薩遠從諸方佛土來此娑婆聞修此經。

本經破「有」而顯涅槃，以此名爲眞法；若墮在「有」中，皆名「非法」；若人如是宣揚佛法，名爲擊大法鼓；如是依「法」而捨「非法」，據以建立山門而爲眾說法，方可名爲法鼓山。此經中說，以「此經」爲菩薩道之本，以證得「此經」之正知見及法門作爲度人之「法」，方名眞實佛法，否則盡名「非法」。本經中對法與非法、有與涅槃，有深入之闡釋，歡迎教界一切善信（不論初機或久學菩薩），一同親沐 如來聖教，共沾法喜。由平實導師詳解。不限制聽講資格。

6、**不退轉法輪經**詳解　本經所說妙法極爲甚深難解，時至末法，已然無有知者；而其甚深絕妙之法，流傳至今依舊多人可證，顯示佛學眞是義學而非玄談，其中甚深極妙令人拍案稱絕之第一義諦妙義，平實導師將會加以解說。待《大法鼓經》宣講完畢時繼續宣講此經。

7、**阿含經**詳解　選擇重要之阿含部經典，依無餘涅槃之實際而加以詳解，令大眾得以現觀諸法緣起性空，亦復不墮斷滅見中，顯示經中所隱說之涅槃實際—如來藏—確實已於四阿含中隱說；令大眾得以聞後觀行，確實斷除我見乃至我執，證得**見到**眞現觀，乃至**身證**……等眞現觀；已得大乘或二乘見道者，亦可由此聞熏及聞後之觀行，除斷我所之貪著，成就慧解脫果。由平實導師詳解。不限制聽講資格。

8、**解深密經**詳解　重講本經之目的，在於令諸已悟之人明解大乘法道之成佛次第，以及悟後進修一切種智之內涵，確實證知三種自性性，並得據此證解七眞如、十眞如等正理。每逢週二 18.50~20.50 開示，由平實導師詳解。將於《大法鼓經》講畢後開講。不限制聽講資格。

9、**成唯識論**詳解　詳解一切種智眞實正理，詳細剖析一切種智之微細深妙廣大正理；並加以舉例說明，使已悟之會員深入體驗所證如來藏之微密行相；及證驗見分相分與所生一切法，皆由如來藏—阿賴耶識—直接或展轉而生，因此證知一切法無我，證知無餘涅槃之本際。將於增上班《瑜伽師地論》講畢後，由平實導師重講。僅限已明心之會員參加。

10、**精選如來藏系經典**詳解　精選如來藏系經典一部，詳細解說，以此完全印證會員所悟如來藏之眞實，得入不退轉住。另行擇期詳細解說之，由平實導師講解。僅限已明心之會員參加。

11、**禪門差別智**　藉禪宗公案之微細淆訛難知難解之處，加以宣說及剖析，以增進明心、見性之功德，啓發差別智，建立擇法眼。每月第一週日全天，由平實導師開示，僅限破參明心後，復又眼見佛性者參加(事冗暫停)。

12、**枯木禪**　先講智者大師的《小止觀》，後說《釋禪波羅蜜》，詳解四禪八定之修證理論與實修方法，細述一般學人修定之邪見與岔路，及對禪定證境之誤會，消除枉用功夫、浪費生命之現象。已悟般若者，可以藉此而實修初禪，進入大乘通教及聲聞教的三果心解脫境界，配合應有的大福德及後得無分別智、十無盡願，即可進入初地心中。親教師：平實導師。未來緣熟時將於大溪正覺寺開講。不限制聽講資格。

註：本會例行年假，自 2004 年起，改爲每年農曆新年前七天開始停息弘法事務及共修課程，農曆正月 8 日回復所有共修及弘法事務。新春期間（每日 9.00~17.00）開放台北講堂，方便會員禮佛祈福及會外人士請書。大溪區的正覺祖師堂，開放參訪時間，詳見〈正覺電子報〉或成佛之道網站。本表得因時節因緣需要而隨時修改之，不另作通知。

佛教正覺同修會　贈閱書籍 目錄

2015/09/29

1.**無相念佛**　平實導師著　回郵 10 元
2.**念佛三昧修學次第**　平實導師述著　回郵 25 元
3.**正法眼藏—護法集**　平實導師述著　回郵 35 元
4.**真假開悟簡易辨正法&佛子之省思**　平實導師著　回郵 3.5 元
5.**生命實相之辨正**　平實導師著　回郵 10 元
6.**如何契入念佛法門**（附：印順法師否定極樂世界）平實導師著　回郵 3.5 元
7.**平實書箋**—答元覽居士書　平實導師著　回郵 35 元
8.**三乘唯識**—如來藏系經律彙編　平實導師編　回郵 80 元
（精裝本　長 27 cm　寬 21 cm　高 7.5 cm　重 2.8 公斤）
9.**三時繫念全集**—修正本　回郵掛號 40 元（長 26.5 cm×寬 19 cm）
10.**明心與初地**　平實導師述　回郵 3.5 元
11.**邪見與佛法**　平實導師述著　回郵 20 元
12.**菩薩正道**—回應義雲高、釋性圓…等外道之邪見　正燦居士著　回郵 20 元
13.**甘露法雨**　平實導師述　回郵 20 元
14.**我與無我**　平實導師述　回郵 20 元
15.**學佛之心態**—修正錯誤之學佛心態始能與正法相應　孫正德老師著　回郵35元
附錄：平實導師著**《略說八、九識並存…等之過失》**
16.**大乘無我觀**—《悟前與悟後》別說　平實導師述著　回郵 20 元
17.**佛教之危機**—中國台灣地區現代佛教之真相（附錄：公案拈提六則）
平實導師著　回郵 25 元
18.**燈　影**—燈下黑（覆「求教後學」來函等）　平實導師著　回郵 35 元
19.**護法與毀法**—覆上平居士與徐恒志居士網站毀法二文
張正圜老師著　回郵 35 元
20.**淨土聖道**—兼評**選擇本願念佛**　正德老師著　由正覺同修會購贈　回郵 25 元
21.**辨唯識性相**—對「紫蓮心海《辯唯識性相》書中否定阿賴耶識」之回應
正覺同修會 台南共修處法義組 著　回郵 25 元
22.**假如來藏**—對法蓮法師《如來藏與阿賴耶識》書中否定阿賴耶識之回應
正覺同修會 台南共修處法義組 著　回郵 35 元
23.**入不二門**—公案拈提集錦 第一輯（於平實導師公案拈提諸書中選錄約二十則，
合輯爲一冊流通之）平實導師著　回郵 20 元
24.**真假邪說**—西藏密宗索達吉喇嘛《破除邪說論》真是邪說
釋正安法師著　回郵 35 元
25.**真假開悟**—真如、如來藏、阿賴耶識間之關係　平實導師述著　回郵 35 元
26.**真假禪和**—辨正釋傳聖之謗法謬說　孫正德老師著　回郵 30 元

27.**眼見佛性**—駁慧廣法師眼見佛性的含義文中謬說
游正光老師著　回郵25元

28.**普門自在**—公案拈提集錦 第二輯（於平實導師公案拈提諸書中選錄約二十則，合輯爲一冊流通之）平實導師著　回郵25元

29.**印順法師的悲哀**—以現代禪的質疑為線索　恒毓博士著　回郵25元

30.**識蘊真義**—現觀識蘊內涵、取證初果、親斷三縛結之具體行門。
—依《成唯識論》及《惟識述記》正義，略顯安慧《大乘廣五蘊論》之邪謬
平實導師著　回郵35元

31.**正覺電子報** 各期紙版本　免附回郵　每次最多函索三期或三本。
(已無存書之較早各期，不另增印贈閱)

32.**現代人應有的宗教觀**　蔡正禮老師 著　回郵3.5元

33.**遠惑趣道**—正覺電子報般若信箱問答錄　第一輯　回郵20元

34.**遠惑趣道**—正覺電子報般若信箱問答錄　第二輯　回郵20元

35.**確保您的權益**—器官捐贈應注意自我保護　游正光老師 著　回郵10元

36.**正覺教團電視弘法三乘菩提 DVD 光碟（一）**
由正覺教團多位親教師共同講述錄製 DVD 8 片，MP3 一片，共 9 片。有二大講題：一爲「三乘菩提之意涵」，二爲「學佛的正知見」。內容精闢，深入淺出，精彩絕倫，幫助大眾快速建立三乘法道的正知見，免被外道邪見所誤導。有志修學三乘佛法之學人不可不看。(製作工本費 100 元，回郵 25 元)

37.**正覺教團電視弘法 DVD 專輯（二）**
總有二大講題：一爲「三乘菩提之念佛法門」，一爲「學佛正知見(第二篇)」，由正覺教團多位親教師輪番講述，內容詳細闡述如何修學念佛法門、實證念佛三昧，以及學佛應具有的正確知見，可以幫助發願往生西方極樂淨土之學人，得以把握往生，更可令學人快速建立三乘法道的正知見，免於被外道邪見所誤導。有志修學三乘佛法之學人不可不看。(一套 17 片，工本費 160 元。回郵 35 元)

38.**佛藏經** 燙金精裝本 每冊回郵 20 元。正修佛法之道場欲大量索取者，請正式發函並蓋用大印寄來索取（2008.04.30 起開始敬贈）

39.**喇嘛性世界**—揭開假藏傳佛教譚崔瑜伽的面紗　張善思 等人合著
由正覺同修會購贈　回郵20元

40.**假藏傳佛教的神話**—性、謊言、喇嘛教　張正玄教授編著　回郵20元
由正覺同修會購贈　回郵20元

41.**隨 緣**—理隨緣與事隨緣　平實導師述　回郵20元。

42.**學佛的覺醒**　正枝居士 著　回郵25元

43.**導師之真實義**　蔡正禮老師 著　回郵10元

44.**淺談達賴喇嘛之雙身法**—兼論解讀「密續」之達文西密碼
吳明芷居士 著　回郵10元

45.**魔界轉世**　張正玄居士 著　回郵10元

46.**一貫道與開悟**　蔡正禮老師 著　回郵10元

47.**博愛**—愛盡天下女人　正覺教育基金會 編印　回郵 10 元

48.**意識虛妄經教彙編**—實證解脱道的關鍵經文　正覺同修會編印　回郵 25 元

49.**邪箭囈語**—破斥藏密外道多識仁波切《破魔金剛箭雨論》之邪説
陸正元老師著　上、下冊回郵各 30 元

50.**真假沙門**—依 佛聖教闡釋佛教僧寶之定義
蔡正禮老師著　俟正覺電子報連載後結集出版

51.**真假禪宗**—藉評論釋性廣《印順導師對變質禪法之批判
及對禪宗之肯定》以顯示真假禪宗
附論一：凡夫知見 無助於佛法之信解行證
附論二：世間與出世間一切法皆從如來藏實際而生而顯
余正偉老師著　俟正覺電子報連載後結集出版　回郵未定

52.**假鋒虛焰金剛乘**—揭示顯密正理，兼破索達吉師徒《般若鋒兮金剛焰》。
釋正安 法師著　俟正覺電子報連載後結集出版

★ 上列贈書之郵資，係台灣本島地區郵資，大陸、港、澳地區及外國地區，請另計酌增（大陸、港、澳、國外地區之郵票不許通用）。尚未出版之書，請勿先寄來郵資，以免增加作業煩擾。

★ 本目錄若有變動，唯於後印之書籍及「成佛之道」網站上修正公佈之，不另行個別通知。

函索書籍請寄：佛教正覺同修會　103 台北市承德路 3 段 277 號 9 樓
台灣地區函索書籍者請附寄郵票，無時間購買郵票者可以等值現金抵用，但不接受郵政劃撥、支票、匯票。大陸地區得以人民幣計算，國外地區請以美元計算（請勿寄來當地郵票，在台灣地區不能使用）。欲以掛號寄遞者，請另附掛號郵資。

親自索閱：正覺同修會各共修處。　★請於共修時間前往取書，餘時無人在道場，請勿前往索取；共修時間與地點，詳見書末正覺同修會共修現況表（以近期之共修現況表為準）。

註：正智出版社發售之局版書，請向各大書局購閱。若書局之書架上已經售出而無陳列者，請向書局櫃台指定洽購；若書局不便代購者，請於正覺同修會共修時間前往各共修處請購，正智出版社已派人於共修時間送書前往各共修處流通。 郵政劃撥購書及 大陸地區 購書，請詳別頁正智出版社發售書籍目錄最後頁之說明。

成佛之道 網站：http://www.a202.idv.tw　　正覺同修會已出版之結緣書籍，多已登載於 成佛之道 網站，若住外國、或住處遙遠，不便取得正覺同修會贈閱書籍者，可以從本網站閱讀及下載。　　書局版之《宗通與說通》亦已上網，台灣讀者可向書局洽購，售價 300 元。《狂密與眞密》第一輯~第四輯，亦於 2003.5.1.全部於本網站登載完畢；台灣地區讀者請向書局洽購，每輯約 400 頁，售價 300 元（網站下載紙張費用較貴，容易散失，難以保存，亦較不精美）。

＊＊假藏傳佛教修雙身法，非佛教＊＊

正智出版社 籌募弘法基金發售書籍目錄 2017/04/22

1.**宗門正眼**—公案拈提 第一輯 重拈 平實導師著 500元
因重寫內容大幅度增加故，字體必須改小，並增爲576頁 主文546頁。比初版更精彩、更有內容。初版《禪門摩尼寶聚》之讀者，可寄回本公司免費調換新版書。免附回郵，亦無截止期限。（2007年起，每冊附贈本公司精製公案拈提〈超意境〉CD一片。市售價格280元，多購多贈。）

2.**禪淨圓融** 平實導師著 200元（第一版舊書可換新版書。）

3.**真實如來藏** 平實導師著 400元

4.**禪—悟前與悟後** 平實導師著 上、下冊，每冊250元

5.**宗門法眼**—公案拈提 第二輯 平實導師著 500元
（2007年起，每冊附贈本公司精製公案拈提〈超意境〉CD一片）

6.**楞伽經詳解** 平實導師著 全套共10輯 每輯250元

7.**宗門道眼**—公案拈提 第三輯 平實導師著 500元
（2007年起，每冊附贈本公司精製公案拈提〈超意境〉CD一片）

8.**宗門血脈**—公案拈提 第四輯 平實導師著 500元
（2007年起，每冊附贈本公司精製公案拈提〈超意境〉CD一片）

9.**宗通與說通**—成佛之道 平實導師著 主文381頁 全書400頁售價300元

10.**宗門正道**—公案拈提 第五輯 平實導師著 500元
（2007年起，每冊附贈本公司精製公案拈提〈超意境〉CD一片）

11.**狂密與真密 一～四輯** 平實導師著 西藏密宗是人間最邪淫的宗教，本質不是佛教，只是披著佛教外衣的印度教性力派流毒的喇嘛教。此書中將西藏密宗密傳之男女雙身合修樂空雙運所有祕密與修法，毫無保留完全公開，並將全部喇嘛們所不知道的部分也一併公開。內容比大辣出版社喧騰一時的《西藏慾經》更詳細。並且函蓋藏密的所有祕密及其錯誤的中觀見、如來藏見……等，藏密的所有法義都在書中詳述、分析、辨正。每輯主文三百餘頁 每輯全書約400頁 售價每輯300元

12.**宗門正義**—公案拈提 第六輯 平實導師著 500元
（2007年起，每冊附贈本公司精製公案拈提〈超意境〉CD一片）

13.**心經密意**—心經與解脫道、佛菩提道、祖師公案之關係與密意 平實導師述 300元

14.**宗門密意**—公案拈提 第七輯 平實導師著 500元
（2007年起，每冊附贈本公司精製公案拈提〈超意境〉CD一片）

15.**淨土聖道**—兼評「選擇本願念佛」 正德老師著 200元

16.**起信論講記** 平實導師述著 共六輯 每輯三百餘頁 售價各250元

17.**優婆塞戒經講記** 平實導師述著 共八輯 每輯三百餘頁 售價各250元

18.**真假活佛**—略論附佛外道盧勝彥之邪說（對前岳靈犀網站主張「盧勝彥是證悟者」之修正） 正犀居士（岳靈犀）著 流通價140元

19.**阿含正義**—唯識學探源 平實導師著 共七輯 每輯300元

20.**超意境** CD 以平實導師公案拈提書中超越意境之頌詞，加上曲風優美的旋律，錄成令人嚮往的超意境歌曲，其中包括正覺發願文及平實導師親自譜成的黃梅調歌曲一首。詞曲雋永，殊堪翫味，可供學禪者吟詠，有助於見道。內附設計精美的彩色小冊，解說每一首詞的背景本事。每片 280 元。【每購買公案拈提書籍一冊，即贈送一片。】

21.**菩薩底憂鬱** CD 將菩薩情懷及禪宗公案寫成新詞，並製作成超越意境的優美歌曲。1.主題曲〈菩薩底憂鬱〉，描述地後菩薩能離三界生死而迴向繼續生在人間，但因尚未斷盡習氣種子而有極深沈之憂鬱，非三賢位菩薩及二乘聖者所知，此憂鬱在七地滿心位方才斷盡；本曲之詞中所說義理極深，昔來所未曾見；此曲係以優美的情歌風格寫詞及作曲，聞者得以激發嚮往諸地菩薩境界之大心，詞、曲都非常優美，難得一見；其中勝妙義理之解說，已印在附贈之彩色小冊中。2.以各輯公案拈提中直示禪門入處之頌文，作成各種不同曲風之超意境歌曲，值得玩味、參究；聆聽公案拈提之優美歌曲時，請同時閱讀內附之印刷精美說明小冊，可以領會超越三界的證悟境界；未悟者可以因此引發求悟之意向及疑情，眞發菩提心而邁向求悟之途，乃至因此眞實悟入般若，成眞菩薩。3.正覺總持咒新曲，總持佛法大意；總持咒之義理，已加以解說並印在隨附之小冊中。本 CD 共有十首歌曲，長達 63 分鐘。每盒各附贈二張購書優惠券。每片 280 元。

22.**禪意無限** CD 平實導師以公案拈提書中偈頌寫成不同風格曲子，與他人所寫不同風格曲子共同錄製出版，幫助參禪人進入禪門超越意識之境界。盒中附贈彩色印製的精美解說小冊，以供聆聽時閱讀，令參禪人得以發起參禪之疑情，即有機會證悟本來面目而發起實相智慧，實證大乘菩提般若，能如實證知般若經中的眞實意。本 CD 共有十首歌曲，長達 69 分鐘，每盒各附贈二張購書優惠券。每片 280 元。

23.**我的菩提路**第一輯　釋悟圓、釋善藏等人合著　售價 300 元

24.**我的菩提路**第二輯　郭正益、張志成等人合著　售價 300 元

25.**我的菩提路**第三輯　王美伶等人合著　售價 300 元

26.**鈍鳥與靈龜**—考證後代凡夫對大慧宗杲禪師的無根誹謗。

平實導師著　共 458 頁　售價 350 元

27.**維摩詰經講記**　平實導師述　共六輯　每輯三百餘頁　售價各 250 元

28.**真假外道**—破劉東亮、杜大威、釋證嚴常見外道見　正光老師著　200 元

29.**勝鬘經講記**—兼論印順《勝鬘經講記》對於《勝鬘經》之誤解。

平實導師述　共六輯　每輯三百餘頁　售價 250 元

30.**楞嚴經講記**　平實導師述　共 **15** 輯，每輯三百餘頁　售價 300 元

31.**明心與眼見佛性**—駁慧廣〈蕭氏「眼見佛性」與「明心」之非〉文中謬說

正光老師著　共 448 頁　售價 300 元

32.**見性與看話頭**　黃正倖老師 著，本書是禪宗參禪的方法論。

內文 375 頁，全書 416 頁，售價 300 元。

33.**達賴真面目**—玩盡天下女人 白正偉老師 等著 中英對照彩色精裝大本 800 元
34.**喇嘛性世界**—揭開假藏傳佛教譚崔瑜伽的面紗　張善思 等人著　200 元
35.**假藏傳佛教的神話**—性、謊言、喇嘛教　正玄教授編著　200 元
36.**金剛經宗通**　平實導師述　共九輯　每輯售價 250 元。
37.**空行母**—性別、身分定位，以及藏傳佛教。
珍妮·坎貝爾著 呂艾倫 中譯 售價 250 元
38.**末代達賴**—性交教主的悲歌　張善思、呂艾倫、辛燕編著 售價 250 元
39.**霧峰無霧**—給哥哥的信　辨正釋印順對佛法的無量誤解
游宗明 老師著　售價 250 元
40.**第七意識與第八意識？**—穿越時空「超意識」
平實導師述　每冊 300 元
41.**黯淡的達賴**—失去光彩的諾貝爾和平獎
正覺教育基金會編著　每冊 250 元
42.**童女迦葉考**—論呂凱文〈佛教輪迴思想的論述分析〉之謬。
平實導師 著 定價 180 元
43.**人間佛教**—實證者必定不悖三乘菩提
平實導師 述，定價 400 元
44.**實相經宗通**　平實導師述　共八輯　每輯 250 元
45.**真心告訴您(一)**—達賴喇嘛在幹什麼？
正覺教育基金會編著　售價 250 元
46.**中觀金鑑**—詳述應成派中觀的起源與其破法本質
孫正德老師著　分爲上、中、下三冊，每冊 250 元
47.**佛法入門**—迅速進入三乘佛法大門，消除久學佛法漫無方向之窘境。
○○居士著　將於正覺電子報連載後出版。售價 250 元
48.**藏傳佛教要義**—《狂密與真密》之簡體字版　平實導師 著 上、下冊
僅在大陸流通　每冊 300 元
49.**法華經講義**　平實導師述　共二十五輯　每輯 300 元
已於 2015/05/31 起開始出版，每二個月出版一輯
50.**西藏「活佛轉世」制度**—附佛、造神、世俗法
許正豐、張正玄老師合著　定價 150 元
51.**廣論三部曲**　郭正益老師著　定價 150 元
52.**真心告訴您(二)**—達賴喇嘛是佛教僧侶嗎？
—補祝達賴喇嘛八十大壽
正覺教育基金會編著　售價 300 元
53.**廣論之平議**—宗喀巴《菩提道次第廣論》之平議　正雄居士著
約二或三輯　俟正覺電子報連載後結集出版　書價未定
54.**末法導護**—對印順法師中心思想之綜合判攝　正慶老師著　書價未定
55.**菩薩學處**—菩薩四攝六度之要義　陸正元老師著　出版日期未定。
56.**八識規矩頌**詳解　○○居士 註解　出版日期另訂　書價未定。

57.**印度佛教史**—法義與考證。依法義史實評論印順《印度佛教思想史、佛教史地考論》之謬說　正偉老師著　出版日期未定　書價未定

58.**中國佛教史**—依中國佛教正法史實而論。○○老師 著　書價未定。

59.**中論正義**—釋龍樹菩薩《中論》頌正理。
孫正德老師著　出版日期未定　書價未定

60.**中觀正義**—註解平實導師《中論正義頌》。
○○法師（居士）著　出版日期未定　書價未定

61.**佛藏經講記**　平實導師述　出版日期未定　書價未定

62.**阿含經講記**—將選錄四阿含中數部重要經典全經講解之，講後整理出版。
平實導師述　約二輯　每輯300元　出版日期未定

63.**寶積經講記**　平實導師述　每輯三百餘頁 優惠價300元 出版日期未定

64.**解深密經講記**　平實導師述 約四輯　將於重講後整理出版

65.**成唯識論略解**　平實導師著　五～六輯　每輯300元　出版日期未定

66.**修習止觀坐禪法要講記**　平實導師述　每輯三百餘頁
將於正覺寺建成後重講、以講記逐輯出版　出版日期未定

67.**無門關**—《無門關》公案拈提　平實導師著　出版日期未定

68.**中觀再論**—兼述印順《中觀今論》謬誤之平議。正光老師著 出版日期未定

69.**輪迴與超度**—佛教超度法會之真義。
○○法師（居士）著　出版日期未定　書價未定

70.**《釋摩訶衍論》平議**—對偽稱龍樹所造《釋摩訶衍論》之平議
○○法師（居士）著　出版日期未定　書價未定

71.**正覺發願文**註解—以真實大願為因 得證菩提
正德老師著　出版日期未定　書價未定

72.**正覺總持咒**—佛法之總持　正圜老師著　出版日期未定　書價未定

73.**涅槃**—論四種涅槃　平實導師著　出版日期未定　書價未定

74.**三自性**—依四食、五蘊、十二因緣、十八界法，說三性三無性。
作者未定　出版日期未定

75.**道品**—從三自性說大小乘三十七道品　作者未定　出版日期未定

76.**大乘緣起觀**—依四聖諦七真如現觀十二緣起 作者未定　出版日期未定

77.**三德**—論解脫德、法身德、般若德。　作者未定　出版日期未定

78.**真假如來藏**—對印順《如來藏之研究》謬說之平議　作者未定 出版日期未定

79.**大乘道次第**　作者未定　出版日期未定　書價未定

80.**四緣**—依如來藏故有四緣。　作者未定　出版日期未定

81.**空之探究**—印順《空之探究》謬誤之平議　作者未定 出版日期未定

82.**十法義**—論阿含經中十法之正義　作者未定　出版日期未定

83.**外道見**—論述外道六十二見　作者未定　出版日期未定

正智出版社有限公司書籍介紹

禪淨圓融：言淨土諸祖所未曾言，示諸宗祖師所未曾示；禪淨圓融，另闢成佛捷徑，兼顧自力他力，闡釋淨土門之速行易行道，亦同時揭櫫聖教門之速行易行道；令廣大淨土行者得免緩行難證之苦，亦令聖道門行者得以藉著淨土速行道而加快成佛之時劫。乃前無古人之超勝見地，非一般弘揚禪淨法門典籍也，先讀為快。平實導師著 200元。

宗門正眼—**公案拈提**第一輯：繼承克勤圜悟大師碧巖錄宗旨之禪門鉅作。先則舉示當代大法師之邪說，消弭當代禪門大師鄉愿之心態，摧破當今禪門「世俗禪」之妄談；次則旁通教法，表顯宗門正理；繼以道之次第，消弭古今狂禪；後藉言語及文字機鋒，直示宗門入處。悲智雙運，禪味十足，數百年來難得一睹之禪門鉅著也。平實導師著　500元（原初版書《禪門摩尼寶聚》，改版後補充為五百餘頁新書，總計多達二十四萬字，內容更精彩，並改名為《宗門正眼》，讀者原購初版《禪門摩尼寶聚》皆可寄回本公司免費換新，免附回郵，亦無截止期限）（2007年起，凡購買公案拈提第一輯至第七輯，每購一輯皆贈送本公司精製公案拈提〈超意境〉CD一片，市售價格280元，多購多贈）。

禪—悟前與悟後：本書能建立學人悟道之信心與正確知見，圓滿具足而有次第地詳述禪悟之功夫與禪悟之內容，指陳參禪中細微淆訛之處，能使學人明自眞心、見自本性。若未能悟入，亦能以正確知見辨別古今中外一切大師究係眞悟？或屬錯悟？便有能力揀擇，捨名師而選明師，後時必有悟道之緣。一旦悟道，遲者七次人天往返，便出三界，速者一生取辦。學人欲求開悟者，不可不讀。　平實導師著。上、下冊共500元，單冊250元。

真實如來藏：如來藏眞實存在，乃宇宙萬有之本體，並非印順法師、達賴喇嘛等人所說之「唯有名相、無此心體」。如來藏是涅槃之本際，是一切有智之人竭盡心智、不斷探索而不能得之生命實相；是古今中外許多大師自以爲悟而當面錯過之生命實相。如來藏即是阿賴耶識，乃是一切有情本自具足、不生不滅之眞實心。當代中外大師於此書出版之前所未能言者，作者於本書中盡情流露、詳細闡釋。眞悟者讀之，必能增益悟境、智慧增上；錯悟者讀之，必能檢討自己之錯誤，免犯大妄語業；未悟者讀之，能知參禪之理路，亦能以之檢查一切名師是否眞悟。此書是一切哲學家、宗教家、學佛者及欲昇華心智之人必讀之鉅著。　平實導師著　售價400元。

宗門法眼—**公案拈提**第二輯：列舉實例，闡釋土城廣欽老和尚之悟處；並直示這位不識字的老和尚妙智橫生之根由，繼而剖析禪宗歷代大德之開悟公案，解析當代密宗高僧卡盧仁波切之錯悟證據，並例舉當代顯宗高僧、大居士之錯悟證據（凡健在者，爲免影響其名聞利養，皆隱其名）。藉辨正當代名師之邪見，向廣大佛子指陳禪悟之正道，彰顯宗門法眼。悲勇兼出，強捋虎鬚；慈智雙運，巧探驪龍；摩尼寶珠在手，直示宗門入處，禪味十足；若非大悟徹底，不能爲之。禪門精奇人物，允宜人手一冊，供作參究及悟後印證之圭臬。本書於2008年4月改版，增寫為大約500頁篇幅，以利學人研讀參究時更易悟入宗門正法，以前所購初版首刷及初版二刷舊書，皆可免費換取新書。平實導師著 500元（2007年起，凡購買公案拈提第一輯至第七輯，每購一輯皆贈送本公司精製公案拈提〈超意境〉CD一片，市售價格280元，多購多贈）。

宗門道眼—**公案拈提**第三輯：繼宗門法眼之後，再以金剛之作略、慈悲之胸懷、犀利之筆觸，舉示寒山、拾得、布袋三大士之悟處，消弭當代錯悟者對於寒山大士……等之誤會及誹謗。亦舉出民初以來與虛雲和尚齊名之蜀郡鹽亭袁煥仙夫子——南懷瑾老師之師，其「悟處」何在？並蒐羅許多眞悟祖師之證悟公案，顯示禪宗歷代祖師之睿智，指陳部分祖師、奧修及當代顯密大師之謬悟，作爲殷鑑，幫助禪子建立及修正參禪之方向及知見。假使讀者閱此書已，一時尚未能悟，亦可一面加功用行，一面以此宗門道眼辨別眞假善知識，避開錯誤之印證及歧路，可免大妄語業之長劫慘痛果報。欲修禪宗之禪者，務請細讀。平實導師著 售價500元（2007年起，凡購買公案拈提第一輯至第七輯，每購一輯皆贈送本公司精製公案拈提〈超意境〉CD一片，市售價格280元，多購多贈）。

楞伽經詳解：本經是禪宗見道者印證所悟眞僞之根本經典，亦是禪宗見道者悟後起修之依據經典；故達摩祖師於印證二祖慧可大師之後，將此經典連同佛鉢祖衣一併交付二祖，令其依此經典佛示金言、進入修道位，修學一切種智。由此可知此經對於眞悟之人修學佛道，是非常重要之一部經典。此經能破外道邪說，亦破佛門中錯悟名師之謬說，亦破禪宗部分祖師之狂禪：不讀經典、一向主張「一悟即成究竟佛」之謬執。並開示愚夫所行禪、觀察義禪、攀緣如禪、如來禪等差別，令行者對於三乘禪法差異有所分辨；亦糾正禪宗祖師古來對於如來禪之誤解，嗣後可免以訛傳訛之弊。此經亦是法相唯識宗之根本經典，禪者悟後欲修一切種智而入初地者，必須詳讀。平實導師著，全套共十輯，已全部出版完畢，每輯主文約320頁，每冊約352頁，定價250元。

宗門血脈—**公案拈提**第四輯：末法怪象—許多修行人自以爲悟，每將無念靈知認作眞實；崇尙二乘法諸師及其徒眾，則將外於如來藏之緣起性空—無因論之無常空、斷滅空、一切法空—錯認爲 佛所說之般若空性。這兩種現象已於當今海峽兩岸及美加地區顯密大師之中普遍存在；人人自以爲悟，心高氣壯，便敢寫書解釋祖師證悟之公案，大多出於意識思惟所得，言不及義，錯誤百出，因此誤導廣大佛子同陷大妄語之地獄業中而不能自知。彼等書中所說之悟處，其實處處違背第一義經典之聖言量。彼等諸人不論是否身披袈裟，都非佛法宗門血脈，或雖有禪宗法脈之傳承，亦只徒具形式；猶如螟蛉，非眞血脈，未悟得根本眞實故。禪子欲知佛、祖之眞血脈者，請讀此書，便知分曉。平實導師著，主文452頁，全書464頁，定價500元（2007年起，凡購買公案拈提第一輯至第七輯，每購一輯皆贈送本公司精製公案拈提〈超意境〉CD一片，市售價格280元，多購多贈）。

宗通與說通：古今中外，錯誤之人如麻似粟，每以常見外道所說之靈知心，認作眞心；或妄想虛空之勝性能量爲眞如，或錯認物質四大元素藉冥性（靈知心本體）能成就吾人色身及知覺，或認初禪至四禪中之了知心爲不生不滅之涅槃心。此等皆非通宗者之見地。復有錯悟之人一向主張「宗門與教門不相干」，此即尚未通達宗門之人也。其實宗門與教門互通不二，宗門所證者乃是眞如與佛性，教門所說者乃說宗門證悟之眞如佛性，故教門與宗門不二。本書作者以宗教二門互通之見地，細說「宗通與說通」，從初見道至悟後起修之道、細說分明；並將諸宗諸派在整體佛教中之地位與次第，加以明確之教判，學人讀之即可了知佛法之梗概也。欲擇明師學法之前，允宜先讀。平實導師著，主文共381頁，全書392頁，只售成本價300元。

宗門正道—**公案拈提**第五輯：修學大乘佛法有二果須證解脫果及大菩提果。二乘人不證大菩提果，唯證解脫果；此果之智慧，名爲聲聞菩提、緣覺菩提。大乘佛子所證二果之菩提果爲佛菩提，故名大菩提果，其慧名爲一切種智函蓋二乘解脫果。然此大乘二果修證，須經由禪宗之宗門證悟方能相應。而宗門證悟極難，自古已然；其所以難者，咎在古今佛教界普遍存在三種邪見：1.以修定認作佛法，2.以無因論之緣起性空—否定涅槃本際如來藏以後之一切法空作爲佛法，3.以常見外道邪見（離語言妄念之靈知性）作爲佛法。如是邪見，或因自身正見未立所致，或因無始劫來虛妄熏習所致。若不破除此三種邪見，永劫不悟宗門眞義、不入大乘正道，唯能外門廣修菩薩行。平實導師於此書中，有極爲詳細之說明，有志佛子欲摧邪見、入於內門修菩薩行者，當閱此書。主文共496頁，全書512頁。售價500元（2007年起，凡購買公案拈提第一輯至第七輯，每購一輯皆贈送本公司精製公案拈提〈超意境〉CD一片，市售價格280元，多購多贈）。

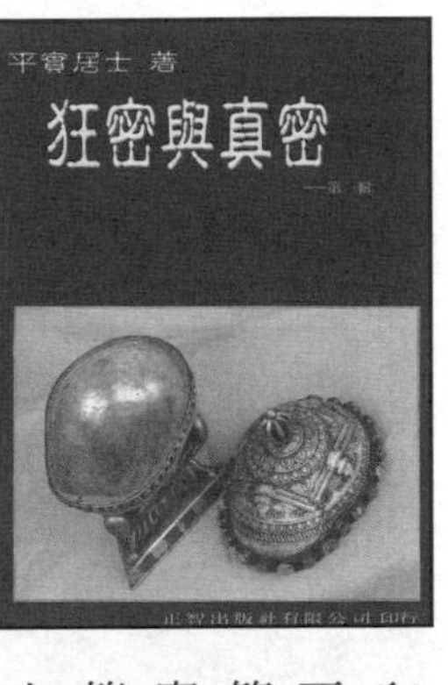

狂密與真密：密教之修學，皆由有相之觀行法門而入，其最終目標仍不離顯教經典所說第一義諦之修證；若離顯教第一義經典、或違背顯教第一義經典，即非佛教。西藏密教之觀行法，如灌頂、觀想、遷識法、寶瓶氣、大聖歡喜雙身修法、喜金剛、無上瑜伽、大樂光明、樂空雙運等，皆是印度教兩性生生不息思想之轉化，自始至終皆以如何能運用交合淫樂之法達到全身受樂爲其中心思想，純屬欲界五欲的貪愛，不能令人超出欲界輪迴，更不能令人斷除我見；何況大乘之明心與見性，更無論矣！故密宗之法絕非佛法也。而其明光大手印、大圓滿法教，又皆同以常見外道所說離語言妄念之無念靈知心錯認爲佛地之眞如，不能直指不生不滅之眞如。西藏密宗所有法王與徒眾，都尚未開頂門眼，不能辨別眞僞，以依人不依法、依密續不依經典故，不肯將其上師喇嘛所說對照第一義經典，純依密續之藏密祖師所說爲準，因此而誇大其證德與證量，動輒謂彼祖師上師爲究竟佛、爲地上菩薩；如今台海兩岸亦有自謂其師證量高於 釋迦文佛者，然觀其師所述，猶未見道，仍在觀行即佛階段，尚未到禪宗相似即佛、分證即佛階位，竟敢標榜爲究竟佛及地上法王，誑惑初機學人。凡此怪象皆是狂密，不同於眞密之修行者。近年狂密盛行，密宗行者被誤導者極眾，動輒自謂已證佛地眞如，自視爲究竟佛，陷於大妄語業中而不知自省，反謗顯宗眞修實證者之證量粗淺；或如義雲高與釋性圓…等人，於報紙上公然誹謗眞實證道者爲「騙子、無道人、人妖、癩蛤蟆…」等，造下誹謗大乘勝義僧之大惡業；或以外道法中有爲有作之甘露、魔術……等法，誑騙初機學人，狂言彼外道法爲眞佛法。如是怪象，在西藏密宗及附藏密之外道中，不一而足，舉之不盡，學人宜應愼思明辨，以免上當後又犯毀破菩薩戒之重罪。密宗學人若欲遠離邪知邪見者，請閱此書，即能了知密宗之邪謬，從此遠離邪見與邪修，轉入眞正之佛道。

平實導師著 共四輯 每輯約400頁（主文約340頁）每輯售價300元。

宗門正義—公案拈提第六輯：佛教有六大危機，乃是藏密化、世俗化、膚淺化、學術化、宗門密意失傳、悟後進修諸地之次第混淆；其中尤以宗門密意之失傳，爲當代佛教最大之危機。由宗門密意失傳故，易令世尊本懷普被錯解，易令世尊正法被轉易爲外道法，以及加以淺化、世俗化，是故宗門密意之廣泛弘傳與具緣佛弟子，極爲重要。然而欲令宗門密意之廣泛弘傳予具緣之佛弟子者，必須同時配合錯誤知見之解析、普令佛弟子知之，然後輔以公案解析之直示入處，方能令具緣之佛弟子悟入。而此二者，皆須以公案拈提之方式爲之，方易成其功、竟其業，是故平實導師續作宗門正義一書，以利學人。全書500餘頁，售價500元（2007年起，凡購買公案拈提第一輯至第七輯，每購一輯皆贈送本公司精製公案拈提〈超意境〉CD一片，市售價格280元，多購多贈）。

心經密意—心經與解脫道、佛菩提道、祖師公案之關係與密意。二乘菩提所證之解脫道，實依第八識心之斷除煩惱障現行而立解脫之名；大乘菩提所證之佛菩提道，實依親證第八識如來藏之涅槃性、清淨自性、及其中道性而立般若之名；禪宗祖師公案所證之眞心，即是此第八識如來藏；是故三乘佛法所修所證之三乘菩提，皆依此如來藏心而立名也。此第八識心，即是《心經》所說之心也。證得此如來藏已，即能漸入大乘佛菩提道，亦可因證知此心而了知二乘無學所不能知之無餘涅槃本際，是故《心經》之密意，與三乘佛菩提之關係極爲密切、不可分割，三乘佛法皆依此心而立名故。今者平實導師以其所證解脫道之無生智及佛菩提之般若種智，將《心經》與解脫道、佛菩提道、祖師公案之關係與密意，以演講之方式，用淺顯之語句和盤托出，發前人所未言，呈三乘菩提之眞義，令人藉此《心經密意》一舉而窺三乘菩提之堂奧，迥異諸方言不及義之說；欲求眞實佛智者、不可不讀！主文317頁，連同跋文及序文…等共384頁，售價300元。

宗門密意—公案拈提第七輯：佛教之世俗化，將導致學人以信仰作爲學佛，則將以感應及世間法之庇祐，作爲學佛之主要目標，不能了知學佛之主要目標爲親證三乘菩提。大乘菩提則以般若實相智慧爲主要修習目標，以二乘菩提解脫道爲附帶修習之標的；是故學習大乘法者，應以禪宗之證悟爲要務，能親入大乘菩提之實相般若智慧中故，般若實相智慧非二乘聖人所能知故。此書則以台灣世俗化佛教之三大法師，說法似是而非之實例，配合眞悟祖師之公案解析，提示證悟般若之關節，令學人易得悟入。平實導師著，全書五百餘頁，售價500元（2007年起，凡購買公案拈提第一輯至第七輯，每購一輯皆贈送本公司精製公案拈提〈超意境〉CD一片，市售價格280元，多購多贈）。

淨土聖道—兼評日本本願念佛：佛法甚深極廣，般若玄微，非諸二乘聖僧所能知之，一切凡夫更無論矣！所謂一切證量皆歸淨土是也！是故大乘法中「聖道之淨土、淨土之聖道」，其義甚深，難可了知；乃至眞悟之人，初心亦難知也。今有正德老師眞實證悟後，復能深探淨土與聖道之緊密關係，憐憫眾生之誤會淨土實義，亦欲利益廣大淨土行人同入聖道，同獲淨土中之聖道門要義，乃振奮心神、書以成文，今得刊行天下。主文279頁，連同序文等共301頁，總有十一萬六千餘字，正德老師著，成本價200元。

起信論講記：詳解大乘起信論**心生滅門**與**心眞如門**之眞實意旨，消除以往大師與學人對起信論所說**心生滅門**之誤解，由是而得了知眞心如來藏之非常非斷中道正理；亦因此一講解，令此論以往隱晦而被誤解之眞實義，得以如實顯示，令大乘佛菩提道之正理得以顯揚光大；初機學者亦可藉此正論所顯示之法義，對大乘法理生起正信，從此得以眞發菩提心，眞入大乘法中修學，世世常修菩薩正行。平實導師演述，共六輯，都已出版，每輯三百餘頁，售價各250元。

優婆塞戒經講記：本經詳述在家菩薩修學大乘佛法，應如何受持菩薩戒？對人間善行應如何看待？對三寶應如何護持？應如何正確地修集此世後世證法之福德？應如何修集後世「行菩薩道之資糧」？並詳述第一義諦之正義：五蘊非我非異我、自作自受、異作異受、不作不受……等深妙法義，乃是修學大乘佛法、行菩薩行之在家菩薩所應當了知者。出家菩薩今世或未來世登地已，捨報之後多數將如華嚴經中諸大菩薩，以在家菩薩身而修行菩薩行，故亦應以此經所述正理而修之，配合《楞伽經、解深密經、楞嚴經、華嚴經》等道次第正理，方得漸次成就佛道；故此經是一切大乘行者皆應證知之正法。平實導師講述，每輯三百餘頁，售價各250元；共八輯，已全部出版。

真假活佛—略論附佛外道盧勝彥之邪說：人人身中都有眞活佛，永生不滅而有大神用，但眾生都不了知，所以常被身外的西藏密宗假活佛籠罩欺瞞。本來就眞實存在的眞活佛，才是眞正的密宗無上密！諾那活佛因此而說禪宗是大密宗，但藏密的所有活佛都不知道、也不曾實證自身中的眞活佛。本書詳實宣示眞活佛的道理，舉證盧勝彥的「佛法」不是眞佛法，也顯示盧勝彥是假活佛，直接的闡釋第一義佛法見道的眞實正理。眞佛宗的所有上師與學人們，都應該詳細閱讀，包括盧勝彥個人在內。正犀居士著，優惠價140元。

阿含正義—唯識學探源：廣說四大部《阿含經》諸經中隱說之眞正義理，一一舉示佛陀本懷，令阿含時期初轉法輪根本經典之眞義，如實顯現於佛子眼前。並提示末法大師對於阿含眞義誤解之實例，一一比對之，證實唯識增上慧學確於原始佛法之阿含諸經中已隱覆密意而略說之，證實 世尊確於原始佛法中已曾密意而說第八識如來藏之總相；亦證實 世尊在四阿含中已說此藏識是名色十八界之因、之本—證明如來藏是能生萬法之根本心。佛子可據此修正以往受諸大師（譬如西藏密宗應成派中觀師：印順、昭慧、性廣、大願、達賴、宗喀巴、寂天、月稱、……等人）誤導之邪見，建立正見，轉入正道乃至親證初果而無困難；書中並詳說三果所證的**心解脫**，以及四果**慧解脫**的親證，都是如實可行的具體知見與行門。全書共七輯，已出版完畢。平實導師著，每輯三百餘頁，售價300元。

超意境ＣＤ：以平實導師公案拈提書中超越意境之頌詞，加上曲風優美的旋律，錄成令人嚮往的超意境歌曲，其中包括正覺發願文及平實導師親自譜成的黃梅調歌曲一首。詞曲雋永，殊堪翫味，可供學禪者吟詠，有助於見道。內附設計精美的彩色小冊，解說每一首詞的背景本事。每片280元。【每購買公案拈提書籍一冊，即贈送一片。】

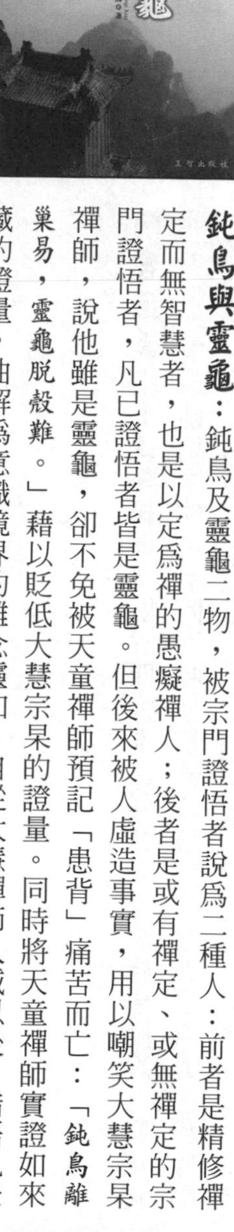

鈍鳥與靈龜：鈍鳥及靈龜二物，被宗門證悟者說爲二種人：前者是精修禪定而無智慧者，也是以定爲禪的愚癡禪人；後者是或有禪定、或無禪定的宗門證悟者，凡已證悟者皆是靈龜。但後來被人虛造事實，用以嘲笑大慧宗杲禪師，說他雖是靈龜，卻不免被天童禪師預記「患背」痛苦而亡：「**鈍鳥離巢易，靈龜脫殼難。**」藉以貶低大慧宗杲的證量。同時將天童禪師實證如來藏的證量，曲解爲意識境界的離念靈知。自從大慧禪師入滅以後，錯悟凡夫對他的不實毀謗就一直存在著，不曾止息，並且捏造的假事實也隨著年月的增加而越來越多，終至編成「鈍鳥與靈龜」的假公案、假故事。本書是考證大慧與天童之間的不朽情誼，顯現這件假公案的虛妄不實；更見大慧宗杲面對惡勢力時的正直不阿，亦顯示大慧對天童禪師的至情深義，將使後人對大慧宗杲的誣謗至此而止，不再有人誤犯毀謗賢聖的惡業。書中亦舉證宗門的所悟確以第八識如來藏爲標的，詳讀之後必可改正以前被錯悟大師誤導的參禪知見，日後必定有助於實證禪宗的開悟境界，得階大乘眞見道位中，即是實證般若之賢聖。全書459頁，售價350元。

我的菩提路第一輯：凡夫及二乘聖人不能實證的佛菩提證悟，末法時代的今天仍然有人能得實證，由正覺同修會釋悟圓、釋善藏法師等二十餘位實證如來藏者所寫的見道報告，已爲當代學人見證宗門正法之絲縷不絕，證明大乘義學的法脈仍然存在，爲末法時代求悟般若之學人照耀出光明的坦途。由二十餘位大乘見道者所繕，敘述各種不同的學法、見道因緣與過程，參禪求悟者必讀。全書三百餘頁，售價300元。

我的菩提路第二輯：由郭正益老師等人合著，書中詳述彼等諸人歷經各處道場學法，一一修學而加以檢擇之不同過程以後，因閱讀正覺同修會、正智出版社書籍而發起抉擇分，轉入正覺同修會中修學；乃至學法及見道之過程，都一一詳述之。其中張志成等人係由前現代禪轉進正覺同修會，張志成原爲現代禪副宗長，以前未閱本會書籍時，曾被人藉其名義著文評論 平實導師（詳見《宗通與說通》辨正及《眼見佛性》書末附錄…等）；後因偶然接觸正覺同修會書籍，深覺以前聽人評論平實導師之語不實，於是投入極多時間閱讀本會書籍、深入思辨，詳細探索中觀與唯識之關聯與異同，認爲正覺之法義方是正法，深覺相應；亦解開多年來對佛法的迷雲，確定應依八識論正理修學方是正法。乃不顧面子，毅然前往正覺同修會面見平實導師懺悔，並正式學法求悟。今已與其同修王美伶（亦爲前現代禪傳法老師），同樣證悟如來藏而證得法界實相，生起實相般若眞智。此書中尚有七年來本會第一位眼見佛性者之見性報告一篇，一同供養大乘佛弟子。全書四百頁，售價300元。

我的菩提路第三輯：由王美伶老師等人合著。自從正覺同修會成立以來，每年夏初、冬初都舉辦精進禪三共修，藉以助益會中同修們得以證悟明心發起般若實相智慧；凡已實證而被平實導師印證者，皆書具見道報告用以證明佛法之眞實可證而非玄學，證明佛法並非純屬思想、理論而無實質，是故每年都能有人證明正覺同修會的「實證佛教」主張並非虛語。特別是眼見佛性一法，自古以來中國禪宗祖師實證者極寡，較之明心開悟的證境更難令人信受；至2017年初，正覺同修會中的證悟明心者已近五百人，然而其中眼見佛性者至今唯十餘人爾，可謂難能可貴，是故明心後欲冀眼見佛性者實屬不易。黃正倖老師是懸絕七年無人見性後的第一人，她於2009年的見性報告刊於本書的第二輯中，爲大眾證明佛性確實可以眼見；其後七年之中求見性者都屬解悟佛性而無人眼見，幸而又經七年後的2016冬初，以及2017夏初的禪三，復有三人眼見佛性，希冀鼓舞四眾佛子求見佛性之大心，今則具載一則於書末，顯示求見佛性之事實經歷，供養現代佛教界欲得見性之四眾弟子。全書四百頁，售價300元。

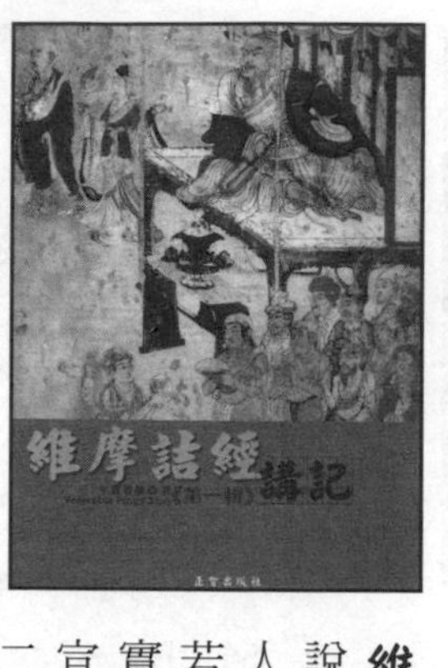

維摩詰經講記：本經係 世尊在世時，由等覺菩薩維摩詰居士藉疾病而演說之大乘菩提無上妙義，所說函蓋甚廣，然極簡略，是故今時諸方大師與學人讀之悉皆錯解，何況能知其中隱含之深妙正義，是故普遍無法爲人解說；若強爲人說，則成依文解義而有諸多過失。今由平實導師公開宣講之後，詳實解釋其中密意，令維摩詰菩薩所說大乘不可思議解脫之深妙正法得以正確宣流於人間，利益當代學人及與諸方大師。書中詳實演述大乘佛法深妙不共二乘之智慧境界，顯示諸法之中絕待之實相境界，建立大乘菩薩妙道於永遠不敗不壞之地，以此成就護法偉功，欲冀永利娑婆人天。已經宣講圓滿整理成書流通，以利諸方大師及諸學人。全書共六輯，每輯三百餘頁，售價各250元。

菩薩底憂鬱CD將菩薩情懷及禪宗公案寫成新詞，並製作成超越意境的優美歌曲。1.主題曲〈菩薩底憂鬱〉，描述地後菩薩能離三界生死而迴向繼續生在人間，但因尚未斷盡習氣種子而有極深沈之憂鬱，非三賢位菩薩及二乘聖者所知，此憂鬱在七地滿心位方才斷盡；本曲之詞中所說義理極深，昔來所未曾見；此曲係以優美的情歌風格寫詞及作曲，聞者得以激發嚮往諸地菩薩境界之大心，詞、曲都非常優美，難得一見；其中勝妙義理之解說，已印在附贈之彩色小冊中。2.以各輯公案拈提中直示禪門入處之頌文，作成各種不同曲風之超意境歌曲，值得玩味、參究；聆聽公案拈提之優美歌曲時，請同時閱讀內附之印刷精美說明小冊，可以領會超越三界的證悟境界；未悟者可以因此引發求悟之意向及疑情，眞發菩提心而邁向求悟之途，乃至因此眞實悟入般若，成眞菩薩。3.正覺總持咒新曲，總持佛法大意；總持咒之義理，已加以解說並印在隨附之小冊中。本CD共有十首歌曲，長達63分鐘，附贈二張購書優惠券。每片280元。

勝鬘經講記：如來藏爲三乘菩提之所依，若離如來藏心體及其含藏之一切種子，即無三界有情及一切世間法，亦無二乘菩提緣起性空之出世間法；本經詳說無始無明、一念無明皆依如來藏而有之正理，藉著詳解煩惱障與所知障間之關係，令學人深入了知二乘菩提與佛菩提相異之妙理；聞後即可了知佛菩提之特勝處及三乘修道之方向與原理，邁向攝受正法而速成佛道的境界中。平實導師講述，共六輯，每輯三百餘頁，售價各250元。

楞嚴經講記：楞嚴經係密教部之重要經典，亦是顯教中普受重視之經典；經中宣說明心與見性之內涵極為詳細，將一切法都會歸如來藏及佛性—妙眞如性；亦闡釋佛菩提道修學過程中之種種魔境，以及外道誤會涅槃之狀況，旁及三界世間之起源。然因言句深澀難解，法義亦復深妙寬廣，學人讀之普難通達，是故讀者大多誤會，不能如實理解佛所說之明心與見性內涵，亦因是故多有悟錯之人引為開悟之證言，成就大妄語罪。今由平實導師詳細講解之後，整理成文，以易讀易懂之語體文刊行天下，以利學人。全書十五輯，全部出版完畢。每輯三百餘頁，售價每輯300元。

明心與眼見佛性：本書細述明心與眼見佛性之異同，同時顯示了中國禪宗破初參明心與重關眼見佛性二關之間的關聯；書中又藉法義辨正而旁述其他許多勝妙法義，讀後必能遠離佛門長久以來積非成是的錯誤知見，令讀者在佛法的實證上有極大助益。也藉慧廣法師的謬論來教導佛門學人回歸正知正見，遠離古今禪門錯悟者所墮的意識境界，非唯有助於斷我見，也對未來的開悟明心實證第八識如來藏有所助益，是故學禪者都應細讀之。游正光老師著　共448頁　售價300元。

見性與看話頭：黃正倖老師的《見性與看話頭》於《正覺電子報》連載完畢，今結集出版。書中詳說禪宗看話頭的詳細方法，並細說看話頭與眼見佛性的關係，以及眼見佛性者求見佛性前必須具備的條件。本書是禪宗實修者追求明心開悟時參禪的方法書，也是求見佛性者作功夫時必讀的方法書，內容兼顧眼見佛性的理論與實修之方法，是依實修之體驗配合理論而詳述，條理分明而且極爲詳實、周全、深入。本書內文375頁，全書416頁，售價300元。

禪意無限CD平實導師以公案拈提書中偈頌寫成不同風格曲子，與他人所寫不同風格曲子共同錄製出版，幫助參禪人進入禪門超越意識之境界。盒中附贈彩色印製的精美解說小冊，以供聆聽時閱讀，令參禪人得以發起參禪之疑情，即有機會證悟本來面目，實證大乘菩提般若。本CD共有十首歌曲，長達69分鐘，每盒各附贈二張購書優惠券。每片280元。

金剛經宗通：三界唯心，萬法唯識，是成佛之修證內容，是諸地菩薩之所修；般若則是成佛之道（實證三界唯心、萬法唯識）的入門，若未證悟實相般若，即無成佛之可能，必將永在外門廣行菩薩六度，永在凡夫位中。然而實相般若的發起，全賴實證萬法的實相；若欲證知萬法的眞相，則必須探究萬法之所從來，則須實證自心如來—金剛心如來藏，然後現觀這個金剛心的金剛性、眞實性、如如性、清淨性、涅槃性、能生萬法的自性性、本住性，名爲證眞如；進而現觀三界六道唯是此金剛心所成，人間萬法須藉八識心王和合運作方能現起。如是實證《華嚴經》的「三界唯心、萬法唯識」以後，由此等現觀而發起實相般若智慧，繼續進修第十住位的如幻觀、第十行位的陽焰觀、第十迴向位的如夢觀，再生起增上意樂而勇發十無盡願，方能滿足三賢位的實證，轉入初地；自知成佛之道而無偏倚，從此按部就班、次第進修乃至成佛。第八識自心如來是般若智慧之所依，般若智慧的修證則要從實證金剛心自心如來開始；《金剛經》則是解說自心如來之經典，是一切三賢位菩薩所應進修之實相般若經典。這一套書，是將平實導師宣講的《金剛經宗通》內容，整理成文字而流通之；書中所說義理，迥異古今諸家依文解義之說，指出大乘見道方向與理路，有益於禪宗學人求開悟見道，及轉入內門廣修六度萬行。講述完畢後結集出版，總共9輯，每輯約三百餘頁，售價各250元。

真假外道：本書具體舉證佛門中的常見外道知見實例，並加以教證及理證上的辨正，幫助讀者輕鬆而快速的了知常見外道的錯誤知見，進而遠離佛門內外的常見外道知見，因此即能改正修學方向而快速實證佛法。游正光老師著。成本價200元。

空行母—性別、身分定位，以及藏傳佛教：本書作者爲蘇格蘭哲學家，因爲嚮往佛教深妙的哲學內涵，於是進入當年盛行於歐美的假藏傳佛教密宗，擔任卡盧仁波切的翻譯工作多年以後，被邀請成爲卡盧的空行母（又名佛母、明妃），開始了她在密宗裡的實修過程；後來發覺在密宗雙身法中的修行，其實無法使自己成佛，也發覺密宗對女性歧視而處處貶抑，並剝奪女性在雙身法中擔任一半角色時應有的身分定位。當她發覺自己只是雙身法中被喇嘛利用的工具，沒有獲得絲毫應有的尊重與基本定位時，發現了密宗的父權社會控制女性的本質；於是作者傷心地離開了卡盧仁波切與密宗，但是卻被恐嚇不許講出她在密宗裡的經歷，也不許她說出自己對密宗的教義與教制下對女性剝削的本質，否則將被咒殺死亡。後來她去加拿大定居，十餘年後方才擺脫這個恐嚇陰影，下定決心將親身經歷的實情及觀察到的事實寫下來並且出版，公諸於世。出版之後，她被流亡的達賴集團人士大力攻訐，誣指她爲精神狀態失常、說謊……等。但有智之士並未被達賴集團的政治操作及各國政府政治運作吹捧達賴的表相所欺，使她的書銷售無阻而又再版。正智出版社鑑於作者此書是親身經歷的事實，所說具有針對「藏傳佛教」而作學術研究的價值，也有使人認清假藏傳佛教剝削佛母、明妃的男性本位實質，因此洽請作者同意中譯而出版於華人地區。珍妮·坎貝爾女士著，呂艾倫 中譯，每冊250元。

霧峰無霧—給哥哥的信：本書作者藉兄弟之間信件往來論義，略述佛法大義；並以多篇短文辨義，舉出釋印順對佛法的無量誤解證據，並一一給予簡單而清晰的辨正，令人一讀即知。久讀、多讀之後即能認清楚釋印順的六識論見解，與眞實佛法之牴觸是多麼嚴重；於是在久讀、多讀之後，於不知不覺之間提升了對佛法的極深入理解，正知正見就在不知不覺間建立起來了。當三乘佛法的正知見建立起來之後，對於三乘菩提的見道條件便將隨之具足，於是聲聞解脫道的見道也就水到渠成；接著大乘見道的因緣也將次第成熟，未來自然也會有親見大乘菩提之道的因緣，悟入大乘實相般若也將自然成功，自能通達般若系列諸經而成實義菩薩。作者居住於南投縣霧峰鄉，自喻見道之後不復再見霧峰之霧，故鄉原野美景一一明見，於是立此書名爲《霧峰無霧》；讀者若欲撥霧見月，可以此書爲緣。游宗明　老師著　售價250元。

假藏傳佛教的神話—性、謊言、喇嘛教：本書編著者是由一首名叫「阿姊鼓」的歌曲爲緣起，展開了序幕，揭開假藏傳佛教—喇嘛教—的神秘面紗。其重點是蒐集、摘錄網路上質疑「喇嘛教」的帖子，以揭穿「假藏傳佛教的神話」爲主題，串聯成書，並附加彩色插圖以及說明，讓讀者們瞭解西藏密宗及相關人事如何被操作爲「神話」的過程，以及神話背後的眞相。作者：張正玄教授。售價200元。

達賴真面目—玩盡天下女人：假使您不想戴綠帽子，請記得詳細閱讀此書；假使您不想讓好朋友戴綠帽子，請您將此書介紹給您的好朋友。假使您想保護家中的女性，也想要保護好朋友的女眷，請記得將此書送給家中的女性和好友的女眷都來閱讀。本書爲印刷精美的大本彩色中英對照精裝本，爲您揭開達賴喇嘛的眞面目，內容精彩不容錯過，爲利益社會大眾，特別以優惠價格嘉惠所有讀者。編著者：白志偉等。大開版雪銅紙彩色精裝本。售價800元。

喇嘛性世界—揭開假藏傳佛教譚崔瑜伽的面紗：這個世界中的喇嘛，號稱來自世外桃源的香格里拉，穿著或紅或黃的喇嘛長袍，散布於我們的身邊傳教灌頂，吸引了無數的人嚮往學習；這些喇嘛虔誠地爲大眾祈福，手中拿著寶杵（金剛）與寶鈴（蓮花），口中唸著咒語：「唵・嘛呢・叭咪・吽……」，咒語的意思是說：「我至誠歸命金剛杵上的寶珠伸向蓮花寶穴之中」！「喇嘛性世界」是什麼樣的「世界」呢？本書將爲您呈現喇嘛世界的面貌。當您發現眞相以後，您將會唸：「噢！喇嘛・性・世界，譚崔性交嘛！」作者：張善思、呂艾倫。售價200元。

末代達賴—性交教主的悲歌：簡介從藏傳僞佛教（喇嘛教）的修行核心—性力派男女雙修，探討達賴喇嘛及藏傳僞佛教的修行內涵。書中引用外國知名學者著作、世界各地新聞報導，包含：歷代達賴喇嘛的祕史、達賴六世修雙身法的事蹟，以及《時輪續》中的性交灌頂儀式……等；達賴喇嘛書中開示的雙修法、達賴喇嘛的黑暗政治手段；達賴喇嘛所領導的寺院爆發喇嘛性侵兒童；新聞報導《西藏生死書》作者索甲仁波切性侵女信徒、澳洲喇嘛秋達公開道歉、美國最大假藏傳佛教組織領導人邱陽創巴仁波切的性氾濫，等等事件背後眞相的揭露。作者：張善思、呂艾倫、辛燕。售價250元。

第七意識與第八意識？—穿越時空「超意識」　「三界唯心，萬法唯識」是佛教中應該實證的聖教，也是《華嚴經》中明載而可以實證的法界實相。唯心者，三界一切境界、一切諸法唯是一心所成就，即是每一個有情的第八識如來藏，不是意識心。唯識者，即是人類各各都具足的八識心王——眼識、耳鼻舌身意識、意根、阿賴耶識，第八阿賴耶識又名如來藏，人類五陰相應的萬法，莫不由八識心王共同運作而成就，故說萬法唯識。依聖教量及現量、比量，都可以證明意識是二法因緣生，是由第八識藉意根與法塵二法爲因緣而出生，又是夜夜斷滅不存之生滅心，即無可能反過來出生第七識意根、第八識如來藏，當知不可能從生滅性的意識心中，細分出恆審思量的第七識意根，更無可能細分出恆而不審的第八識如來藏。本書是將演講內容整理成文字，細說如是內容，並已在《正覺電子報》連載完畢，今彙集成書以廣流通，欲幫助佛門有緣人斷除意識我見，跳脫於識陰之外而取證聲聞初果；嗣後修學禪宗時即得不墮外道神我之中，得以求證第八識金剛心而發起般若實智。平實導師 述，每冊300元。

黯淡的達賴—失去光彩的諾貝爾和平獎：本書舉出很多證據與論述，詳述達賴喇嘛不爲世人所知的一面，顯示達賴喇嘛並不是眞正的和平使者，而是假借諾貝爾和平獎的光環來欺騙世人；透過本書的說明與舉證，讀者可以更清楚的瞭解，達賴喇嘛是結合暴力、黑暗、淫欲於喇嘛教裡的集團首領，其政治行爲與宗教主張，早已讓諾貝爾和平獎的光環染污了。本書由財團法人正覺教育基金會寫作、編輯，由正覺出版社印行，每冊250元。

人間佛教—實證者必定不悖三乘菩提　「大乘非佛說」的講法似乎流傳已久，卻只是日本人企圖擺脫中國正統佛教的影響，而在明治維新時期才開始提出來的說法；台灣佛教、大陸佛教的淺學無智之人，由於未曾實證佛法而迷信日本人錯誤的學術考證，錯認爲這些別有用心的日本佛學考證的講法爲天竺佛教的眞實歷史；甚至還有更激進的反對佛教者提出「釋迦牟尼佛並非眞實存在，只是後人捏造的假歷史人物」，竟然也有少數人願意跟著「學術」的假光環而信受不疑，於是開始有一些佛教界人士造作了反對中國佛教而推崇南洋小乘佛教的行爲，使佛教的信仰者難以檢擇，導致一般大陸人士開始轉入基督教的盲目迷信中。在這些佛教及外教人士之中，也就有一分人根據此邪說而大聲主張「大乘非佛說」的謬論，這些人以「人間佛教」的名義來抵制中國正統佛教，公然宣稱中國的大乘佛教是由聲聞部派佛教的凡夫僧所創造出來的。這樣的說法流傳於台灣及大陸佛教界凡夫僧之中已久，卻非眞正的佛教歷史中曾經發生過的事，只是繼承六識論的聲聞法中凡夫僧依自己的意識境界立場，純憑臆想而編造出來的妄想說法，卻已經影響許多無智之凡夫僧俗信受不移。本書則是從佛教的經藏法義實質及實證的現量內涵本質立論，證明大乘佛法本是佛說，是從《阿含正義》尚未說過的不同面向來討論「人間佛教」的議題，證明「大乘眞佛說」。閱讀本書可以斷除六識論邪見，迴入三乘菩提正道發起實證的因緣；也能斷除禪宗學人學禪時普遍存在之錯誤知見，對於建立參禪時的正知見有很深的著墨。平實導師　述，內文488頁，全書528頁，定價400元。

童女迦葉考—論呂凱文〈佛教輪迴思想的論述分析〉之謬　童女迦葉是佛世率領五百大比丘遊行於人間的歷史事實，是以童貞行而依止菩薩戒弘化於人間的大菩薩，不依別解脫戒（聲聞戒）來弘化於人間。這是大乘佛教與聲聞佛教同時存在於佛世的歷史明證，證明大乘佛教不是從聲聞法中分裂出來的部派佛教的產物，卻是聲聞佛教分裂出來的部派佛教聲聞凡夫僧所不樂見的史實；於是古今聲聞法中的凡夫都欲加以扭曲而作詭說，更是末法時代高聲大呼「大乘非佛說」的六識論聲聞凡夫極力想要扭曲的佛教史實之一，於是想方設法扭曲迦葉菩薩爲聲聞僧，以及扭曲迦葉童女爲比丘僧等荒謬不實之論著便陸續出現，古時聲聞僧寫作的《分別功德論》是最具體之事例，現代之代表作則是呂凱文先生的〈佛教輪迴思想的論述分析〉論文。鑑於如是假藉學術考證以籠罩大眾之不實謬論，未來仍將繼續造作及流竄於佛教界，繼續扼殺大乘佛教學人法身慧命，必須舉證辨正之，遂成此書。平實導師　著，每冊180元。

中觀金鑑—詳述應成派中觀的起源與其破法本質　學佛人往往迷於中觀學派之不同學說，被應成派與自續派所迷惑；修學般若中觀二十年後自以爲實證般若中觀了，卻仍不曾入門，甫聞實證般若中觀者之所說，則茫無所知，迷惑不解；隨後信心盡失，不知如何實證佛法；凡此，皆因惑於這二派中觀學說所致。自續派中觀所說同於常見，以意識境界立爲第八識如來藏之境界，應成派所說則同於斷見，但又同立意識爲常住法，故亦具足斷常二見。今者孫正德老師有鑑於此，乃將起源於密宗的應成派中觀學說，追本溯源，詳考其來源之外，亦一一舉證其立論內容，詳加辨正，令密宗雙身法祖師以識陰境界而造之應成派中觀學說本質，詳細呈現於學人眼前，令其維護雙身法之目的無所遁形。若欲遠離密宗此二大派中觀謬說，欲於三乘菩提有所進道者，允宜具足閱讀並細加思惟，反覆讀之以後將可捨棄邪道返歸正道，則於般若之實證即有可能，證後自能現觀如來藏之中道境界而成就中觀。本書分上、中、下三冊，每冊250元，已全部出版完畢。

實相經宗通：學佛之目的在於實證一切法界背後之實相，禪宗稱之為本來面目或本地風光，佛菩提道中稱之為實相法界；此實相法界即是金剛藏，又名佛法之祕密藏，即是能生有情五陰、十八界及宇宙萬有（山河大地、諸天、三惡道世間）的第八識如來藏，又名阿賴耶識心，即是禪宗祖師所說的眞如心，此心即是三界萬有背後的實相。證得此第八識心時，自能瞭解般若諸經中隱說的種種密意，即得發起實相般若——實相智慧。每見學佛人修學佛法二十年後仍對實相般若茫然無知，亦不知如何入門，茫無所趣；更因不知三乘菩提的互異互同，是故越是久學者對佛法越覺茫然，都肇因於尚未瞭解佛法的全貌，亦未瞭解佛法的修證內容即是第八識心所致。本書對於修學佛法者所應實證的實相境界提出明確解析，並提示趣入佛菩提道的入手處，有心親證實相般若的佛法實修者，宜詳讀之，於佛菩提道之實證即有下手處。平實導師述著，共八輯，全部出版完畢，每輯成本價250元。

真心告訴您（一）——達賴喇嘛在幹什麼？這是一本報導篇章的選集，更是「破邪顯正」的暮鼓晨鐘。「破邪」是戳破假象，說明達賴喇嘛及其所率領的密宗四大派法王、喇嘛們，弘傳的佛法是仿冒的佛法；他們是假藏傳佛教，是坦特羅（譚崔性交）外道法和藏地崇奉鬼神的苯教混合成的「喇嘛教」，推廣的是以所謂「無上瑜伽」的男女雙身法冒充佛法的假佛教，詐財騙色誤導眾生，常常造成信徒家庭破碎、家中兒少失怙的嚴重後果。「顯正」是揭櫫眞相，指出眞正的藏傳佛教只有一個，就是覺囊巴，傳的是　釋迦牟尼佛演繹的第八識如來藏妙法，稱為他空見大中觀。正覺教育基金會即以此古今輝映的如來藏正法正知見，在眞心新聞網中逐次報導出來，將箇中原委「眞心告訴您」，如今結集成書，與想要知道密宗眞相的您分享。售價250元。

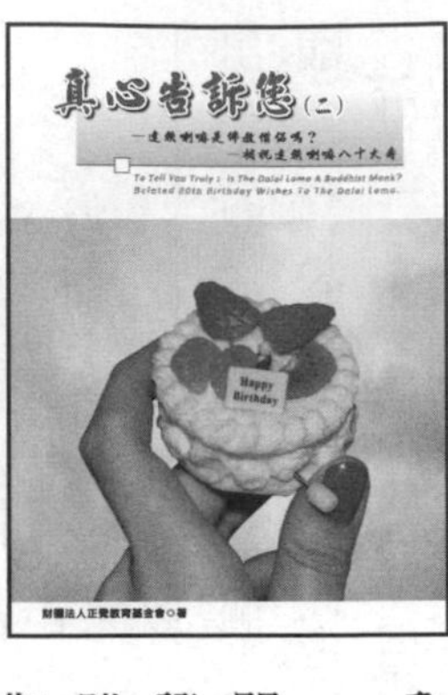
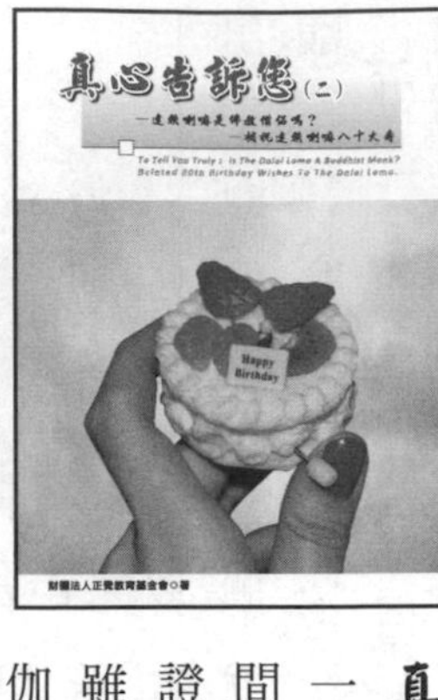

真心告訴您（二）——達賴喇嘛是佛教僧侶嗎？補祝達賴喇嘛八十大壽：這是一本針對當今達賴喇嘛所領導的喇嘛教，冒用佛教名相、於師徒間或師兄姊間，實修男女邪淫，而從佛法三乘菩提的現量與聖教量，揭發其謊言與邪術，證明達賴及其喇嘛教是仿冒佛教的外道，是「假藏傳佛教」。藏密四大派教義雖有「八識論」與「六識論」的表面差異，然其實修之內容，皆共許「無上瑜伽」四部灌頂為究竟「成佛」之法門，也就是共以男女雙修之邪淫法為「即身成佛」之密要，雖美其名曰「欲貪為道」之「金剛乘」，並誇稱其成就超越於（應身佛）釋迦牟尼佛所傳之顯教般若乘之上；然詳考其理論，則或以意識離念時之粗細心為第八識如來藏，或以中脈裡的明點為第八識如來藏，或如宗喀巴與達賴堅決主張第六意識為常恆不變之眞心者，分別墮於外道之常見與斷見中；全然違背　佛說能生五蘊之如來藏的實質。售價300元。

西藏「活佛轉世」制度——附佛、造神、世俗法：歷來關於喇嘛教活佛轉世的研究，多針對歷史及文化兩部分，於其所以成立的理論基礎，較少系統化的探討。尤其是此制度是否依據「佛法」而施設？是否合乎佛法眞實義？現有的文獻大多含糊其詞，或人云亦云，不曾有明確的闡釋與如實的見解。因此本文先從活佛轉世的由來，探索此制度的起源、背景與功能，並進而從活佛的尋訪與認證之過程，發掘活佛轉世的特徵，以確認「活佛轉世」在佛法中應具足何種果德。定價150元。

法華經講義：此書爲平實導師始從2009/7/21演述至2014/1/14之講經錄音整理所成。世尊一代時教，總分五時三教，即是華嚴時、聲聞緣覺教、般若教、種智唯識教、法華時；依此五時三教區分爲藏、通、別、圓四教。本經是最後一時的圓教經典，圓滿收攝一切法教於本經中，是故最後的圓教聖訓中，特地指出無有三乘菩提，其實唯有一佛乘；皆因眾生愚迷故，方便區分爲三乘菩提以助眾生證道。世尊於此經中特地說明如來示現於人間的唯一大事因緣，便是爲有緣眾生「開、示、悟、入」諸佛的所知所見——第八識如來藏妙眞如心，並於諸品中隱說「妙法蓮花」如來藏心的密意。然因此經所說甚深難解，眞義隱晦，古來難得有人能窺堂奧；平實導師以知如是密意故，特爲末法佛門四眾演述《妙法蓮華經》中各品蘊含之密意，使古來未曾被古德註解出來的「此經」密意，如實顯示於當代學人眼前。乃至〈藥王菩薩本事品〉、〈妙音菩薩品〉、〈觀世音菩薩普門品〉、〈普賢菩薩勸發品〉中的微細密意，亦皆一併詳述之，開前人所未曾言之密意，示前人所未見之妙法。最後乃至以〈法華大意〉而總其成，全經妙旨貫通始終，而依佛旨圓攝於一心如來藏妙心，厥爲曠古未有之大說也。平實導師述　已於2015/05/31起開始出版，每二個月出版一輯，共有25輯。每輯300元。

解深密經講記：本經係 世尊晚年第三轉法輪，宣說地上菩薩所應熏修之唯識正義經典，經中所說義理乃是大乘一切種智增上慧學，以阿陀那識—如來藏—阿賴耶識爲主體。禪宗之證悟者，若欲修證初地無生法忍乃至八地無生法忍者，必須修學《楞伽經、解深密經》所說之八識心王一切種智；此二經所說正法，方是眞正成佛之道；印順法師否定第八識如來藏之後所說萬法緣起性空之法，是以誤會後之二乘解脫道取代大乘眞正成佛之道，尚且不符二乘解脫道正理，亦已墮於斷滅見中，不可謂爲成佛之道也。平實導師曾於本會郭故理事長往生時，於喪宅中從首七開始宣講，於每一七各宣講三小時，至第十七而快速略講圓滿，作爲郭老之往生佛事功德，迴向郭老早證八地、速返娑婆住持正法。茲爲今時後世學人故，將擇期重講《解深密經》，以淺顯之語句講畢後，將會整理成文，用供證悟者進道；亦令諸方未悟者，據此經中佛語正義，修正邪見，依之速能入道。平實導師述著，全書輯數未定，每輯三百餘頁，將於未來重講完畢後逐輯出版。

佛法入門：學佛人往往修學二十年後仍不知如何入門，茫無所入漫無方向，不知如何實證佛法；更因不知三乘菩提的互異互同之處，導致越是久學者越覺茫然，都是肇因於尚未瞭解佛法的全貌所致。本書對於佛法的全貌提出明確的輪廓，並說明三乘菩提的異同處，讀後即可輕易瞭解佛法全貌，數日內即可明瞭三乘菩提入門方向與下手處。○○菩薩著 出版日期未定。

阿含經講記—小乘解脫道之修證：數百年來，南傳佛法所說證果之不實，所說解脫道之虛妄，所弘解脫道法義之世俗化，皆已少人知之；從南洋傳入台灣與大陸之後，所說法義虛謬之事，亦復少人知之；今時台灣全島印順系統之法師居士，多不知南傳佛法數百年來所說解脫道之義理已然偏斜、已然世俗化、已非眞正之二乘解脫正道，猶極力推崇與弘揚。彼等南傳佛法近代所謂之證果者多非眞實證果者，譬如阿迦曼、葛印卡、帕奧禪師、一行禪師……等人，悉皆未斷我見故。近年更有台灣南部大願法師，高抬南傳佛法之二乘修證行門爲「捷徑究竟解脫之道」者，然而南傳佛法縱使眞修實證，得成阿羅漢，至高唯是二乘菩提解脫之道，絕非究竟解脫，無餘涅槃中之實際尚未得證故，法界之實相尚未了知故，習氣種子待除故，一切種智未實證故，焉得謂爲「究竟解脫」？即使南傳佛法近代眞有實證之阿羅漢，尚且不及三賢位中之七住明心菩薩本來自性清淨涅槃智慧境界，則不能知此賢位菩薩所證之無餘涅槃實際，仍非大乘佛法中之見道者，何況普未實證聲聞果乃至未斷我見之人？謬充證果已屬逾越，更何況是誤會二乘菩提之後，以未斷我見之凡夫知見所說之二乘菩提解脫偏斜法道，焉可高抬爲「究竟解脫」？而且自稱「捷徑之道」？又妄言解脫之道即是成佛之道，完全否定般若實智、否定三乘菩提所依之如來藏心體，此理大大不通也！平實導師爲令修學二乘菩提欲證解脫果者，普得迴入二乘菩提正見、正道中，是故選錄四阿含諸經中，對於二乘解脫道法義有具足圓滿說明之經典，預定未來十年內將會加以詳細講解，令學佛人得以了知二乘解脫道之修證理路與行門，庶免被人誤導之後，未證言證，干犯道禁，成大妄語，欲升反墮。本書首重斷除我見，以助行者斷除我見而實證初果爲著眼之目標，若能根據此書內容，配合平實導師所著《識蘊眞義》《阿含正義》內涵而作實地觀行，實證初果非爲難事，行者可以藉此三書自行確認聲聞初果爲實際可得現觀成就之事。此書中除依二乘經典所說加以宣示外，亦依斷除我見等之證量，及大乘法中道種智之證量，對於意識心之體性加以細述，令諸二乘學人必定得斷我見、常見，免除三縛結之繫縛。次則宣示斷除我執之理，欲令升進而得薄貪瞋痴，乃至斷五下分結…等。平實導師述，共二冊，每冊三百餘頁。每輯300元。

修習止觀坐禪法要講記：修學四禪八定之人，往往錯會禪定之修學知見，欲以無止盡之坐禪而證禪定境界，卻不知修除性障之行門才是修證四禪八定不可或缺之要素，故智者大師云「性障初禪」；性障不除，初禪永不現前，云何修證二禪等？又：行者學定，若唯知數息，而不解六妙門之方便善巧者，欲求一心入定，未到地定極難可得，智者大師名之爲「事障未來」：障礙未到地定之修證。又禪定之修證，不可違背二乘菩提及第一義法，否則縱使具足四禪八定，亦不能實證涅槃而出三界。此諸知見，智者大師於《修習止觀坐禪法要》中皆有闡釋。作者平實導師以其第一義之見地及禪定之實證證量，曾加以詳細解析。將俟正覺寺竣工啓用後重講，不限制聽講者資格；講後將以語體文整理出版。欲修習世間定及增上定之學者，宜細讀之。平實導師述著。

★聲明★

本社於2015/01/01開始調整本目錄中部分書籍之售價，以因應各項成本的持續增加。

＊喇嘛教修外道雙身法，墮識陰境界，非佛教＊

＊弘揚如來藏他空見的覺囊派才是真正藏傳佛教＊

總經銷： 飛鴻 國際行銷股份有限公司

231 新北市新店區中正路 501 之 9 號 2 樓

Tel.02－82186688（五線代表號） Fax.02-82186458、82186459

零售：1.**全台連鎖經銷書局：**

三民書局、誠品書局、何嘉仁書店

敦煌書店、紀伊國屋、金石堂書局、建宏書局

2.**台北市：**佛化人生 羅斯福路 3 段 325 號 6 樓之 4 台電大樓對面

3.**新北市：**春大地書店 **蘆洲**中正路 117 號

4.**桃園市縣：**誠品書局 **桃園市**中正路 20 號遠東百貨地下室一樓

金石堂 **桃園市**大同路 24 號 金石堂 **桃園**八德市介壽路 1 段 987 號

諾貝爾圖書城 **桃園市**中正路 56 號地下室 御書堂 **龍潭**中正路 123 號

墊腳石文化書店 **中壢市**中正路 89 號

5.**新竹市縣：**大學書局 **新竹**建功路 10 號 誠品書局 **新竹**東區信義街 68 號

誠品書局 **新竹**東區中央路 229 號 5 樓 誠品書局 **新竹**東區力行二路 3 號

墊腳石文化書店 **新竹**中正路 38 號

6.**台中市：** **瑞成**書局、各大連鎖書店。

詠春書局 **台中市**永春東路 884 號 文春書局 **霧峰**中正路 1087 號

7.**彰化市縣：**心泉佛教流通處 **彰化市**南瑤路 286 號

員林鎮：墊腳石圖書文化廣場 中山路 2 段 49 號（04-8338485）

8.**台南市：**博大書局 **新營**三民路 128 號

藝美書局 **善化**中山路 436 號 宏欣書局 **佳里**光復路 214 號

9.**高雄市：**各大連鎖書店、**瑞成**書局

政大書城 **三民區**明仁路 161 號 政大書城 **苓雅區**光華路 148-83 號

明儀書局 **三民區**明福街 2 號 明儀書局 三多四路 63 號

青年書局 青年一路 141 號

10.**宜蘭縣市：**金隆書局 宜蘭市中山路 3 段 43 號

宋太太梅舖 羅東鎮中正北路 101 號（039-534909）

11.**台東市：**東普佛教文物流通處 台東市博愛路 282 號

12.**其餘鄉鎮市經銷書局：**請電詢總經銷**飛鴻**公司。

13.**大陸地區請洽：**

香港：樂文書店

旺角店 :香港九龍旺角西洋菜街 62 號 3 樓

電話 : (852) 2390 3723 email: luckwinbooks@gmail.com

銅鑼灣店 :香港銅鑼灣駱克道 506 號 2 樓

電話 : (852) 2881 1150 email: luckwinbs@gmail.com

廈門：廈門外圖臺灣書店有限公司
地址：廈門市思明區湖濱南路809號 廈門外圖書城3樓 郵編：361004
電話：0592-5061658（臺灣地區請撥打 86-592-5061658）
E-mail：JKB118@188.COM

14.**美國：世界日報圖書部：**紐約圖書部　電話 7187468889#6262
洛杉磯圖書部　電話 3232616972#202

15.**國內外地區網路購書：**

正智出版社 書香園地　http://books.enlighten.org.tw/
（書籍簡介、直接聯結下列網路書局購書）

三民 網路書局　http://www.Sanmin.com.tw
誠品 網路書局　http://www.eslitebooks.com
博客來 網路書局　http://www.books.com.tw
金石堂 網路書局　http://www.kingstone.com.tw
飛鴻 網路書局　http://fh6688.com.tw

附註：1.請儘量向各經銷書局購買：郵政劃撥需要十天才能寄到（本公司在您劃撥後第四天才能接到劃撥單，次日寄出後第四天您才能收到書籍，此八天中一定會遇到週休二日，是故共需十天才能收到書籍）若想要早日收到書籍者，請劃撥完畢後，將劃撥收據貼在紙上，旁邊寫上您的姓名、住址、郵區、電話、買書詳細內容，直接傳眞到本公司 02-28344822，並來電 02-28316727、28327495 確認是否已收到您的傳眞，即可提前收到書籍。 **2**.因台灣每月皆有五十餘種宗教類書籍上架，書局書架空間有限，故唯有新書方有機會上架，通常每次只能有一本新書上架；本公司出版新書，大多上架不久便已售出，若書局未再叫貨補充者，書架上即無新書陳列，則請直接向書局櫃台訂購。 **3**.若書局不便代購時，可於晚上共修時間向正覺同修會各共修處請購（共修時間及地點，詳閱**共修現況表**。每年例行年假期間請勿前往請書，年假期間請見共修現況表）。 **4**.郵購：郵政劃撥帳號 19068241。 **5**.正覺同修會會員購書都以八折計價（戶籍台北市者爲一般會員，外縣市爲護持會員）都可獲得優待，欲一次購買全部書籍者，可以考慮入會，節省書費。入會費一千元（第一年初加入時才需要繳），年費二千元。**6.尚未出版之書籍，請勿預先郵寄書款與本公司，謝謝您！** **7**.若欲一次購齊本公司書籍，或同時取得正覺同修會贈閱之全部書籍者，請於正覺同修會共修時間，親到各共修處請購及索取；**台北市讀者**請洽：103 台北市承德路三段 267 號 10 樓（捷運淡水線 圓山站旁）請書時間：週一至週五爲 18.00~21.00，第一、三、五週週六爲 10.00~21.00，雙週之週六爲 10.00~18.00 請購處專線電話：25957295-分機 14（於請書時間方有人接聽）。

敬告大陸讀者：

大陸讀者購書、索書捷徑（尚未在大陸出版的書籍，以下二個途徑都可以購得，電子書另包括結緣書籍）：

1.**廈門外國圖書公司**：廈門市思明區湖濱南路 809 號 廈門外圖書城 3F

郵編：361004　電話：0592-5061658　網址：JKB118＠188.COM

2.**電子書**：正智出版社有限公司及正覺同修會在台灣印行的各種局版書、結緣書，已有『**正覺電子書**』陸續上線中，提供讀者於手機、平板電腦上購書、下載、閱讀正智出版社、正覺同修會及正覺教育基金會所出版之電子書，詳細訊息敬請參閱『正覺電子書』專頁：

http://books.enlighten.org.tw/ebook

關於平實導師的書訊，請上網查閱：

成佛之道　http://www.a202.idv.tw

正智出版社 書香園地　http://books.enlighten.org.tw/

中國網採訪佛教正覺同修會、正覺教育基金會訊息：

http://big5.china.com.cn/gate/big5/fangtan.china.com.cn/2014-06/19/content_32714638.htm

http://pinpai.china.com.cn/

★ 正智出版社有限公司售書之稅後盈餘，全部捐助財團法人正覺寺籌備處、佛教正覺同修會、正覺教育基金會，供作弘法及購建道場之用；懇請諸方大德支持，功德無量。

★ 聲　明 ★

本社於 2015/01/01 開始調整本目錄中部分書籍之售價，以因應各項成本的持續增加。

＊ 喇嘛教修外道雙身法、墮識陰境界，非佛教 ＊

＊ 弘揚如來藏他空見的覺囊派才是真正藏傳佛教 ＊

售後服務—換書啓事（免附回郵） 2012/09/24

《楞嚴經講記》第 14 輯初版首刷本免費調換新書啓事：本講記第 14 輯出版前因 平實導師諸事繁忙，未將之重新閱讀而只改正校對時發現的錯別字，故未能發覺十年前所說法義有部分錯誤，於第 15 輯付印前重閱時才發覺第 14 輯中有部分錯誤尚未改正。今已重新審閱修改並已重印完成，煩請所有讀者將以前所購第 14 輯初版首刷本，寄回本社免費換新（初版二刷本無錯誤），本社將於寄回新書時同時附上您寄書回來換新時所付的郵資，並在此向所有讀者致上最誠懇的歉意。

《心經密意》初版書免費調換二版新書啓事：本書係演講錄音整理成書，講時因時間所限，省略部分段落未講。後於再版時補寫增加 13 頁，維持原價流通之。茲爲顧及初版讀者權益，自 2003/9/30 開始免費調換新書，原有初版一刷、二刷書籍，皆可寄來本來公司換書。

《宗門法眼》已經增寫改版爲 464 頁新書，2008 年 6 月中旬出版。讀者原有初版之第一刷、第二刷書本，都可以寄回本社免費調換改版新書。改版後之公案及錯悟事例維持不變，但將內容加以增說，較改版前更具有廣度與深度，將更能助益讀者參究實相。

換書者**免附回郵**，亦無截止期限；舊書請寄：111 台北郵政 73-151 號信箱 或 103 台北市承德路三段 267 號 10 樓 正智出版社有限公司。舊書若有塗鴨、殘缺、破損者，仍可換取新書；但缺頁之舊書至少應仍有五分之三頁數，方可換書。所有讀者不必顧念本公司是否有盈餘之問題，都請踴躍寄來換書；本公司成立之目的不是營利，只要能眞實利益學人，即已達到成立及運作之目的。若以郵寄方式換書者，免附回郵；並於寄回新書時，由本社附上您寄來書籍時耗用的郵資。造成您不便之處，再次致上萬分的歉意。

正智出版社有限公司 啓

國家圖書館出版品預行編目資料

楞嚴經講記／平實導師述.　—初版—
臺北市：正智，2009.11—　〔民98—　〕
冊；　公分

ISBN 978-986-6431-04-3（第1輯：平裝）
ISBN 978-986-6431-05-0（第2輯：平裝）
ISBN 978-986-6431-06-7（第3輯：平裝）
ISBN 978-986-6431-08-1（第4輯：平裝）
ISBN 978-986-6431-09-8（第5輯：平裝）
ISBN 978-986-6431-10-4（第6輯：平裝）
ISBN 978-986-6431-11-1（第7輯：平裝）
ISBN 978-986-6431-13-5（第8輯：平裝）
ISBN 978-986-6431-15-9（第9輯：平裝）
ISBN 978-986-6431-16-6（第10輯：平裝）
ISBN 978-986-6431-17-3（第11輯：平裝）
ISBN 978-986-6431-22-7（第12輯：平裝）
ISBN 978-986-6431-23-4（第13輯：平裝）
ISBN 978-986-6431-25-8（第14輯：平裝）
ISBN 978-986-6431-28-9（第15輯：平裝）

1.秘密部
221.94　　98019505

楞嚴經講記——第九輯

著 述 者：平實導師
音文轉換：曾邱賢 劉惠莉
校　　對：章乃鈞 陳介源 蔡禮政 傅素嫻 王美伶
出 版 者：正智出版社有限公司
電話：〇二 28327495 28316727（白天）
傳眞：〇二 28344822
111台北郵政73-151號信箱
郵政劃撥帳號：一九〇六八二四一
正覺講堂：總機〇二 25957295（夜間）
總 經 銷：飛鴻國際行銷股份有限公司
231新北市新店區中正路501-9號2樓
電話：〇二 82186688（五線代表號）
傳眞：〇二 82186458 82186459
初版首刷：二〇一一年三月三十日 二千冊
初版六刷：二〇一七年八月 二千冊
定　　價：三〇〇元